语文情思录

我见 我爱

王玫君 编著

语文与语言
语文与表达
语文与教学

光明日报出版社

**图书在版编目（CIP）数据**

我见 我爱：语文情思录 / 王玫君编著 . -- 北京：
光明日报出版社，2018.9

ISBN 978 - 7 - 5194 - 4667 - 3

Ⅰ. ①我… Ⅱ. ①王… Ⅲ. ①中学语文课—教学研究
Ⅳ. ①G633. 302

中国版本图书馆 CIP 数据核字（2018）第 223750 号

我见 我爱——语文情思录

**WOJIAN WOAI——YUWEN QINGSILU**

编　　著：王玫君

责任编辑：李月娥　　　　　　责任校对：赵鸣鸣

封面设计：中联学林　　　　　　责任印制：曹　净

出版发行：光明日报出版社

地　　址：北京市西城区永安路 106 号，100050

电　　话：010 - 67078251（咨询），63131930（邮购）

传　　真：010 - 67078227，67078255

网　　址：http：//book. gmw. cn

E - mail：liyuee@ gmw. cn

法律顾问：北京德恒律师事务所龚柳方律师

印　　刷：三河市华东印刷有限公司

装　　订：三河市华东印刷有限公司

本书如有破损、缺页、装订错误，请与本社联系调换

开　　本：170mm×240mm

字　　数：270 千字　　　　　　印　　张：16. 5

版　　次：2019 年 4 月第 1 版　　印　　次：2019 年 4 月第 1 次印刷

书　　号：ISBN 978 - 7 - 5194 - 4667 - 3

定　　价：65. 00 元

# 前　言

我的现代文学老师——一个告别讲台、告别所有讲座差不多十年的老师，羡慕我今天还在忙碌着、还依然站在讲台为学生讲课的日子，今年的大年初一，在我向他祝福新年的时候，写了首《讲台》赠我：

雁排长空，

鱼游深潭。

驼走大漠，

人在讲台。

我知道老师是想告诉我，最美的教师在讲台。

我真的很累，为了每天的两节语文课！但更多的时候我常常庆幸自己一直在教书，一直教语文。

1989年8月，我从铜仁师专中文系毕业了，刚满20岁的我成了铜仁市谢桥中学的一名语文教师。1991年，我通过了成人高考，成了贵州师范大学汉语言文学专业的函授本科学生，每年的寒暑假，我不是在师大的学生宿舍和教室，就是在往返贵阳的车上，因为那时铜仁到贵阳，要整整一天。

1992年，因为平时擅长演讲和朗诵，我被调到了铜仁第四中学，用当时的话来讲，我进城了！但当时的谢桥中学校长说："你这是从米窝窝跳到了糠窝窝。"我哪里只是进了糠窝窝，那是两个初三班级，上课第一天，我硬是被他们气得什么都吃不下。

一定要让他们喜欢上我的课堂，我这样告诉自己。后来我想，幸亏我教他们的是语文，我让他们在需要文学滋养的年龄喜欢上了阅读，让他们从蒙昧中睁开眼来，不再只是比谁的拳头更厉害！

1994年，我拿到了本科文凭，1995年，我通过了铜仁师专中文系的试教，成了中文系现代汉语教师，摆在我面前的，是全新的内容：音韵、训诂、文字、语言学、词汇、语法和修辞。但幸亏我还是教中文，我不怕从头来，记得每到暑假，我就把儿子放到婆婆家，自己在客厅地上铺了凉席，面前茶几上是从图书馆借来的书，堆成了堆，我在书堆里坐了最热的两个月，偶尔我会出去，只去河边那栋楼的李明西老师家。他是教育学院调来的古汉语老师，当时已经退休，有大把的时间，他会捧出他的收藏，帮我查资料。

35岁那年，我再一次离开了自己熟悉的领域，来到了铜仁一中，当然，幸亏我还是教语文，由于人到中年，我不再畏惧又一段新的旅程。先教两个理科班，一届学生毕业后，我以为自己站稳了讲台，没想到从高二接了两个文科班后，我面前的语文教学又成了全新的挑战：文科生和理科生学语文的方法大不相同！

直到今天，我才明白，我面前的语文课堂，没有一堂是可以被重复的：学生不同，班级不同，每一堂课的课堂气氛、学生的大脑活跃程度都不同，所以面前的每一堂课，我都不敢轻视，也因此有了一些教学的反思和随笔。

但无论面前的学生换了多少届，我始终坚信两点：阅读能给人不可思议的力量，鼓励有着非同凡响的意义。

也正因为如此，在这本书里，关于阅读方法、阅读步骤、在阅读中发现写作的窍门、习作展示和指导等专题，占了一定的篇幅，因为我相信，正是这些做法让我的学生因为文学本身的魅力、因为写作受到的鼓励爱上了阅读，爱上了语文。

2014年，我的一堂公开课有幸得到袁卫星老师的点评，他说我的那一堂课"剥开了语言的外壳，让学生品尝到了文化的果肉，在学生心中播下了一颗精神的种子。"我知道袁老师有美言，但从中可以看到一个语文人对于语文学习的理解：从语言进入文学的殿堂，游览各种文化的圣地，再滋生出圣洁的精神，也因此，本书对我们的方言和普通话、对身边活生生的言语现象有关注。

我们的语文教学常常遭遇各种尴尬，比如语文分数不能拉开距离，比如语文能力与语文分数不成正比，比如多做试卷好像提分更快等，于是身边的语文课堂在雪片般的试卷中与刚刚我们说的各种美好渐行渐远，而且这样好像更轻松,也会有成效,身处其中,我们好像也无法淡定了。

孤独的坚持从来都累,尤其在还看不到远方的目标和胜利成果的时候。

每每这时,我会想起阿根廷诗人博尔赫斯在《此刻》中说的:

如果我能够重新活一次,

在下一生——我将试着

——犯更多的错误,

我不再设法做得这样完美,

我将让自己多一点放松。

······

可是,如果我能重新活着,我将试着只要那些好的瞬间。

如果你不知道——怎样建造那样的生活,

那就不要丢掉了现在!

愿我的学生因为我的理解、热爱和坚持而经历更加美好的语文学习过程,愿我们的语文教师相信阅读的力量,相信鼓励的意义!

# 目 录
## CONTENTS

# 01

一、

## 语文与语言

# 辅音字母名称音由声母呼读音取代 的必要性和可行性

**摘　要**:汉语拼音字母的名称音在《汉语拼音方案》颁布60年后的今天还未得到广泛的推广和运用,其称说性的目的远未达到,这种现象应该引起我们的高度重视。本文着重从其制定原则中的符合国际习惯和提高名称区别力等方面分析了原因,并初步论证了声母呼读音取代字母名称音的可行性。

**关键词**:字母名称音 声母呼读音 国际习惯 名称区别力

## 一、问题的缘起

《汉语拼音方案》(以下简称《方案》)是中国语言文字工作者在近现代中西文化交流的影响下,总结了60年来的不断倡议和试验反复修改后定案的,较好地弥补了汉字表音功能的缺陷,因而它是慎重的,也是目前为止最为理想的注音方式。

该《方案》的第一组成部分是字母表,规定了汉语拼音字母的形体、名称、顺序。从名称来看,方案规定了国际化的汉语字母名称,便于称说,而且为了便于推广记忆,还编成了七言句和六言句,句句押韵。

随着九年制义务教育的普及,生活中完全不接触拼音的人已经不多,而且随着音序检索的广泛使用,中国人名、地名、译文标准的统一,用电子计算机处理语言文字在各行各业的广泛使用,汉语拼音字母和我们的关系也越来越密切,字母名称的作用也淋漓尽致地发挥出来了。可是,看到一个字母能用汉语拼音字母名称音将其正确称读出来的人很少。有用辅音字母呼读音取代名称音的,也有中文称说的,绝大多数人是用英文名称来称说一切拉丁字母,最后一种现象的大量存在主要是因为英语是多数学校教学的第一外国语,英文字母为广大知识分子所熟悉。但是,《汉语拼音方案》诞生以后,我们自己有了一套拉丁字母的名称音,为什么要去使用拉丁字母的英文名称？况且英文名称不能算是国际化名称。

这样看来，《方案》字母表所规定的字母名称的作用远未达到，这个事实已经和新时期"汉语拼音将主要集中在完善其使用功能、扩大其使用范围，在弥补汉字缺陷的领域充分发挥作用"相抵触。因为人们今天的生活、工作、交际离不开科技革命最活跃的计算机、通信和信息处理这三大领域。而中文信息处理技术的蓬勃发展形式告诉我们：今天我们只要按 b 键，可以不管它是读声母呼读音还是读字母名称音，所需内容就显示出来了，但我们可以预料声音输入法的研制成功，不能排除字母名称音被广泛使用那一天的到来，因此，称说混乱的局面不容忽视，我们得找找"称说"不能称说的原因了。

### 二、从周有光先生对字母名称音的制定原则说起

周有光先生在《字母名称和拼音教学》一文中，对字母名称音的制定原则有这样权威性的归纳："辅音字母在汉语音值前或后附加元音构成名称；附加在前还是在后，附加什么元音，遵从一般国际习惯并考虑提高名称的区别力。半元音字母 y、w 后加元音【A】为名称。"这里，我们想对辅音字母（包括半元音字母）名称音的制定原则的理解发表一点看法：

原则一：辅音字母因为不响亮，用音值称说达不到称说目的，所以得加元音，但加在前、加在后、加什么，按照周有光先生的说法是"里边没有多少深文大义，只是基本上采取国际最通行的名称。"

首先，我们看一看我们的名称音是如何"采取国际上最通行名称"的，它算是采用了国际上最通行的名称了吗？

我们的辅音字母一共是 21 个，其中，b、c、d、g、p、t、v 的名称音是在音值后加前、低、不圆唇元音，f、l、m、s 是在音值前加同样的元音，h 是在音值后加中、低、不圆唇元音，这些占所有辅音字母 57% 的名称音同大多数国家字母名称音相同，而 j、p、k、r 的字母名称音却接近英文，不同于国际流行的拉丁字母音；n 的名称音接近土耳其的音，不同于国际流行的念法；x、z、y、w 则是根据自己的使用习惯拟定的名称音。57% 的辅音字母同大多数国家字母名称音相同，就算是采取了国际最通行的名称了吗？

其次，我们想来看一下应该如何正确理解国际习惯。

周有光先生在《拟定拼音方案的几项原则》中有一条"国际习惯的原则"，并提出"适当遵守拉丁字母的国际运用习惯"，诚然，57% 的辅音字母的名称音同于

大多数国家的名称音可以算作"适当遵守",那么,他同时也在该文中指出"拉丁字母的国际运用的习惯,有共同的一面,也有歧义的一面,对于习惯有歧义的地方,我们就要根据我们的要求来选择。"今天,我们汉语拼音字母在形体和顺序方面都采用了拉丁字母的国际运用习惯,用了简单、明确的拉丁字母的符号形式和拉丁字母的国际通用顺序,这些方便我们在打字、印刷、电报、排印、信息处理上与国际接轨,而至于如何称说它们,是不是一定要 57% 的比例来合乎国际名称虽然重要,但更重要的是它距离我们这个以表意文字作为最重要的辅助交际性工具的国家对表符号的使用传统、使用习惯有多远,它是否与辅音字母在汉语拼音中的使用特点基本一致。吕叔湘先生也说过:"其实这种字母既然已经让我们采用了,并且已按照咱们的需要给它制订了拼写汉语语音的原则,那么,它已经是咱们自己的东西。"如何称说,当然是我们自己的事。王力先生也对国际习惯做过这样的解释:"所谓国际习惯,实际上就是拉丁字母在中国的习惯用法,已经成了中国知识分子自己的习惯,如果在很大程度上违反了这个习惯,就会招致多数知识分子的反对。"王力先生的担忧不幸被言中,因为汉语拼音字母的名称在很大程度上违反了中国知识分子所掌握的注音字母的读音,即忽视了我们的习惯用法,在注音字母的读音已经作为呼读音保留下来的今天,客观上阻碍了名称音的推广和普及。

原则二:辅音字母名称音的制订在音值的或前或后加前、低、不圆唇元音或中、低、不圆唇元音的规定上,除了国际习惯以外,还考虑到提高名称的区别力,这里,也想发一点非议。

《方案》认为,除了57%的辅音字母采用国际流行的称说外。尚有43%的辅音字母如 j、q 让它们的读音接近英文,以提高与 x 的区别力;k 接近英文,而不念国际流行的拉丁字母音以便和 h 的名称音相区别;让 r 的名称接近英文,因为考虑到国际习惯的念法和 l 的名称音的区别;此外,r 之所以不采用注音字母的念法,是担心说方言的人对于翘舌和平舌无区别力,n、l 之所以分别规定为两个字母名称音,也是担心说方言的人对鼻音和边音缺乏区别力和发音能力。这些担心实在必要,可细究起来却也无甚大妨,究其原因为以下几个方面。

(1)现代汉语语音系统本身对塞音、塞擦音、擦音,对送气音和不送气音的区别是严格的,作为声母来说,它们甚至是成套对应的,这就不会产生 j、q、x、k 名称音区别力的问题了。

(2)掌握汉语拼音是为念标准音、说普通话打基础的。如果没有对翘舌、平舌、鼻音、边音的起码的区别力,那么,在平翘舌、鼻边音有那么大覆盖率的语音系统内,我们如何顺利进行交流,况且初学汉语拼音的人是在有了声母、韵母的概念以后再学字母的。

(3)退一步说,如果我们对字母名称音的规定少考虑一下国际习惯也就不会产生因兼顾国际习惯和名称区别力而诞生的有些字母名称音(如 r 和 l)的念法了。为提高区别力而规定的字母名称音从道理上我们不能理解,从感情上也就不易接受,那么,它也必将会阻碍我们对它的使用和推广。

综上所述,我们已经得出辅音字母名称音的制订原则中的考虑国际习惯和提高区别力这两项的可推敲性,都从客观上造成了名称音不能普及和使用混乱等后果的结论了。当然,除了这个根本原因以外,像英文字母名称的干扰、注音字母名称音作为呼读音的保留、字母代号和汉语习惯之间的距离等也是造成名称音不能普及和使用混乱的外在原因。元音字母发音响亮,可以汉语音值为准,这是无可非议的,但它也未被推行开来,主要还是因为占字母总数绝大多数的辅音字母名称音制订的不合理性,因此,要想尽快结束字母称说混乱的局面,我们来看看辅音字母名称音修改的方向及可行性问题。

**三、辅音字母名称音的修改及可行性论证**

第一,从道理上来说,修改是有依据的,吕叔湘在《汉语拼音方案浅说》中就这样说过:"照现在的拟音,念起来还不难,如果在实际使用中发现有很大不便,也还是可以研究的。"现在,不只是"实际使用中有很大不便。"的问题,而是它简单就不被我们"实际使用",因此,我们完全可以修改。另外,《汉语拼音方案》诞生以后,全国代表大会的决议也要求我们"在实践过程中继续求得方案的进一步完善。"当然,任何对《方案》的修正都必须是极为严肃、极为认真负责的,而且也必须是通过一定的法律程序的。这里,我们只想说明修改的可行性。再则,汉语拼音方案的制订原则除了国际习惯的原则外,还有本国传统的原则和语言特点的原则。现在的字母名称主要遵循的是国际习惯的原则,那么从原则上来说,我们可以对名称音做出新的规定,使之在符合国际习惯(比如字母形体、字母顺序)的前提下既符合本国传统的原则,也符合语言特点的原则。

第二,从如何修改这方面来说,这也应该是可行的,因为目前我们就有一套在《方案》里作为声母的读音标注出来的原注音字母的读音,它因为与拼音方法一致、好教易学、便于呼读的作用被保留下来了,我们称之为声母呼读音,关于用声母呼读音来代替辅音字母名称音的问题,我们还可以具体从以下几个方面来说明一下原因。

首先,声母呼读音有着广泛的群众基础,符合汉语拼音方案制定原则中本国传统的原则。

声母呼读音实际上是《汉语拼音方案》诞生以前的注音字母的声母读音,它是由知识分子一代代沿袭并保留下来的读音。周有光先生所担忧的"旧名称以任何名义保留下来,事实上就不利于新名称的推广"和"两套名称长期并存只会造成混乱,增加困难"都成了事实,而且愈演愈烈。那么,我们也就不应该一味地指责旧名称作为呼读音的保留,而应该考虑一下如何更改新名称,使之易于理解和接受。

其次,声母呼读音因为好教易学,与拼音方法一致,所以必将作为教学汉语拼音的方法保留下来,从拼音而言,呼读音的利大于名称音的利。

周有光先生在力主使用新名称、不保留旧名称(声母呼读音)时曾比较过新旧名称对拼音练习的影响,他得出的结论是:新旧名称对拼音练习的利弊是相当的,所以他提出用名称音称说,也可用名称音教学。但我们如果从他比较的方法上去研究也不难发现他的推断的不合理性。周先生的比较标准是:"名称内含附加元音对相拼的元音(或复韵母开始元音)二者之间在发音时候的舌位距离和口形运动。距离近、运动小,就是比较好;距离远、运动大,就是比较差。"而我们所说的呼读音是根据发完辅音音值后舌位的高低前后去寻找与之相适应的元音作为辅音音值后的附加元音,它更利于拼音教学,因为 21 个辅音字母除了 n 和字母组合 ng 可作韵尾外,其他 19 个全只是充当声母,那么,这些辅音字母在和后面的韵母拼合时,自然而然地一律去掉发完音值后舌位自然停留的元音,这种本领很容易在机械模仿拼读的过程中学会。而如果用名称音进行拼音教学,就得考虑是去掉音值前面的元音还是去掉后面的元音:是去掉前、低、不圆唇元音还是去掉中、低、不圆唇元音等问题。当然 y、w 这两个在音节拼写里出现的字母和 V 这个只拼外来语、少数民族语言和方言的字母就要做出规定,但这绝不是困难的事。

最后,从《汉语拼音方案》的制定原则来说,用声母呼读音作为辅音字母名称音符合我们语言的特点。

字母名称音当初在制定时,制订人也考虑到了称说和拼读因为作用不同应该分开,可是,现代汉语在形成和发展过程中,有了区别于其他语言的许多特点。比如,现代汉语在语素文字的制约下,最小的语言单位是语素,它至少可以写成一个汉字、成为一个音节,汉字仍是我们的表意工具,代表这一个音节的汉语拼音是用来弥补表意功能缺陷的。因而我们对汉语拼音字母的称说及字母代号的使用经常和它们所在的音节及音节所代表的意义挂钩,在新时期语言文字工作的方针没有重申汉字拼音化方向的大前提下,在音节整体呼读教学不能得到广泛推广的现状下,字母称说和音节的拼读紧密相连非常重要。比如在用音素字母输入法输入某个字时,问你需用哪些字母时,你得先会发字音,将其拼写形式反映出来,然后再对照出字母名称音将其表述出来(虽然这个过程很短暂,但必须完整),这样看来,如果我们的字母名称音能在较大程度上与拼读过程中的声母、韵母的读音相吻合(尤其重要的是与声母稳合,因为韵母多用元音构成,本身音值为名称音),那么,在汉字输入或拼说、拼读本来就比那些表音文字多了一个由汉字转化为音节的环节的情况下,不至于过多地增加大脑信息转换的环节,增加大脑的负担。

《汉语拼音方案》颁布 60 年了,在中文信息处理技术的蓬勃发展形势为语言文字工作的进一步开展提供机遇、提出挑战的今天,字母名称音使用混乱的局面早该结束,因此,在声母呼读音已经作为拼读工具保留下来的现实面前,最简单易行的办法就是不让辅音字母呼读一套、称说一套形成内耗,让它们合二为一,形成抵御英语字母称说的强大力量。因此,用声母呼读音代替相应辅音字母名称音是可行的,也将是必然的。

### 参考文献

[1]《汉语拼音论文选》,文字改革出版社 1988 年版。

[2]《汉语拼音方案的制定和运用》,文字改革出版社 1988 年版。

[3]《拼音化问题》,文字改革出版社 1980 年版。

[4]《语文现代化概念》,首都师范大学出版社 1995 年版。

# 关于铜仁市普通话水平测试
# 第一阶段声调报告的思考

**摘　要**：官话方言区内的教师和师范院校的毕业生在普通话水平测试的第一阶段暴露出来的问题，引发了我们对声调进行分级培训的思考。在此基础上，本文还界定了声调的静态和动态培训的范围，并从音位学原理和语言测试理论上进一步解释了我们的分级培训构思。

**关键词**：普通话水平测试　声调　三级甲等　二级乙等　分级培训

## 一、引言

笔者从 1999 年起参加贵州省铜仁市普通话水平的测试工作，测试对象主要是师范院校的毕业生和铜仁市的教师。笔者对自己主考的 107 名师专毕业生的测试扣分情况作了简要的记录，并保留了测试成绩，其中与声调有关的一些数据很能引发人思考。特别是结合笔者十年来的普通话教学培训和测试工作，我们不得不承认，尽管实验室语音学已经论证了汉语辅音的辨义功能最弱、声调的辨义功能最强，但在普通话的教学领域，我们的教材编排和教学方法都未给足声调训练应有的地位。师范院校作为教师的培训基地，在普通话方面缺乏依据的盲目教学，当然与"通过测试促进普通话的进一步普及，并在普及的基础上逐步提高全社会的普通话水平"的测试目的是相背离的。故针对问题改造教法当然成了普通话培训的当务之急。

## 二、测试成绩、声调报告及其分析

（一）测试成绩（见下表 1）

**表1**

| 人数 \ 等级 | 一级甲等 | 一级乙等 | 二级甲等 | 二级乙方 | 三级甲等 | 三级乙等 |
|---|---|---|---|---|---|---|
| 107 | 0 | 0 | 0 | 28 | 77 | 2 |

1. 测试对象均来自汉、苗、侗、土家族杂居地带,95%以上是少数民族学生,近10%的学生母语是苗语,但他们同时又会说当地的汉语方言。80%以上的学生生长在农村,虽然普通话是他们熟悉的语言,但接触标准普通话的机会很少,没有普通话的使用环境,故虽处于典型的官话区,但测试成绩明显偏低。

2. 测试对象中没有中文系的学生,普通话的口语训练只限于第一学年每学期约35个课时的课堂形式的集中教学练说,没有接受测前培训,因此,测试成绩能反应有中等以上认知水平的、对普通话书面语运用较为自由的师范院校毕业生和教师的比较原始的普通话语音面貌,对我们以后的培训和教学工作有较大的参考价值。

(二)测试中关于声调的报告(截取人数最多的两个分数段)(见表2)

**表2**

| 人类 \ 扣分类型 \ 等级 | 调值缺陷 | 声调缺陷 | 变调缺陷 | 轻声重读 | 方言语调① | |
|---|---|---|---|---|---|---|
| | | | | | 略有反映 | 较明显 |
| 二级乙等 | 28 | 7 | 4 | 26 | 22 | 3 |
| 三级甲等 | 77 | 72 | 66 | 77 | 4 | 73 |

1. 通过以上数据我们发现两个等级对普通话声调运用几个方面的表现都呈现比较工整的对应关系。二级乙等的28个受测人声调错误、变调错误都很少,只存在系统性的调值不准的状况;方言语调在其中25个受测人中有不同程度的反映;轻声重读这一西南方言突出的语调特点在其中26个受测人中均有反映。这基本上是普通话水平测试等级标准中二乙"声调遗留一类错误或两类缺陷带有不

---

① 存在方言语调当然也包括字调不对、变调不对、轻声重读等与音高相关的问题,但贯穿全句始终的音高变化如在句中保持原有声调规则的稍扬或稍抑,还有因语速、语气的不同而导致的声调变化等都无法用量的积累来评判,所以单列一项。

太明显的方言语调"的具体表现。三级甲等的 77 个受测人全部存在声调缺陷的情况,72 名受测人在声调调型的把握和调类的归类上有成规律的错误;方言语调绝大多数较为明显;轻声规律运用错误率是 100%。这也基本上是普通话水平等级标准中三甲"声调调值多不准,超出常见范围,方言语调较明显"的具体反映。

当然,声、韵、调的一切缺陷和错误的积累均可导致级的变化,但两个等级的受测人对声调运用表现出来的工整的对应关系强烈提示我们声调培训的重要性。

2. 国家教委对教师和师范院校毕业生的普通话水平的要求是应达到二级或一级,贵州省教育厅对教师普通话水平作出逐步提高的要求。在 2003 年 11 月 1 日起实行持证上岗;1974 年以后出生的县级以上的中小学语文教师、幼儿园教师、各类高校、师范院校的文科教师应达到二级甲等,其他教师及乡镇一级应达到二级乙等;1974 年以前出生的教师依次往下降一等。而我们第一阶段测试对象原始的无培训的语音面貌以及受测人"无二甲、二乙少、三甲多"的成绩,又毫无疑问地说明我们的普通话教学培训工作在很短时间内有效提高的必要。针对在测试中截取出的分数最多的两个等级的声调报告,我们认为:在教学、培训中的可行性措施是有重点地分级进行普通话教学和培训工作:首抓声调,对不同等级对象的培训起点和重点应有所区别。

### 三、与声调相关的问题

(一)声调培训应成为普通话的基本训练

汉语是声调语言,对汉语而言,音高在音节中起的作用可以说是和元音、辅音同等重要,因此,赵元任先生在 1966 年就根据声调的音感特征和辨义功能把汉语的声调确定为与音段音位的声位、韵位同等重要的调位①。

在方言的比较研究上,声调也占有重要的地位。比如官话方言"多数没有入声,只有阴平、阳平、上声、去声四个调"②,而吴语区的语音特点之一是"声调最普通是七声或八声"③,即使在同一个大方言里,各方言的调值彼此也很难一致。因此,"从实用的观点看,我们指导说各种方言的人学习标准语,都要借助于声调来说明学习的方法。"④

---

① 李延瑞:《普通话音位调查》,载《中国语文》1984 年第 4 期。
② 丁声树、李荣:《汉语方言调查》,《现代汉语参考资料》,上海教育出版社 1980 年第 10 期。
③ 丁声树、李荣:《汉语方言调查》,《现代汉语参考资料》,上海教育出版社 1980 年第 10 期。
④ 喻世长:《谈谈声调问题》,载《中国语文》,1955 年。

汉语声调的数目比元音和辅音少得多,当然,汉语的声调在语言结构中的负担也就重得多,一个声调读不准,对辨义功能的影响相对声母、韵母而言就要大得多,所以,声调可以说是汉语语音结构中最为敏感的部分。

实验语音学告诉我们:感知音调又比感知元音和辅音复杂,因为声调的调域是相对的,每一个调类的调值在一定的调域范围内也不很稳定。但一个人只要稍经训练,就能凭听觉把调值的高低升降在五度的音域中定下来,用五度标记法的原理可以使最复杂的声调感知成为普通话学习的入门基础训练。

(二)与声调相关的语调问题

声调是音节的音高变化,语调狭义地说是句子的音高变化,有声调的语调比无声调的语调要复杂得多,对于汉语是声调语言的事实来说,多种调型的语调不是独立于声调之外的高低变化,它是在声调基础上的稍扬或稍抑,对声调起着和谐的调节作用。

从普通话的学习上来说,克服方言语调的根本要点是克服方言字调的遗留。如我西南方言入声字归阳平以及归阳平后导致的上声变调与普通话变调类型的不一致(如粉笔读成$[\text{fan}^{21}\text{pi}^{35}]$)都是铜仁市方言语调的突出特征。就是非入声字如:"海洋"读成$[\text{xai}^{35}\text{yaŋ}^{35}]$这样一个从语流音变中反映出来的方言语调问题,其实也是对普通话声调的调型缺乏基本的感知和训练造成的。

从普通话测试来说,声调考察贯穿了字、词、朗读、说话整个环节,90%的分值比重不是单纯的声调考察,与语流音变等语调层面的问题密切相关,所以我们把方言语调纳入了声调的考察和培训中。

当然,方言语调也不仅仅是方言字调的遗留,但宋欣桥先生在方言语调的基本范围中已明确指出:"声调的错误是影响普通话语调的首要因素"。[①]

针对我西南方言"轻音比普通话少得多,语气后缀和助词等一般都不轻读的特点"[②],我们把轻声重读这一明显与音高等超音质成分密切相关的方言语调问题也专列一项放在声调问题中进行了考察和培训。

---

① 宋欣桥:《普通话水平测试员使用守则》,商务印书馆 2000 年版。
② 林焘、王理嘉:《语音学教程》,北京大学出版社 1992 年版。

#### 四、本地区声调分级培训构思

(一)两级培训的基本内容

铜仁市方言声调的调类与普通话的一致性是我方言划归官话方言的主要原因,但我方言四个调类的调型与普通话不同使我们必须加大力度训练测试对象对调型的基本感知,才能使其在方言转化为普通话时顺利找到所对应调类的调型。另外,铜仁市方言大部分地区①又以"入声归阳平的特点划归西南官话"②。这样一来,即可看出在调类问题上加大入声训练力度的重要性。以上是根据铜仁市方言特点说明铜仁市方言区人静态的声调学习的基本要点,与前面声调报告占70%的三级甲等受测人声调报告分析相比,它们惊人的一致,因此,应该成为我们基础班培训的主要内容。

而根据另外30%的二级乙等受测人的声调报告和大纲的等级要求,我们的提高班在静态声调方面应注意减少声调的错误和缺陷量的积累,即加强调值的训练。

再把声调问题放在动态的语流中来看,轻声重读和变调问题是铜仁市方言语调的主要构成要点;但根据测试的声调报告,轻声问题在二级乙等90%的受测人中也存在着,而变调问题基本只是三级甲等成绩的主要问题,那么,加强变调训练应该可以克服铜仁市方言语调最明显的三甲特征;而加强轻声训练、提高语流的自然流畅度应是提高班的主要培训内容。

(二)声调分级培训构思

| 级别 \ 训练 重点 | 静态声调训练 | 动态声调训练 | |
|---|---|---|---|
| | | 词语训练 | 朗读说话训练 |
| 基础班 | 调型的感知,调类的对应训练 | 上升变调训练 | 克服方言语调训练 |
| 提高班 | 调值的准确度训练 | 轻声意识的培训及轻声训练 | 提高语流自然度训练 |

---

① 西五县保留入声,但其入声是舒声,调值接近阳平调值,故也可当上述特点教学。

② 侯精一:《现代汉语方言概论》,上海教育出版社2002年版。

(三)声调分级培训的理论思考

从上表不难看出,我们对普通话的训练,基础班是在调类问题上下功夫,是感知普通话的调位问题,而提高班是在调值上下功夫,是训练在一个调位中的向标准靠近的问题。用音位学原理来解释的话,不同的调类它属不同的音位,音位不同,足以影响意义的传达,如铜仁市方言入声字归阳平特点可导致"我的笔呢"读成"我的鼻呢"之类的错误,故调位的感知和培训当属基础培训。

但上声变调错误导致的调型听感上的差异,如"马车"读成$[mA^{35} ts^{55}]$,"马跑"读成$[mA^{21} pau^{214}]$,用音位学理论去看,是不会影响意义的表达的,但我们之所以把这个"训练在一个调位中向标准靠近"的问题纳入基础班的培训要点,除了前面声调报告中的事实依据之外,还有理论依据。"普通话的习得从非常生疏到纯正熟练是有一个过程的,其习得的成就水平在这个过程中都可以呈现出阶段性和等级性。"①而上述变调错误因近1/4的上声覆盖率所造成的听觉上的差异感,很难使普通话水平落在相对标准或接近标准的中级水平即二级水平上。上述理论依据是根据罗伯特·格莱恩1963年在解释或就测量时提出的构想而制定的假设,它是普通话水平等级成三级六等的理论依据,也是我们这里普通话声调分级培训构思的理论依据。

**五、余论**

其实,普通话的习得既然可呈现出阶段性和等级性,那么,根据不同的起点进行不同的培训就应该是必然的,因为本篇已经论证了的原因,我们从声调开始,但不准备就声调而中止,另外,声调分级培训的具体操作方法,因篇幅所限,他文另撰。

**参考文献**

[1]林焘、王理嘉:《语音学教程》,北京大学出版社1992年版。

[2]朱川华:《实验语音学基础》,东师范大学出版社1986年版。

[3]梁德曼:《四川方言与普通话》,四川人民出版社1982年版。

[4]国家语言文字工作委员会:《贵州省普通话水平测试理论与实践》,商务印书馆1998年版。

---

① 刘英林:《普通话水平考试的理论思考与标准化》,载《中国语文》,2001年第1期。

[5]宋欣桥:《普通话水平测试员使用手册》,商务印书馆2000年版。

[6]关玲:《民族地区师范学校普通话教学研究》,载《贵州教育学院学报》,2000年第5期。

[7]赵则玲:《普通话水平测试中的"万言语调"问题》,载《浙江师范大学学报》,2001年第5期。

[8]游汝杰等:《论普通话的音位系统》,载《中国语文》,1980年第5期。

# 关于铜仁市普通话水平测试报告的再思考

**摘　要**:通过铜仁市普通话水平测试的受测人在声韵母方面表现出的语音错误的分析反映本市声韵系统与普通话声韵系统的不同,对《贵州省普通话水平测试评分细则》常见声韵母的语音错误和语音缺陷从本市普通话培训教学的角度进行再次解读,从而完成本市普通话分级培训的整体构思。

**关键词**:铜仁市　普通话水平测试　语音错误　分级培训

普通话水平用三级六等来表示,体现了普通话习得呈现出的阶段性,根据铜仁市受训人不同的起点制定不同教学内容的分级培训,笔者《关于铜仁市普通话水平测试第一阶段声调报告的思考》一文已从声调的角度进行了分级的思考和论证。

根据官话方言"阴阳上去"四个调类的特征和西南官话"入派三声"的基本特点我们制定了本市声调方面两个等级的教学重点,但从声母和韵母的角度界定却因为西南官话"地域覆盖面有大有小,其中有的有很强的一致性,有的则分布于较小的区域"①表现出一定的难度。

本文拟从笔者参加测试工作 12 年来保留的测试原始成绩及语音错误和缺陷的记录入手,结合多年口语教学和普通话培训的经验,完成本市普通话分级培训的整体构思。

## 一、测试成绩的等级分布及分析

笔者选取了对受测人语音错误和缺陷有较详细记载的三次原始测试成绩,受

---

① 　侯精一:《现代汉语方言概论》,上海教育出版社 2002 年版。

测人都是铜仁学院的应届毕业生,来自本市的八县两区,能反映本市普通话的语音面貌。

**表1 无测前培训的测试成绩**

| 等级　人数 | 一甲 | 一乙 | 二甲 | 二乙 | 三甲 | 三乙 |
|---|---|---|---|---|---|---|
| 46 | 0 | 0 | 0 | 9 | 35 | 2 |

**表2 有测前培训的测试成绩**

| 等级　人数 | 一甲 | 一乙 | 二甲 | 二乙 | 三甲 | 三乙 |
|---|---|---|---|---|---|---|
| 53 | 0 | 0 | 1 | 20 | 31 | 1 |

**表3 有测前分级培训的测试成绩**

| 等级　人数 | 一甲 | 一乙 | 二甲 | 二乙 | 三甲 | 三乙 |
|---|---|---|---|---|---|---|
| 80 | 0 | 0 | 8 | 53 | 19 | 0 |

(1)无论有无测前培训,测试成绩均集中分布在二乙和三甲,所以普通话分级培训的两个培训起点应该参考这两个等级典型的语音面貌:基础班,针对三级甲等;提高班,针对二级乙等。

(2)比较表1和表2,可知测前培训有一定效果,但二、三级语音面貌的人数没有明显变化;比较表1、2和表3,测试成绩明显上升,拥有二级甚至达到二级甲等的人数明显增多:根据受测人不同的语音面貌分两个等级进行有针对性的分级培训是必要的。

**二、铜仁市普通话水平测试中声韵母扣分的"语音错误"**

少数乡镇的语音特征不做记录;为便于阅读,方音能用汉语拼音表示的用汉语拼音表示,无法准确标音的再用国际音标表示;受声韵配合规律的限制所表现出的不同,我们只从声母或韵母的角度予以归类。

(一)声母扣分的错误类型

普通话语音系统中声母22个(含零声母),铜仁市多了[V][ŋ][Z],少了n和zh、ch、sh、r,本市语音系统共21个声母。

为便于普通话培训教学,从普通话声母系统的角度记录错误并着重按发音部位和发音方法的不同对此进行梳理。

(1)舌尖后音 zh、ch、sh、r 和与此相对应的舌尖前音 z、c、s 自由变读,不辨义,大多数无舌尖后音。

(2)不分鼻边音,n 和 l 自由变读,不辨义,大多数人无 n 声母。

(3)f、h 与合口呼相拼时少数人不辨义,大多数人无 hu 的音节。

(4)零声母音节的误读。

①开口呼的零声母读作鼻辅音[ŋ]:爱、恶、恩。

②零声母音节 wu 读作[Vu]:屋、吴、五。

③古疑母的部分齐齿呼的零声母读作边音 l:仪、严、仰。

④阳平 iong 韵的零声母读作半元音[j]:容、荣、融。

(5)一些不送气音读作送气音(连接号前为普通话读音,后为方音,以下均同):

b—p:遍、痹、鄙。

z(zh)—c:秩、泽、撞。

g—k:括、概、叴、箍、搁。

d—t:抖。

(6)一些舌面音读作舌根音:J、q、x—g、k、h:街、敲、项。

(7)一些擦音和塞擦音的混读:

ch—s:蝉、纯、晨、常。

sh—c:慎。

x—q:详、象、溪。

(8)一些舌尖音读作舌面音:

S(sh)—x:俗、速、虽。

(9)规律性不强的方言读音:

甫(p)、脯(p)、喷(p)、堤(t)、隶(d)、邹(j)。

脐(q)、吃(q)、且(c)、荠(j)、龚(j)、触(c)。

(二)韵母扣分的错误类型

普通话语音系统共 39 个韵母,铜仁市多了[io][yA][iu][uɛ][iai],少了[ɿ][ɣ][uo][əŋ][iŋ][uəŋ],把 ian 读作[iæn],把 üan 读作[yæn],共 38 个韵母,与普通话韵母完全相同的 26 个。

为便于普通话培训教学,从普通话韵母系统的角度记录错误并按错误覆盖率、错因、韵母的结构和口型特点进行梳理,例字看重与声母的配合,基本能推知本项错误的覆盖率。

(1)en 和 eng、in 和 ing 自由变读不辨义,多数人无 eng 和 ing 两个韵母。

(2)ueng 读作 ong:翁、瓮、蕹。

(3)舌根音、零声母与 e 拼合时读作 o:歌、科、喝、鹅。

(4)唇音与 eng 相拼时,读作 ong:崩、朋、梦、冯。

(5)卷舌元音无卷舌音色,多读作[ɐ]。

(6)受古入声调的影响(西五县甚至保留入声调的特点),不仅使得西五县古入声调字的韵母中的高元音有向中元音和长元音靠拢的趋势(如:急、七、锡、屋、不、目、复、局、屈、畜、浴),更使得下列韵母所呈现的错误关系复杂,种类繁多:

ao—o:烙、角、赫、凿。

ou(iou)—u:六、肉、剖、轴。

ü—u:绿、驴。

e—ê(西五县读作[æ]或[ei]):德、特、勒、革、客、赫、则、策、色、这、彻、社。

ai—ê(西五县读作[æ]):白、麦、拍、摘、拆、塞。

o—ê(西五县读作[æ]):魄、墨。

ei—ê(西五县读作[æ]):北、黑、贼。

ü(üe)(东三县二区读作)—iu:局、屈、畜。

ü(西五县读作)—üe:局、屈、畜、欲。

üe(iao)—[io]:觉、确、学、略、虐、药。

i(西五县读作)—ie:鼻、辟、密、滴、踢、立、急、七、习、一。

u—iu:足、族、宿。

uo—[uɛ](西五县读作[uæ]):国、括、或。

(7)韵头的加减:

uo—o:多、脱、挪、锅、阔、火、桌、戳、说、若、昨、错、索。

uen—en:顿、吞、论、尊、村、孙。

ou(西五县读作)—iou:丢、投、楼。

(8)韵头撮口与否:

ü—i:律、婿、疫、允、尹。

i—ü:茄、琼、斜、鲜、沿、营。

(9)失去韵腹(除石阡外的西五县):

ian—in：边、篇、棉、点、天、年、联、见、千、先、烟。

üan—ün：卷、全、选、圆。

（10）某些复元音开尾韵用鼻辅音[n]或[ŋ]作韵尾：

u—[oŋ]：亩、某、谋、茂、贸。

i—[æn]：没、还、也。

（11）规律性不强的方言读音：

促（cuo）、旅吕屡（ui）、铲（uan）、劣（e）、缕（iou）、怯（io）。

硬（en）、育（iou）、怎（ang）、帚（u）、做（u）。

### 三、对铜仁市普通话水平测试成绩的等级分布及声韵母"语音错误"的思考

（一）两级培训的教学重点

《普通话水平测试等级标准》二乙和三甲在声韵母方面的重要区别是二乙"难点音失误较多"，三甲"难点音超出常见范围"①，所以对难点音常见范围的确定就成了制定两级培训教学重点的依据。

（1）铜仁市属西南官话的湘南片，西南官话这"一种一致性相当高的方言"②所表现出的语音特点从理论上叫本市难点音的常见范围，超出这个范围且带有更多类型的系统性声韵错误，很难使普通话语音面貌进入中级。以下是西南官话（成渝片、湘南片）声韵母区别于北京语音的特点：（括号中是对应的声韵母"语音错误"）

①本片区多数地区平翘不分（声母1.）。

②半数以上的不分n、l（声母2.）。

③f、h分混（声母3.）。

④古影疑母开口呼零声母大多读[ŋ]（声母4.a）。

⑤en和eng，in和ing想混，读n韵尾或鼻化元音（韵母1.）。

⑥古曾开一、梗开二入声多读同一韵母[ɛ]或[æ]（韵母6.d/e/f/g）。

⑦不同程度介音u的失落（韵母7.）。

⑧四呼俱全，但撮口呼韵母的字一般读齐齿呼（韵母8.）。

（2）表4是笔者根据表1、表2、表3共179个受测人的声韵母"语音错误"的

---

① 宋新桥：《普通话水平测试员实用手册》，商务印书馆2000年版。

② 侯精一：《现代汉语方言概论》，上海教育出版社2002年版。

记录总结出来的,可以看出:难点音的常见范围在西南官话语音特点的基础上得到了进一步明确,应该成为我方言区普通话分级培训声韵母教学重点制定的事实依据。

表4　179个受测人的声韵母错误及分析

| 错误及分类\等级和人数 | 声母1 平翘舌 | 声母2 鼻边音 | 声母3 f h 分 | 声母4 混零声母音节 | 声母5 送气与否 | 声母6 舌根音舌面音 | 声母7 擦音塞擦音 | 声母8 舌尖音舌面音 | 声母9 个别读音 | 韵母1 eng与ing韵 | 韵母2 ueng韵 | 韵母3 e韵 | 韵母4 唇音拼eng | 韵母5 卷舌元音er | 韵母6 古入声调字 | 韵母7 韵头的加减 | 韵母8 撮口与否 | 韵母9 失去韵腹 | 韵母10 复元音与鼻韵母 | 韵母11 个别读音 |
|---|---|---|---|---|---|---|---|---|---|---|---|---|---|---|---|---|---|---|---|---|
| 二乙 (82人) | 82 | 82 | 80 | 10 | 6 | 2 | 4 | 3 | 5 | 82 | 41 | 80 | 66 | 70 | 28 | 14 | 17 | 31 | 9 | 4 |
| 三甲 (85人) | 85 | 85 | 85 | 68 | 61 | 21 | 49 | 27 | 29 | 85 | 85 | 85 | 83 | 80 | 76 | 41 | 42 | 61 | 40 | 46 |

当然,错误也与受测人的非普通话因素(发音习惯、错别字)有一定关系,但我们仍能发现:声母的1—3、韵母的1—5是难点音的常见范围;声母的4—9、韵母的6—11是受测人呈三甲语音面貌的主要原因。

(二)关于声韵母发音的教学设想

声韵错误的类型多少和其汉字覆盖率的量能让我们对受测人的语音面貌有"级"的感觉,但观察对二乙和三甲的语音描述,可以看出其声韵母的发音分别还有"不到位"和"失误较多"[①]的重要区别,声韵母的发音教学成了继错误辨析之后的又一重要教学内容。

1. 对"不到位"和"失误较多"的界定

二乙的声韵母发音"不到位"现象,可指语音缺陷,属音值不准,有欠缺,一般不会影响意义的分辨,也可指学习过程中自我纠正的不熟练。三甲的声韵母发音"失误",可指语音错误,属音位归类错,会影响意义的分辨,但我们称之为"失误",因为它们常常是口头使用时的失言。

普通话培训面对的学习者主要是成人,成人的语言学习在"口头使用语言时

---

①　宋新桥:《普通话水平测试员实用手册》,商务印书馆2000年版。

常有失言,但经人指出后能自己改正"①,我们的培训学习就是使受测人意识到"失言",并由"失误较多"减少为"有不到位现象",再靠近"基本标准""标准"。

测试过程中我们发现我方言区二乙的"不到位"通常有:本方言区的难点音的发音;单元音韵母、复元音韵母、带鼻音韵母的发音要领未掌握;对汉语拼音拼写的符号和拼合的要领未掌握。三甲的"失误较多"通常是:古入声调的字,如 ü 韵和 u 韵的入声字;语音覆盖范围窄、覆盖面广的字,如 in 和 ian 的分辨;本方言区没有的韵母如 e 韵和 uo 韵。

当然,三甲的语音面貌也还会有二乙的诸多"不到位",但因其失误超出常见难点音的范围,我们对其语音缺陷的判定和培训都可有所削弱。

2. 普通话培训应做实际发音分析

成人学习第二语言不同于儿童的语言习得,其理解力比儿童强,模仿力比儿童弱。美国心理学家奥苏贝尔也更为关注学生的认知驱力,认知教学法甚至强调对语言技能学习的第一阶段是理解,第二阶段才是培养语言能力,也因此,对成人的普通话培训,不但要使他们认识拼音符号,更要认识那些符号所代表的意义,即我们的普通话培训的语音教学应做实际发音分析。

比如对铜仁市韵母系统没有的韵母 e 的教学,不妨比较这个音位所代表的在 e、üe、ei、en、er 中的读音差别,比如对 ong 和 iong 两韵母的学习,尝试引入国际音标讲它们的拼写原则,再比如对 fu 这个音节的教学,用唇齿音的发音要领和合口呼的口型特征的讲解来加强理解性记忆。实际发音分析会占用一些培训时间,但我们分级培训的目的就是有针对性地加强有效识记。

成人在第二语言的学习过程中为克服与母语不同处的干扰,"最好的办法是进行两种语言的对比分析",虽然对比分析在语法和词汇方面碰到许多难题,但"在语音上取得了较为明显的进展"②。因此,我们的普通话培训应加强实际发音的对比分析以减少经常性的"失言":可以借助单、复、鼻韵母发音特点的对比讲清 e 和 o、o 和 uo、i 和 ie、an、ian、üan 和 ün,eng 和 ueng 等方言难点音;可以通过对比体会软腭的升降区别口音和鼻音解决 n 和 l 的"不到位";可以让学员对比体会舌尖如何接近上齿龈和舌如何后缩靠近软腭来解决难点音 eng 和 ing 的教学。

---

① 桂诗春:《心理语言学》,上海外语教育出版社 2000 年版。
② 桂诗春:《心理语言学》,上海外语教育出版社 2000 年版。

### 四、铜仁市普通话分级培训构思

普通话分级培训有了上述声韵母教学重点和教学设想，结合笔者《关于铜仁市普通话水平测试第一阶段声调报告的思考》声调部分的培训构思，也就有了我方言区普通话分级培训的整体构思，见下表5。

表5①

| 级别 ＼ 训练重点 | 静态语音训练 | 动态语音训练 | |
|---|---|---|---|
| | | 词语训练 | 朗读说话训练 |
| 基础班 | 1. 声调：<br>1）调型的感知<br>2）调类的对应训练<br>2. 韵母：<br>1）古入声调字的易错韵母发音和记忆法<br>2）韵头加减、撮口圆唇与否等易错韵母<br>3）ian üan 的发音和记忆法<br>3. 声母：<br>1）翘舌音发音意识<br>2）零声母音节的误读<br>3）其他声母易错字 | 1. 上声变调训练<br><br>2. "一""不"变调<br><br>3. 双音节词练习 | 1. 常用书面语与口语的方言语调辩证<br><br>2. 朗读材料的正音与熟悉<br><br>3. 说话的正音与流畅训练 |
| 提高班 | 1. 声调：<br>调值的准确度训练<br>2. 韵母：<br>1）单（含卷舌）、复和鼻韵母发音训练<br>2）en eng 和 in ing 发音和记忆法<br>3. 声母：<br>1）平翘舌发音灵活度和记忆法<br>2）鼻边音发音和记忆法<br>3）f、h 与 u 相拼 | 1. 轻声意识训练<br><br>2. 轻声儿化的发音和记忆<br><br>3. 多音节词语练习 | 1. 提高语流自然度训练（轻声、儿化）<br>2. 朗读指导：韵母缺陷和调值缺陷的克服与美化<br>3. 说话指导：易错声韵调的避免、轻声儿化的得体 |

---

① 表中声调部分参见笔者《关于铜仁市普通话水平测试第一阶段声调报告的思考》一文。

当然,培训还有入训分班的认定问题,建议基本无上表"基础班"所列语音问题的,进入提高班。

此外,两个班相同的教学内容还应包括对测试流程及普通话"级"的概念、测试要求、话题准备的指导等的简介和对易错字词、难字词、字词样卷、朗读作品的重要段易错句的带读和范读。

**参考文献**

[1]侯精一:《现代汉语方言概论》,上海教育出版社2002年版。

[2]梁德曼:《四川方言与普通话》,四川人民出版社1982年版。

[3]桂诗春:《心理语言学》,上海外语教育出版社2000年版。

[4]宋新桥:《普通话水平测试员实用手册》,商务印书馆2000年版。

[5]李延瑞:《普通话音位研究述评》,载《现代汉语语法研究的现状和回顾》,语文出版社1987年版。

[6]朱婧:《凤冈方言与普通话语音辨析》,载《贵州教育学院学报》1999年版。

[7]罗季光:《怎样分析语音和描写语音》,载《现代汉语参考资料》(胡裕树主编),上海教育出版社1980年版。

# 猜古说今话汉字

## ——汉字的积累与梳理教学活动例举

一、从《烛之武退秦师》中部分偏旁与字义的联系看古文翻译能力与了解汉字的关系

1. 猜读下列偏旁意

2. 组内背诵已学的古文与古诗词,记下并提交值得老师讲解的同偏旁的字

还、退　　　(遏、迩、适、遏、遗)

侯、伯　　　(仁、伥、偕)

陵　　　　　(阴、阳、限、险)

郑、邻、鄙　(都、郊、邓、邦)

敝　　　　　(教、政、攻、敌、牧)

朝　　　　　(明、望、朔——胡、臊、膑、股)

**二、偏旁推义法和组词推义法是学习古代实词的好方法**

1. 教师在学生猜想后评讲下面两个偏旁

2. 学生联想写字、组词

顾:回头。

(1)偏旁推义:页:一个人体,突出其大头——和"头"有关,再如:项、顿、额。

(2)组词推义:回顾、颈项、顿首、额首称许。

刘:收割。

(1)偏旁推义:和刀有关,如刊、刿。

(2)组词推义:割刈、刊误、自刿。

### 三、学习汉字造字法

1. 学生组词——老师推义:汉字是表意文字

隶:奴隶——差役——捕捉——手抓住尾巴。

明:光明——日月带来光明。

旦:通宵达旦——早晨——太阳从地平线上升起。

好:良好——美——女子貌美——女子抱孩子的情景。

2. 学生自学教科书(p74):象形、指示、会意、形声四种造字法

3. 学生尝试对下列汉字释义——老师画字:理解通假字是因读音或字形相同相近而产生的别字

非——鸟的翅膀——飞动——读音相同代替否定副词"非"。

莫——太阳落在草丛中——傍晚——读音相似代替否定副词"莫"。

亦——左右两点指示人腋下——腋下——读音相似代替语气副词"亦"。

说——用言语开导、说话——字形相似代替形容词"悦"。


### 四、有趣的汉字演变

1. 学生自学教科书(p74):鱼、马、为、受、车几个汉字的笔画演变

2. 教师列举下列汉字,师生共同完成意义的推演

体会汉字由繁——简、由图画——固定的笔画的演变规律:

(1)靡不有初,鲜克有终(能够)。

克:上面是人头上戴的头盔,下面是搭箭的人——战胜——能够。

(2)而绝江河(横渡);绝色、绝妙(最)。

绝:用刀断丝——断绝——极、最。

用刀断丝——有横裂纹——横渡。

(3)家君作宰(县令)。

宰:在屋内以刀操劳——奴隶——奴隶头——辅助朝政的宰相——一般的官员甚至县令。

(4)唯君图之(希望);唯唯诺诺(顺从附和):

唯:右边为鸟形,左边为一口——鸟鸣之声——应答之声——顺从附和。

右边为鸟形,左边为一口——鸟鸣之声——应答之声——希望。

(5)尤其(特异、突出);尤物(诱惑人的、有过错的)。

尤:指示右手手指上有一点——肉瘤即疣——不正常——特异、突出。

　指示右手手指上有一点——肉瘤即疣——过错——有过错的。

（6）相貌;互相;宰相。

相:用目看树木——观察、细看——相貌。

　用目看树木——观察、细看——看与被看的双方——互相。

　用目看树木——观察、细看——看与被看的双方——互相——帮助——帮助国君的人。

（7）老翁逾墙走、奔走相告(跑);太史公牛马走(仆人)。

走:上面是甩开双臂的人形,下面是一只大脚——跑——奔跑着侍奉主人的仆人。

（8）舆论(众多);出则同舆(车)。

舆:四只手共举一样东西——车厢——车。

　四只手共举一样东西——众多。

（9）罹难:(遭遇)。

罹:鸟儿进入罗网,百般忧愁——忧愁——遭到不幸——遭遇。

（10）既来之则安之(已经)。

既:右边高脚食器,左边是背靠食器跪坐的人——吃完了——完、尽——已经。

# 关注表达

## ——一堂语言文字专题讲座的构思

摘　要:高中生退化的语感以及据此而导致的语言文字应用能力的低下迫使我们寻找引导他们关注表达的方法,本文从汉语一景——歧义现象入手,构思一次语言文字表达的专题讲座,旨在引起学生关注身旁活生生的言语的兴趣。

关键词:语言文字应用能力;表达;语言;言语;歧义

### 一、课题产生的背景

高中生应该掌握规范交际的语言,具备良好的语言文字应用能力,这是语文课程改革前后都有的基本理念之一。但实际上,当我们想靠文本提供的最原始的材料与文本、与学生面对面推心置腹地对话时,当我们调出学生作文中"见面机会少了,是让我忘了她的唯一方法"想与他们一起推敲改正时,当我们在课堂上让他们陈述自己的观点或观察他们的辩手、主持人发言时,他们的茫然无措、言不由衷、闪烁其词都不禁让人反思:我们的阅读教学不一直在抓"使学生能根据语境揣摩语句的含义、体会语言表达效果"吗? 我们的写作要求之一也是让他们能"调动自己的语言积累,推敲、锤炼语言,做到规范、简明、连贯、得体"呀! 更不必说我们的口语交际对其语言应用能力培养的重视了。可是,现代人特有的浮躁心理、电视和网络的迅速普及、媒体火爆的不规范语言市场等都不能使学生静下心来,从关注身边的语言符号开始去推敲作品、感悟人生。他们更愿意从声、色、光、影带来的各种感官享受中去得到现成的概念,故语感退化。再加上初中淡化语法教学的观念,使得高中语文课程对"学生的语言应用能力提出更高的要求"的目标也成了天上宫阙,它俯视着芸芸高中生,让我们的高中语文教学望洋兴叹。

可喜的是,语文课程标准以选修课的形式为重视语言文字应用的理念提供了可操作的实施计划,鼓励我们开设语言文字方面的专题讲座。而新课标的理念也让我们看到选修课已经不再是一种可有可无的点缀了,它是有效促进学生全面发展的一项重要举措,也将成为语文教学的一个非常重要的组织部分。

### 二、课题的设想

语言文字应用能力的提高当然是与语感的提高成正比的。而语感,它是一种迅速领悟语言内涵的能力,这种能力是在语言实践中自然形成的,但却不能一蹴而就,只有当学生对语句的意义、情感、色彩、分寸有了分析、鉴赏的兴趣,对调动自己的语言积累,推敲、锤炼自己的表达有了自觉的认识,这种能力才能慢慢形成,而这一切都需要从培养他们自觉关注表达的兴趣开始。有了关注表达的兴趣之后,我们方能引入文字的、词汇的、语法的、修辞的等归纳总结的专题来进一步帮助他们增强语感,提高语言文字的应用能力。

### 三、课题目标的确定

我们的学生一直在进行语文学习,却一直也没形成关注表达的兴趣,这是因为我们的语文课程一直没有形成稳定的核心概念,从工具论到人文论,再到工具论与人文论的统一。个中原因当然与起始于教学需要的语言学长期与语文教学分离的现象有关。所幸的是最近一二十年的语言学认识到"不但要研究语言的本身,还要研究语言的使用",即进行言语的研究。语言学自身的反思也给我们带来了一些启示,我们如果引导他们从关注我们身旁活生生的言语——语言的运用及其产物开始,那么他们自然也就会产生关注表达的兴趣。

我们周围活生生的言语表达,有的准确得体,堪称交际典范;有的幽默风趣,让人过耳不忘;有的却晦涩不明,让人费解。而这一切我们都可以从汉语大量的歧义现象里找到鲜活的例子。事实上,现代语言学上的每一次语法体系的革命,每一个新学派的诞生也总是以歧义为突破口来批判传统,所以我们也可以以汉语歧义现象的观察分析来引导学生对表达的关注。

### 四、课题具体构思

教学环节一:导入,用歧义的事实与语言表达准确性之间的矛盾激起大家观察歧义的兴趣。

语言是人类特有的交流思想、传达情感的交际工具,因而准确性也就成了语言表达的基本要求了，但是一不留神，我们的表达就失去了准确性，有时甚至要听话人反其道而行之后我们方能体味出我们说话的失策。试看两例：

奶奶叫孙女："注意猫吃鱼！"孙女就眼睁睁地看着猫把鱼吃完，并对奶奶说："我在看猫吃鱼的呀！它吃得真香，连刺都吃了！"

大人：这是小白兔的书吧？（这是写小白兔的书吧？）

形形：不是小白兔的书，是形形的书，

这些例子让我们在一笑之后却不能置之脑后，这些不准确的表达从文学的角度来看好像还显得挺生动、挺幽默的，那么，到底应该如何看待我们表达中的歧义现象呢？

教学环节二：引导分析，以歧义的正面表达效果和它对表达的负面影响，用实例进一步引起大家关注表达、关注活生生的言语的兴趣。

一般认为，语言表达应该准确无误，因而表达有歧义应该是一种语病，是一种消极的语言现象；尤其是在科学性的、技术性的、应用性的交际场合，应尽可能消除歧义；但在文学的领域，在修辞的领域，歧义也以它特殊的表达作用活跃在我们的表达中。

《荷塘月色》标题的歧义，我们大可不必求朱先生"消除歧义"吧，两种含义的蕴含，是不是更给我们的荷塘月色增添了朦胧美呢？《红楼梦》第九十八回，黛玉临死时说："宝玉！宝玉！你好……"因为她的断气而没有了下文，其真实含义是怨恨，是绝望，抑或是祝福，我们很难有定论，但肯定是作者由于特定的原因有意使话语的内容含糊不清造成了歧义，但这不也正是文学作品召唤结构的魅力吗。

再看一个代表讲话的场面。

"今天，我要讲很长的话——"听众中不少人发出叹息。可是这位代表接着说，"大家是不欢迎的"。听众活跃、鼓掌。这就是"要"解读为"如果"还是"将"的歧义效果，是发言人的讲话技巧。

然而，下面两个例子中的歧义，弄不好听话人就要跟你急。

（1）甲：你借我三十块钱。　　　　（2）甲：人呢？

乙：什么？　　　　　　　　　　　　乙：气死了。

"借"作"借出"还是"借进"理解，"死"作形容词还是程度副词理解，都得注意拎清。

教学环节三：探索解疑，在充分的歧义现象面前引发学生思考这些现象背后的原因。

1."鸡不吃了"有哪两种理解?

汉语因为是一种意合语言,缺乏严格意义的词的形态标记,比如"鸡"无主格、宾格的标志,动词"吃"无形态的标记,导致了歧义的产生。

2.——你喝啤酒吗?

——我喝啤酒。

——我喝。

——喝。

汉语只要语境允许,很多成分都可以省略,不像英语,主语、谓语、宾语不能随便省略。大量可以省略成分的汉语事实无疑更给我们的意合语法增加了歧义的出现频率;当然,如果不省略,便无歧义;如"鸡不吃了",我们将省略的成分补充完整,便没有歧义一说了。

3."没有东西装了"有哪些理解?

无具体的语境(包括上下文语境和情景语景)会给我们的表达带来各种歧义。"东西"是造成歧义的罪魁祸首,但在具体的说话情景里,歧义便可以消除。

教学环节四:形成结论,从歧义对表达的负面实例入手归纳歧义的类型;以从根本上使之思考消除歧义的对策。

(1)语音歧义(书面表达可以避免)

她有点儿骄气(娇气)。

今天进行了期中(期终)考试。

(2)词汇歧义

他一天不吃饭都不行(米饭/粮食)。

车上的人多半儿是师大的(大部分/可能)。

(3)词性歧义

菜不热了(形容词/动词)。

爬过那座山没有?(趋向动词/助词)。

(4)语法结构歧义

他要炒菜(动宾/偏正)。

使劲拍着他的肩膀喊(劲使在口上/手上)。

(5)语义歧义

开刀的是他父亲(施事/受事)。

小狗的杯子(领属/性质)。

（6）语用歧义

托儿所的阿姨教孩子唱歌:"郎呀,咱们俩是一条心。"

孩子提意见说:"狼是坏蛋,不能一条心。"

上海解放前夕,有人在车站等第八路电车,久等不见所等的电车踪影,说了句"八路怎么还不来呢?"结果被暗探当作革命者抓进监狱。

此两例歧义均是由言语使用者不顾具体的场合、时间、对象而造成,我们把这个叫语用歧义。

教学环节五:巩固运用,结合训练培养学生对歧义的消除能力,肯定他们关注表达的行为。

引导讲解下列表达中歧义产生的原因、类型和消除歧义的方法:

这是新职工宿舍(辖"职工"/辖"职工宿舍")。

我营一连发起了三次进攻(副词/名词)。

他们一个也不要(施动/受动)。

他最喜欢梅花(指向他/指向梅花)。

书面表达消除歧义以添补省略的成分和增加上下文语境为主,口语表达可以以重音、停顿等方法消除歧义。


## 五、后记

其实,活生生的言语表达哪里又只有这一景呢?

"来客人了"和"客人来了"有运用的区别,前者是不速之客,后者是意料中的客人。

"我的年龄比你的年龄大"可转换成"我的年龄比你大",而"我的儿子比你的儿子大"不能转换成"我的儿子比你大"。"差一点赶上了≠差一点没赶上",而"差一点打破了=差一点没打破"等。

我们当然还可以从这些地方入手去培养学生关注表达的兴趣。

**参考文献**

[1]颜迈:《现代汉语》(下册),四川大学出版社1996年版。

[2]语文课程标准研制组:《普通高中语文课程标准解读》,湖北教育出版社2004年版。

[3]王建华:《语境歧义分析》,载《中国语文》,1987年第1期。

［4］朱德熙:《汉语句法里的歧义现象》,载《中国语文》,1980 年版。

［5］邵敬敏:《语法研究入门·歧义——语法研究的突破口》,商务印书馆 1999 年版。

［6］郑朝晖:《用语文拓宽视野　以文化铸就精神》,载《中学语文教学》,2004 年第 8 期。

［7］范明明:《品味语言　增强语感》,载《语文教学与研究》,2004 年第 6 期。

［8］雷良启:《语文教学折腾的语言学反思》,载《中学语文教学》,2004 年第 8 期。

# 介词短语与病句修改

## ——以高考全国卷病句判断选择题选项为例

**摘　要**:介词短语的使用能使句子长度增加、表意更准确、句意更复杂。高考是为高等学府选拔人才的,对阅读习惯和阅读能力有要求。面对具有一定长度的、表意复杂的书面语和短小明快的诸多短句,能不能一眼看出问题所在,往往可以看出我们阅读习惯的好坏和阅读能力的高下,而从介词短语的结构和主要功能入手熟悉病句类型、练习修改病句不失为一种牵一发而动全身的好方法。

**关键词**:病句修改　介词短语　高考　语感

### 一、从常见的病句类型看"介词短语与病句修改"的关系

1. 自主建造、设计、开发的第六代钻井平台①——语序不当。

2. 月光、树影一起晃动起来,发出沙沙的声响——搭配不当。

3. 解决了全省农村课桌椅残破——成分残缺或多余。

4. 他把我被打了一顿——结构混乱、句式杂糅。

5. 师傅的年龄近四十上下——表意不明。

6. 买了新鲜的白菜、萝卜和蔬菜——不合逻辑。

以上错误是许多人在表达时都容易犯的错误。因为我们的语言表达是将我们混沌的立体思维的内部语言转换成线性结构的清楚明朗的外部语言,在这个内部语言转换成外部语言的过程中,我们可能就像着急躲避天敌、只顾把头扎进沙堆而顾不上屁股的一只鸵鸟,无法快速周全地组织成句,我们的表达也就出现了

---

① 受篇幅所限,也为了本文阐释的介词短语更加清晰,本文所选全国卷病句例子均有压缩结构,不以原句呈现。

病句,而介词短语,这种句法结构中的重要短语能够包含所有的病句问题。

1. 如果把困难敢踩在脚下,你就会发现这段经历其实也很珍贵。

错因:介词短语的"把字结构"要紧挨被修饰的谓词,语序不当。

2. 对于选文科还是选理科这个问题上,我一度徘徊,最终还是选择了文科。

错因:介名的搭配不当:对于……问题;在……问题上。

3. 那些手上有过硬技术的职工,企业即使有困难,也应该千方百计地挽留。

错因:介词短语的介词残缺:"那些前面"要加"对于"。

4. 检察机关以泄露商业秘密逮捕了公司的四名职员。

错因:介词短语的名词残缺:"泄漏商业秘密"后加"名义"。

5. 他们本着保证质量、降低成本为原则,使用了新工艺和新技术。

错因:结构混乱:本着……的原则;以……为原则。

6. "锦"是一种丝织品,在古代,由于原材料的珍贵,使得织品数量有限。

错因:滥用介词"由于",造成全句主语残缺。

7. 消防官兵在到达现场后,客车的前挡风玻璃碎裂成蛛网状。

错因:"在到达现场后"这个介词短语应该作状语,所以后面应该修饰全句谓词"发现",介词短语后面因为缺乏谓词,没有做状语,全句表意不明。

8. 不管李安获奖对于中国观众多么兴奋,看过电影的观众都知道,《少年派的奇幻漂流》是一部不折不扣的美国电影。

错因:介词"对于"带的宾语不对,应该是"李安获奖"这件事,造成全句主客颠倒,不合逻辑。

**二、从介词短语的结构和语法功能入手熟悉病句类型、练习修改病句**

"各民族的语言虽然各不相同,但各种语言的基本方面都可能遵守某些相同的原则,也就是说人类的语言存在着共性。"①介词短语的结构和功能就属于汉语和英语的共性,因此,我们关于介词短语的结构和功能的教学完全可以从英语中的介词短语入手。

1. 学生学习英语很重视语法学习,看一组英语中的介词短语体会介词短语的构成

介 + 名:in spring　　　on Sunday　　　for you

------

① 陆俭明、沈阳:《汉语和汉语十五讲》,北京大学出版社 2003 年 1 月版 P3。

2. 体会介词短语最常见的功能：作状语

（1）他为了我，用绳子把这些家具从楼上搬了下来。

介词短语"为了我""用绳子""把这些家具""从楼上"分别从"搬"的目的、方式、工具和地点上修饰句子结构中的谓词"搬"。

（2）从学校来；在学校跳舞；通过他认识；被他骗；为了他打架

体会介词短语与句子结构中的谓词的关系，进一步体会介词短语介引的主要功能。

由1、2可知：表示时间、处所、工具等的名词需要分别由不同的介词来引导，构成介词短语后充当句子结构中的状语；这也可以说明语言中的谓词在句子结构中常常处于核心地位，由它指派其他论元角色，比如介词短语作它的状语，所以介词短语要为谓词服务。

3. 借助对介词短语结构和介词短语的主要功能的认识修改下列病句

（1）市防汛指挥部指出，今年防汛形势依然严峻，有关部门要对人民群众生命财产和城市发展高度负责的态度，扎扎实实地把防汛部署落到实处。

错因：介词短语"以…的态度"的介词"以"残缺。

（2）我们经过一个冬的苦干，河道终于疏通了。

错因："经过一个冬的苦干"这个介词短语应该作状语，所以后面应该修饰全句谓词"疏通"，介词短语因为没有作状语，全句表意不明。

（3）大部分英语广播电台的语速较快，对于初学英语的人听起来确实感到困难。

错因："对于初学的人不合适"与"初学的人听起来困难"用不用介词短语来表达没有想好，造成全句结构混乱。

（4）随着2015年5月京杭大运河济宁—泰安北延工程完工，济宁以北至东平段99公里主航道也将全面复航。

错因：介词应该加名词或名词短语而不是加动词来构成介词短语，所以应该是"随着……的完工"。

（5）第九届国际园林博览会在北京盛大开幕，对于513公顷的园博园，为了方便游客，专门开设了电瓶车专线。

错因：滥用介词"对于"构成介词短语，而介词短语不能作主语，这样"专门开设了电瓶车专线"的主语残缺。

（6）闪闪发光的银块，如果加工成极其细小、只有十分之几微米的银粉时，会变成黑色的,这是为什么呢?

错因:介词搭配不当,造成句式杂糅,"如果……就"或"在……时"

### 三、介词短语与高考病句判断

(1)介词短语的使用能使句子长度增加、表意更准确、句意更复杂。不注意或不懂得介词短语的结构和主要功能,短时间内凭语感判断介词短语在使用过程中的"语序不当、搭配不当、成分残缺或多余、结构混乱、表意不明、不合逻辑"这六大语病实属不易。

(2)汉语是我们的母语,凭我们自然习成的语感,每个人都会判断什么是有毛病的句子。而我们母语阅读积累的阅读经验使我们对明明有语病的句子也能看懂。容易明白句意,也就不容易发现问题的所在,所以不是每个同学高考时都能拿到病句判断的得分。

①新修订的《机动车驾驶证使用规定》增强安全意识为原则,对闯黄灯的行为加大了处罚力度。

分析:母语语感让我们能自动补充"以……为原则"的介词"以",所以会造成对这样的错误视而不见,尤其是在原句长、时间紧的情况下。

②"辽宁舰"的舰员在选拔时,年龄、经历、任职时间、现实表现等方面都有着严格的规定,入选者还要经过一系列的理论和技术培训才能成为合格的航空母舰舰员。

分析:我们能看懂是辽宁舰挑选舰员,所以会对介词短语"在选拔时"没有作状语视而不见,让我们看不见句子结构混乱的错误。

③对那些刻苦训练的年轻运动员,即使他们在比赛中偶尔有发挥失常的情况,依然应该受到爱护,绝不能一棍子就把人打倒。

分析:我们当然能看懂"应该受到爱护"的是"那些刻苦训练的年轻运动员",但因为一个分句作状语的插入,用不用介词短语来表达就没有思考周全,造成了句式杂糅:"对那些……运动员,我们要爱护"或"那些……的运动员,应该受到保护"。

④警察反复观察了目击者提供的两个弹壳,并进行技术分析,确定它们从案发现场得到的弹壳并不是出自同一支枪。

分析:能看懂哪两种弹壳出自同一支枪,但要有对介词结构分析的意识,我们才能迅速找到错误:句中两个介词短语"从案发现场""和得到的弹壳"后面的一个介词短语少了介词。

(3)我们的高考是为高等学府选拔人才的,所以对阅读习惯和阅读能力有一定的要求。面对具有一定长度、表意复杂的书面语和短小明快的诸多短句,能不能一眼看出问题所在,往往能看出阅读习惯的好坏和阅读能力的高下,而从介词短语的结构和主要功能入手熟悉病句类型、练习修改病句不失为一种牵一发而动全身的好方法。

**参考文献**

[1]程琪龙:《认知语言学概论》,外语教学与研究出版社 2001 年版。

[2]陆俭明、沈阳:《汉语和汉语十五讲》,北京大学出版社 2003 年版。

[3]陈昌来:《介词与介引功能》,安徽教育出版社 2002 年版。

# 病句检查实用方法举例

## ——以高考真题、最新病句为例

### 一、不能只凭语感

对某些错误要敏感,要像看病一样,积累经验很重要,只有经验丰富的医生才知道哪些是易感染的部位。

1. 据专业人士介绍,热气球的安全系数是相当高的,近年来发生的热气球事故大多是因为人为操作不当造成的。

("造成"易杂糅:"事故大多是因为……"或"由……造成的")

2. 事业发展中心是中国宋基会直属的事业单位,主要包括规划、整合、运作中国宋庆龄基金会资源、托管基金会资产和公益项目的策划、评估等工作。

(长句易搭配不当,提取主干:事业发展中心"包括……部门"或"开展……工作")

3. 乡村教师扎根农村、献身农村教育的感人事迹让农村的孩子有了梦想成真的机会,他们是中国农村梦想的守护神。

(长句易搭配不当,提取主干:"……事迹让孩子梦想成真"错)

4. 钓鱼岛争端,使日本不但政治陷入混乱,更是冲击着日本脆弱的经济形势,之前日本公然叫嚣"日企撤离,崩盘的将是中国",但是日本财务省最新的统计数据让这一谎言不攻自破。

(关联词位置易错,"更是"的主语应是"钓鱼岛争端"与前一句主语不相同)

5. 郑哲敏长期从事固体力学研究,在爆炸力学方面做出了巨大贡献,成为我国首位国家最高科技奖的军工装备专家。

(成分容易残缺:成为……专家;荣获……奖)

6. 这份工作报告,不仅全面总结了改革开放 30 年来我县医疗卫生事业不断改革和发展,而且指明了构建我县医疗卫生保障体系的方向。

(成分容易残缺:总结……历程;指明……方向)

7. "辽宁舰"的舰员在选拔时,年龄、经历、任职时间、现实表现等方面都有着严格的规定,入选者还要经过一系列的理论和技术培训才能成为合格的航空母舰舰员。

(结构容易混乱:"'辽宁舰'的舰员在选拔时"未讲完,又开始了一个完整的句子,比较:"他在放学路上,一个人向他问路")

**二、要借助语感,快念**

1. 农民工小秦从钱款吹散一地的无助到钱款纷至沓来,让我们看到警方的用心、路人的良心、社会的爱心,这一切汇聚成可贵的正能量。

(结构混乱:第一句未讲完,第二句又开头。语感:"让我们"别扭)

2. 如何培养青少年的责任感,使他们意识到自身所肩负的使命,这对于教育工作者以及众多家长来说,也常常感到很棘手。

(他们常常感到很棘手——对他们来说,是一个很棘手的问题)

3. 生态环境关系到每个人的生存,对于生态环境的破坏,只有减少环境污染,践行低碳环保的生活方式,才能逐渐得到改善。

(对于……的破坏,只有……,才能改善它;对于……的破坏,只有……,环境才能得到改善)

4. "锦"是一种丝织品,在古代,珍贵的原材料、烦琐的生产工艺,使得织品数量有限,是达官贵人才能享用的时尚奢侈品。

(最后一句主语残缺,最后一句衔接别扭)

5. 《美丽中国》以歌舞为主,融入京剧演唱、茶艺表演、少林武术等元素,加上奇幻的灯光,震撼的音响,一幅美丽中国的大写意,声光舞影流溢着浓郁的中国情。

("一幅美丽中国的大写意"这个偏正短语与前后衔接都不妥,加谓语"构成了"或"真是")

6. 从汶川到芦山,地震确实有能量剥夺太多本该鲜活滋润的生命,但地震却没有能量剥夺站立在废墟上的那些生命依然坚强。

("剥夺……生命依然坚强"别扭,改为"剥夺……那些依然坚强的生命")

### 三、区分对待宾语残缺

（1）举行正式下水典礼

（2）采取……单双日限行（的方式）

（3）买了……书包文具（等用品）

1. 由于欧洲主权债务危机，全球光伏企业不同程度地受到了影响，出现资金链断裂、运营困难，贸易保护主义也随之抬头。

（"出现"的宾语不能明确，一定要在"困难"加"的状况"）

2. 备受观众追捧的"中国好声音"不仅仅是一个优秀的选秀节目，更是中国电视历史上真正意义的首次制播分离，树立了中国电视音乐节目的新标杆。

（"中国好声音更是……的节目"是字句，主宾有"等于"或"属于"关系，要加"节目"）

3. 这次大会的志愿者服务工作已经完成了，我们咀嚼、体味这一段经历，没有失落感，有的只是在平凡事务中享受奉献、成长与幸福。

（对应"失落感"，要加"的满足感"）

4. 他带领技术人员足足奋斗了 100 天，终于完成了一种造型美观、性能可靠的新型吸油烟机。

（一定要加：完成了……油烟机的设计，造出了……的吸油烟机）

5. 以世界末日高调出场的 2012 年 12 月 21 日这一天平静地过去了，不过一些现实问题，像环境污染、能源枯竭等，终将导致地球走上漫长的衰败。

（"环境污染、能源枯竭等"无须指代，但"走上了"一定要加宾语"之路"）

6. 一名美国富翁因过分溺爱女儿，让其坐在直升机副驾驶的位置，结果因为她调皮好动，踢坏了驾驶系统，导致了飞机坠毁惨剧的发生。

（对！"导致了……的惨剧"与"导致了……惨剧的发生"都对）

7. 我国高考分批次按计划集中录取制度，制造了本科率、一本率这类功利的高考概念，也导致基础教育完全以高考为目标展开教育教学。

（对！"导致"用不用"现状"来指代都可以）

8. 我国在太原卫星发射中心用"长征二号丙"运载火箭，采用一箭双星方式，将九号卫星发射升空并送入预定转移轨道。

（"一箭双星"本身也是"方式"，要不要"方式"指代都可以）

**四、介词搭配、时态助词、副词、连词等虚词用错,病句会有语感不足,但说不清错误的表现**

句意不完整:他来。

句意完足:①他来了。②他还要来。③他骑车来。④他来,你莫来。

1. 对于选文科还是选理科这个问题上,我一度徘徊,最终还是选择了文科,因为我一直崇拜莎士比亚。

(介词误用"对于"改为"在")

2. 厦门大学艺术学院老师介绍说,厦门大学在新学期准备开设"爬树课",是借鉴了新加坡和台湾部分大学经验开设的生存训练课;爬树,意在锻炼学生的体能。

(主语缺失。"是借鉴了"前应加上"这门课程"。或:开设的爬树课)

3. 今年是国务院确定的《重大节假日免收小型客车通行费》后的第一个春节假日,长、短途自驾游客大量增加,出现了新一轮的旅游高潮。

(去掉"确定"后面的"的")

4. 随着2015年5月京杭大运河济宁—泰安北延工程完工,济宁以北至东平段99公里主航道也将全面复航。

(随着……的完工)

5. 对那些刻苦训练的年轻运动员,即使他们在比赛中偶尔有发挥失常的情况,依然应该受到爱护,绝不能一棒子就把人打倒。

("对那些……运动员,我们要爱护"或"那些……的运动员,应该受到保护")

6. 警察反复观察了目击者提供的两个弹壳,并进行技术分析,确定它们从案发现场得到的弹壳并不是出自同一支枪。

("它们"后少了连词"和")

7. 闪闪发光的银块,如果加工成极其细小、只有十分之几微米的银粉时,会变成黑色的,这是为什么呢?

(句式杂糅,去掉"如果"或"时")

8. 市防汛指挥部指出,今年防汛形势依然严峻,有关部门要对人民群众生命财产和城市发展高度负责的态度,扎扎实实地把防汛部署落到实处。

(有关部门后要加"以",与"态度"呼应)

9. 石油是一种有毒物质,中国海洋石油总公司国内最大的海上油气田蓬莱19-3油田6月中旬发生原油渗漏事故后,有可能对渤海湾地区的自然环境造成不利的影响。

（成分残缺，去掉"事故后"中的"后"，在"生"后加"的"。）

### 五、依靠生活经验和语感去感知

1. 不管李安获奖对于中国观众多么兴奋，看过电影的观众都知道，《少年派的奇幻漂流》从制作和精神气质上都是一部不折不扣的美国电影。

（主客颠倒，应该是"中国观众对于李安获奖"）

2. 以本土品牌做好本土市场，既能历练国际化团队，让国外社会认识到中国人不是威胁，而是一起发展的朋友，还能向当地政府贡献税收，促进就业。

（递进关系语序不当）

3. "元芳，你怎么看？"一时成了热词，并被《人民日报》作为论述"互动中筑牢信任的基石"的政治理念的引子，其中不仅关系到如何有效互动的机制和程序，而且涉及营造一种互动的氛围。

（递进关系语序不当）

4. 当前某些引起轰动的影视作品，也许在两年后，甚至五年以后就会被人遗忘得一干二净。

（"也许在两年后，甚至五年以后"递进不当）

5. 城镇化攸关到亿万人民的生活质量，它不是简单的城镇人口增加和城市面积扩张，而是在人居环境、社会保障、生活方式等方面实现由"乡"到"城"的转变。

（"攸关到生活质量"别扭，"攸关"不能带宾语，"攸"的意思是"所"：生死攸关）

6. 最近纽约市颁布了一项禁令关于禁止超市、流动贩卖车、电影院、熟食店等销售大剂量含糖饮料，以控制日益严重的肥胖现象。

（"一项禁令关于……"典型的英语语法："我有吃过饭""我有关注过这个事情"）

### 六、关注按一贯的阅读理解容易模糊过去的错误

1. 在过去的一个星期里，大家对教研室赵主任起草的教学大纲从多角度提出质疑，经过几轮认真的讨论和修改，最终达成共识。

（"质疑"义为"提出疑问"，"提出"多余，去掉）

2. 昨日，西藏扎墨公路控制性工程——嘎隆拉隧道顺利贯通，这标志着墨脱

即将摘去"全国唯一不通公路县"的帽子。一时间关于墨脱的报道见诸各大媒体。

（诸，之于。这类错还有：再次复发、年轻的小伙子、涉及到、凯旋归来）

3. 在多次测试完毕后，中国首艘航母明年预计在"八一"建军节正式交付海军服役，并在国庆前后举行正式下水典礼。

（语序不当，"明年"调至"八一建军节"前）

4. 为了预防手足口病的传染，大人切忌不要带幼儿到人口密集的地方去。

（切记、切忌）

5. "蛟龙"号载人深潜器每年会有近5个月的时间执行深海资源勘察、环境勘探、海底生物研究等项工作。

（"执行工作"搭配不当，"工作"改为"任务"）

6. 这部由第六代导演执导的青春片带有鲜明的时代印记，表现了主人公拒绝平庸、坚守梦想的成长故事，具有极强的感染力，深深地打动了观众。

（"表现故事"不搭配）

二、

# 02

## 语文与表达

# 千般风情　一样胸臆

## ——也读钱钟书《谈中国诗》

初见天安门城楼，便可觉察它不动声色的威严，仔细想来，应该是它整齐对称又呈众星拱月般排列的城楼门洞给人的心理暗示：齐整中有着不可僭越的等级秩序。从城楼走进紫禁城，更是处处可见这种庄严威肃。

苏州园林也多是明清以来的建筑，但它们代表的是凡夫俗子的审美需求。余秋雨把苏州比作中国的后花园，我想是因为这些建筑中透出的闲情逸致。对于亭、台、楼、阁、榭这些传统的中国建筑式样，苏州园林一样不少，但它们却绝不对称。留白与点缀是这些园林共同的情韵。

苏州园林，是俗世对抗权势的微弱声音。

而在巴黎，战神广场的埃菲尔铁塔却以直指苍穹的钢筋铁架决绝地向传统和权威挑战。在这之前，以巴黎圣母院为代表的苍穹似的圆顶和巨大的石质建材则是哥特式建筑对天神们最典型的敬畏之势。

法兰西民族绝不掩饰他们思想的光辉、浪漫的情怀。

国人中也不乏旷达的庄子、嵇康们，但他们毕竟势单力薄，仿佛异类。

中国传统名曲《胡笳十八拍》表现的是当曹操把流落匈奴 12 年的蔡文姬接回故土时蔡文姬内心的激烈冲突。还乡的喜悦和与骨肉分离的苦痛令蔡琰无法调和，于是情真意切，写下"生仍冀得兮归桑梓，胡人宠我兮有二子，十有一拍兮因兹起，哀响兮彻心髓"的《胡笳十八拍》。

莎士比亚笔下的哈姆雷特也因为"生存还是毁灭"面临过同样的内心冲突。"是默默的忍受坎坷命运之无情打击，还是与深如大海之无涯苦难奋然为敌"，莎士比亚的人文主义理想与现实生活的矛盾跃然纸上。

这样看来，无论哪一个民族，都免不了陷入内心的冲突，而人类的共同心理是面对选择时的焦虑,把这共同的心理淋漓尽致地表现出来,便是艺术的最高境界:对国界的超越。

于是,中国南北朝时期最具代表性的诗歌《孔雀东南飞》和欧洲文艺复兴时期的代表作《罗密欧与朱丽叶》也就有了惊人一致的结尾:两个未成眷属的有情人得以合葬。尽管西方力求探索命运悲剧,国人喜欢表现性格悲剧,但不同的民族对爱情却都有着"有情人终成眷属"的普遍渴望。

也因此,在钱钟书看来,歌德《漫游者的夜歌》的口吻和情景与陶渊明的诗作相似得令人惊讶,格雷在《墓地哀歌》中表现了与唐代诗人王维同样的出世渴望,尽管中国诗多应酬少虔诚,中国人重伦理轻宗教,但对超现实的渴望,应该是中西方文化普遍的价值取向。

"利图斯,你是一个平庸的人。""啊,基乌斯,我希望你的脓瘤再次溃破,比以前的灼痛更加剧烈。"在庞贝古城的遗址上,人们仍能看到墙上留下的那些关于爱恨情仇的烦恼,看来,古罗马人同样要面对快乐和苦难,与今人,与中国人无异。

中国的传统文化也与西方文化一样,也都有着功利和审美的区别。秦人的服饰尚黑,汉人的服饰喜黄,它们与秦、汉崛起的历史原因有关;米开朗琪罗的名画《上帝创造亚当》生动地刻画了创造者的权威,但它也是罗马教皇权势胁迫下的产物。

其实,中国传统文化中的"子爱父、臣爱君"与西方宗教的"爱上帝"的社会功能一样,中国的伦理和西方的宗教都能把人游离不定的感情引到一个安定的地方。

众山庙宇怒目而视的金刚能给你警示,大小教堂低头受苦的耶稣一样予你力量。

山有仁怀,水有智趣,中西文化,千般风情,一样胸臆!

**参考文献**

[1]宗白华:《美学散步》,上海人民出版社2005年版。
[2]冯友兰:《中国哲学简史》,北京大学出版社2010年版。

# 归来笑拈梅花嗅　春在枝头已十分

**摘　要**:审美是完美人性的闪光,本文以语文课堂为平台,引领学生走近传统美德、大家风范和先哲思想,并以人教版高中语文教材中的素材印证了诸如喜欢就美、距离产生美、想象美胜于现实美等美感经验,为探索语文阅读教学如何提高学生审美能力做了一些尝试。

**关键词**:语文　阅读　审美　美感

当代美学大师宗白华认为:哲学求真,道德或宗教求善,介乎二者之间表达我们情绪中的深境和实现人格谐和的是美①。是的,在美学家眼里,美无处不在。因为你可能有过如沐春风的快乐,你可能静待过一朵花的开放,你在孩子清亮的眼睛前也许有过汗颜,你或者感叹过回忆的亲切动人。我们的学生应该拥有这些多姿多彩的美的体验,他们也许成不了伟大的哲学家或虔诚的宗教徒,但我们语文老师一定可以让他们在阅读体验中成为能发现美的快乐的人。

## 一切美的光来自心灵的源泉

诗人华兹华斯说:一朵微小的花对于我可以唤起不能用眼泪表达出的那样深的思想。能发现这样深度的美在美学家们看来是要在主观心理方面有准备的,宗白华在阐述审美心理时说道:"我们的感情是要经过一番洗涤,克服小己的私欲和

---

① 宗白华:《论文艺的空灵与充实》,载《宗白华美学与艺术文选》,河南文艺出版社 2009 年版。

利害计较,才能面对美的形象,把美如实深入地反映到心里来"①,这样看来,审美应该是完美人性的闪光。

而我们的语文课本从《诗经》到《楚辞》,从唐诗宋词到明清小说,从古代韵文到当代散文,无不凝结着人类情感、思想和人性的美的光芒,它让我们在与最高贵的心灵对话、与最睿智的头脑交锋时滋生出爱自己、爱人类、爱自然、爱生活的美好感受。基于这样的认识,我让我的学生在语文课堂中走进了传统美德、走进了大家风范、走进了先哲思想,我要让这一切不带功利色彩的高雅艺术去安抚他们叛逆而浮躁的心,让这一切美的光照亮他们的心灵。

传统在某种意义上代表着经典,时尚在很大程度上引领着潮流。明代通俗小说"三言"名篇《杜十娘怒沉百宝箱》却以传统的道德观给了时尚的学子在商品经济比较发达的正态社会应有的一个是非观:重义轻利,待人真诚,忠于爱情。"李甲既已大声痛哭,杜十娘为什么还要怒沉百宝箱?有百宝箱,杜十娘可以上下求索,为什么还要自尽?"最后我们达成的共识是她从内心呼唤一种不为金钱和利害关系所左右的人际关系,呼唤人性中一切美好的情感,但这种呼唤,没有回应。杜十娘纵身一投的悲剧美就这样让我们的学生亲近并领略了传统美德的魅力。

近些年被文艺界称为"媚俗"的文化现象铺天盖地,广受学生青睐,无论是湖南卫视推出的"超女"还是抢手的韩寒都好像在这沸沸扬扬间让我们的学生远离了大家,淡漠了大家。大家,乃大师也。他们具有我们仰之弥高的风范,他们身上散发出的人性的光芒是不会随着时间的流逝而淡远的。

想起语文课本中的两位大家——现代小说家鲁迅和现代物理学家丁西林。

祥林嫂的身影消散在祝福的爆竹声里了,学生们热烈地界定着这个悲剧的属性,是性格使然、命运使然还是社会使然。当我以这位对国人满含哀怒的文学大师对喜剧和悲剧的定义作为结语时,教室里一片肃然……

独幕轻喜剧《三块钱国币》是科学家丁西林以平和冷静的喜剧心情来看待生活的杰作,当最后我把贺拉斯·沃尔巴夫的"世界对爱思考的人来说是出喜剧,对动感情的人来说是出悲剧"的感叹给他们时,我发现,这以后他们在追星的梦想之余也开始真实地追寻大师们的足迹了。

语文是中华民族文化的载体和组成部分,它能满足社会交际实用的需求,也能满足人类文化精神的需求。在西方哲学思潮成为时髦、传统文化遭受严重侵蚀

① 宗白华:《美从何处寻》,载《宗白华别集·美从何处寻》,重庆大学出版社2014年版。

的今天,当我们的学生在虚无主义、工具主义、怀疑主义、悲观主义面前唉声叹气,对身边的感动、身边的美都视而不见的时候,我们的语文理应责无旁贷地担起弘扬传统文化、传承民族精神的重任。

人教版第五册高中语文的第一和第五单元就处处荡漾着我们的先哲博爱的智慧。孔子的"仁者爱人",孟子的所谓"王道";儒家"天人合一"的整体观,道家万物平等的价值观,佛家"普渡众生"的理想无不以仁爱万物的伦理准则告诉学生健全的人格理应爱自己、爱人类、爱自然、爱生活。

"我见青山多妩媚,料青山见我应如是",一个具有丰富爱心的人才能是审美感受最丰富的人,一个充满爱的社会必然是一个美的社会。

# 给你一双发现美的眼睛

朱光潜有个著名的美学观念,被称为"形象直觉说",它是指当我们不带实用目的、不加分析地对对象凝神观照,就会获得一种超概念、超功利的美感,简而言之即欣赏就美,喜欢就美。

这个重要的美感经验在川端康成的笔下进一步让我们对美的获得有了更直接的认识:"走近它,亲近它,这是欣赏一切艺术的前提"。① 作家在夜深人静时醒来,惊讶地走近了一朵怒放的花,于是感叹自然美的无限和人感受美的能力的有限。是的,英国诗人勃莱克说得好:"一花一世界,一沙一天国。"我们只有走近它们,欣赏他们,才会得到更多美的体验。

"千年绝唱"《祭十二郎文》是古代祭文,学生不容易亲近它,但文章一任情感的激荡,其多变的句式语调和反复抒吐细节的表现手法让我大胆地尝试了朗读教学法,学生强烈地感受到了一种骨肉分离悲不自胜的共鸣。是的,无论是否皆大欢喜,真挚的情感就有如此强烈的艺术感染力,走近磨难并怀着一种感恩的心去看待它,生活就有妙不可言的美丽。

"今日忽从江心望,始知家在画图中",这两句古代女子的诗与现代著名学者钱钟书关于婚姻的"围城"的比喻在美感体验上惊人地相似,这些美感体验的获得都因为产生了心理距离。关于心理距离,朱光潜也有一个形象的比喻:"看倒影、

---

① 川端康成:《花未眠》,广西师范大学出版社 2002 年版。

看过去、看旁人的境遇、看新奇的事物,都好比站在陆地上远看海雾,不受实际的切身的利害牵绊,能安闲自在地玩味目前美妙的景致"①。这样看来,要见事物本身的美,得把它摆在适当的距离之外。

没有这样的距离,海子明天的愿望就不会那么美丽,篱笆那边红草莓的诱惑就不会那么大;没有这样的超然物外,徐志摩的离别就不会有一种轻快的韵律美,郁达夫也就品不出故都那样浓郁的秋来了。当我们从现实的羁绊中超脱出来,把世界当作一幅画来欣赏的时候,美,它真的无处不在。

艺术的创造离不开想象,在西方,许多美学家早就把它当作衡量艺术才能的重要标尺,而在审美心理中,想象也被尊为一切心理功能的皇后。因为它能使我们的审美感知超越时空的限制,既取得感受的相对自由,又取得更为深广的理解了的感受内容。

米洛斯的维纳斯被誉为美的化身,因为断臂,她美得空前绝后;《项链》以典型的欧·亨利式的结尾取得了让人扼腕叹息的艺术效果;在"宝黛初会"里,林妹妹的服饰"不着一字",而林妹妹的气质和风韵却"尽得风流"。这些艺术美的获得均来自想象,推而言之,我们便把营造想象空间的艺术称作空白艺术:节奏和旋律的和谐里有它,建筑和园林的空间处理里有它,绘画的虚实相生里有它。充实无疑是一种美,但怎能说富有想象空间的空白就不是一种美呢?"巧笑倩兮,美目盼兮"不就使三千年前的中国美人如同站在我们面前一样清晰吗?所以,驰骋我们的想象,艺术和生活里的等待、残缺、遗憾都可能会有一种动人心魄的美。

当我们胜日寻芳,踏破铁鞋,春却踪迹全无时,我们该反思的是:你若在自己心中找不到美,你若没有一双发现美的眼睛,你就可能没有可以发现美的踪迹了。所以,愿爱长驻心间,愿我们少些俗事羁绊,我们才会发现:春在枝头已十分。

**参考文献**

[1]宗白华:《美学散步》,上海人民出版社2005年版。

[2]刘叔成、楼昔勇:《美学基本原理》,上海人民出版社2005年版。

[3]朱光潜:《谈美》,广西师范大学出版社2004年版。

[4]朱光潜:《文艺心理学》,复旦大学出版社2005年版。

---

① 朱光潜:《谈美》,广西师范大学出版社2004年版。

# 探源溯流话传统

## ——记忆中的华师先生们

喜欢张全明老师"中国传统文化"开课对文化的解释。

他先展示了一张中国地图,其中,东西走向的长城和南北走向的运河,用暖色标记,构成了一个大大的"人"字。他说:"文化"即融化。张老师形象地阐释了传统文化对历代先贤智慧的吸纳和融合。

姚伟钧老师让我们重新对中国人奉为圭臬的"天人合一"有了更为直观的了解。

姚老师从讲究五位调和、注重身体的整体和谐这个中国传统的饮食观念入手,一下午的课上下来,顿悟江南人好甜糯,武汉人喜咸鲜,秦人服饰尚黑,汉人服饰喜黄。

原来啊,真是一方水土养一方人,一种文化就是一个传说!

李建中老师从琴棋书画切入中国艺术,开始了他对中国文学与艺术的别样解读。

《诗经》的开篇《关雎》是写女子的后妃之德,是女主人公在替丈夫鸣仕途不平。

《西游记》是写一个人从放心在外到定心、收心、修心的成长过程。

《三国演义》弘扬的是无价的人格、做人的楷模。

元稹有诗"唯将终夜长开眼,报答平生未展眉",我想李老师的解读应该是他睁了一双智慧而又多情的眼睛吧。

"不同的时代对经书有着不同的解释",说这话的时候,我发现,鞠明库老师有一双直逼人内心的眼睛,那双眼睛让我们一刻也不敢放纵自己的思绪。

而他对"中国传统经典导读"却是接地气的:季子要求的"八佾舞于庭"僭越

了等级,不合礼;男子 18 岁束发,女子 15 岁及笄意味着承担责任;守丧三年的来历,是报答父母三年不能放手的养育之恩;《尚书》大部分是周代的通告,却因为"为国以礼"和"民为邦本"的思想成了帝王之学。

鞠老师的课堂,知识严谨却不乏一个智者的风趣,带领我们在传统经典里驰骋,带领我们在笑声中领略中国文化的博大精深。

被胡俊雄老师开课之初对四本参考文献的个性化推荐所吸引,我们进入了他的"中国传统思想文化浅说"。

胡老师是个少壮派学者,懂得如何让历史和现代接轨:"上善若水"的有机自然主义,过犹不及、大音希声等朴素的辩证法。这些中国传统的方法论为他精心替我们准备的课画上了圆满的句号。

其实,胡老师最打动我的不是他行云流水地讲课,而是他在师生互动环节中说的一句话:一个人往往会失败在自己最大的优势上。仅这里,也足见一个年轻学者的真诚。

最欣赏有着学者良心的王玉德老师,在他的身上,你尽可以读到一个知识分子的良心与宽容、传统与创新、热情与理智、科技意识与人文精神。

喜欢他在"修身"说上坚持的"顿悟"说和"心学"说,喜欢他对湖北文化的如数家珍、对贵州文化的直言恳切,喜欢他对"感恩"的感悟、喜欢他对创新的理解、喜欢他的肺腑之言带给我们的热血沸腾的感觉。

久违了,原来知识分子可以如此地心意相通!

# 妙不可言送秋波

## （一）平凡的生活　神奇的诗意

——艾米莉·狄金森《相见》推荐

我碎步急走过堂屋／我默默跨出门洞／我张望整个宇宙／一无所有／只见他的面孔

你有过漫长的期待吗？

你有过幸福终于降临的感受吗？

我有过，我也相信很多人都有过！但幸福的、匆忙的、粗心的我们没把它写出来。在这首诗带给我的震撼面前，我再一次确信：生活就是诗，好诗一定会唤起我们的共鸣。

堂屋、门洞、宇宙、面孔是我们再熟悉不过的事物，但有了"碎步"酝酿出的渴望与焦急，有了"默默"点染出的害怕与无力，加上"整个宇宙"黯然失色的对比，诗人与爱人相见的巨大的惊喜就这样从诗句中汩汩地流出来了。

平凡的词语一样可以蕴含着神奇的诗意，只要你是生活的有心人！

那么你是否认为诗人应该有最丰富的人生、最辉煌的爱情呢？恰恰相反，她的生活平静而单调，她很少外出，客人来访时，她总是早早地躲避起来，如果有谁能偶然瞭见她白色的身影从门厅闪过，就会成为他们回去向别人炫耀的资本。28岁以后，她几乎闭门不出了，有人猜测她是因为暗恋上了一个已婚的男士，明知不会有任何结果而关闭了自己心灵的大门，是否属实我们不知道，我们能知道的是她在窗户边的小书桌上写诗，她在孤独中写诗，终其一生。

她深锁在盒子里的1800首诗在她死后才被她的妹妹拿出来发表,后人也才从这些诗中看到这个离群索居的女人对平淡生活的热情,看到爱在她生命中扮演的角色。

我喜欢这几句诗,它们像是一扇通往她灵魂的窗户,让我看见了她漫长等待后幸福的模样。

其实,封闭狭小的生活空间里,我们也一样可以筑造自己丰富深邃的精神巢穴。

# (二)我们一起走过的傍晚

## ——读刘半农《一个小农家的暮》

很晚了,请不要忙着合眼,我们算一算一起走过的傍晚。

在一个女孩的记忆里,会不会有这样的一个傍晚?

院子里有高高瘦瘦的夜来香,顶着单瓣的黄花儿,妹妹撅着屁股在嗅花,爸爸在院子里放好了凉床,她做出幸福的模样。

她去看窗户里厨房昏暗的灯,看到蒸汽中的女人带着袖套麻利地刷锅,灯下的男人还满头黑发,他在收拾坏了的门闩,也和洗碗的女人说说话。

墙上裱的报纸已经发黄,原来这就是黄昏的黄。

一定会有这样的傍晚,在某一类故事的情节里。

喝水的牛走了,打柴的孩子过河回家了,送信的邮差要明天才来,村边的小河开始了傍晚的呜咽。

山坡上还留着暖暖的风,雏菊在风中哭,没有了阳光暖暖的味道,就没人为它惊讶,把它端详,给它画像。

太阳下到了山的那一边,那边的游子当然会想他们的家,那个有流水和小桥的人家。

黄昏里他和瘦马边走边谈,山的那边可能还是山。

如果给村庄也写个回忆录的话,你会看到这样的一个傍晚。

不要走过去问她的名字,那个在日落的时候头发蓬松的女人,应该叫母亲。她也曾喜欢照镜子,她粗壮的身材也穿过绿色的衣裳。她的孩子很多,她要送他们都读书。

她的早晨很忙,有时也会要忙着赶场,集市很红火,傍晚换回的烟叶很冲,她理那些烟叶,也悄悄地掐算着春节——她男人回来的日子。

她还是会笑,一个人笑起来的时候,还会害羞;嫁女的日子她却一定要哭,哭到新姑爷坐立不住,手足无措。

她会一直哭到天黑,哭一辈子,她不想女儿像她一样受苦。

一定会有这样的一些傍晚,叫我们静悄悄地做人,翻看不一样的人生。

## (三)此情直待月满楼,不知我者问何求

### ——李清照《一剪梅》佳句推荐

**云中谁寄锦书来/雁字回时/月满西楼**

一直钟情于古代诗词中的"西楼"一词。

不知从什么时候起,记忆里就有了"雁字回时,月满西楼""无言独上西楼""快上西楼,怕天放、浮云遮月",于是我总在猜测,西楼该是小姐的闺房或主人的书斋吧,因为西楼是最方便看到下沉之月的,不然为什么那么多的深夜提笔或相思都发生在西楼呢? 这样想着,眼前便有了一个倚栏望月、等待锦书直至夜深的女子。

"山盟虽在,锦书难托",这种写在锦帛上的书信,令人想见一个思妇是如何将思念的字字句句工工整整地写在自己刚织出的帛锦之上。我想,她应该是一个聪慧的妻子或是一个痴情的恋人,她写字的手也许是颤抖的,跳跃的烛光大概把她微微毛乱的鬓发染上了一轮光圈。

想必女子已寄出这样的锦书,也就笃定,当雁阵归来时男子的书信也会带来,于是乎,此情直待月满楼。

只是,这一份内心的笃定是无法与人言说的,没有得到对方的消息,白日里荡舟缓游还可以掩饰自己的坐立不安,那么,当冰凉的竹席因为白日里的懒心无绪没有换成秋天的布衾,自己哪里还敢上床,还能入睡?

你说都已深夜,云中哪里还会有雁字锦书,可是啊,知我者谓我心忧,不知我者谓我何求。

## （四）不要靠近我

### ——郭沫若《天狗》佳句赏析

看见我了吗？

我不想说话，我的目光也没有去追逐那些远去的身影，在喧闹的街头，我是那样的安静。

你可以再走近我一点儿，看清我的前额了吗？那儿覆盖着卷曲的头发，我的鬓角也应该让你想起温顺的绵羊。

不，你不要靠近我。

不要被我的外表所迷惑，那些炽热的岩浆总是从最宁静的山头喷出，像煮沸的米汤。我的内心已有火山在喷发，滚烫的火山灰在翻滚的心海漫天飞。

我飞跑／我飞跑／我飞跑／我剥我的皮／我食我的肉／我吸我的血／我啮我的心肝／我在我神经上飞跑／我在我脊髓上飞跑／我在我的脑筋上飞跑。

不要靠近我，我安静的外表下其实也和你一样有火热的内心，有疯狂的念头。我不要再做温顺的羊，我也可以眼露凶光去吃狼。

不要靠近我。

不要以为是在深夜，不要以为四周只有宁静的风，你就可以站在无人的园子对着沉默的树大呼小叫。知道吗，它们会在夜深人静的月光下"啪"的一声开花。

不要以为平静的水下就没有风景，那儿有会动的螺，有长条的游鱼，大嘴巴在一张一合。

不要轻易相信"静如处子"，不，她们才有最热烈的向往，最大胆的梦。

一切都在运动，一切都会改变，我不要再忍辱负重，我在安静的外表下：我飞跑／我飞跑／我飞跑／我剥我的皮／我食我的肉／我吸我的血／我啮我的心肝。

不要靠近我。

# （五）谁让我们是一口井

## ——杜远燮《井》的形象探秘

几片草叶,小小的天空,几朵浮云,便是它——一口静默的井的全部世界,可是,你要像它一样,勇敢些!

勇敢些,虽然你只能听听这个热闹世界的声音,虽然你只能在他们最饥渴的时候见见他们,但你和他们一衣带水,血脉相连!

勇敢些!虽然你被摒弃在这个热闹世界之外,但属于你的清晨,鸟一样会欢呼,黄昏也会有风刮过。那些漫长的白天你可以去观察汲水人的表情,去回味季节交替的每一个细节,有星星的夜晚你还可以做梦,梦见在林中你蜿蜒成一条会唱歌的河。

有这样的白天和夜晚,你在孤独的自言自语中会变成一位长者,内心澄澈,心灵丰富。

就像满壁的书,有人只会用来装饰房间;就像纷呈的色彩,有人只懂用来搭配时装;就像善良的安慰,有人只满足领受怜悯——他们,只知道汲取你的表面,不懂你在花叶飘落后那带有回声的孤独的井语。

不怕,勇敢些,他们也只能扰乱你的表面。

晃悠悠的水桶上去了,荡漾的波纹传来你轻轻的叹息,是姑娘小伙儿的打闹让你有些怅然若失吧?不怕,你就对自己说,谁让我们是一口井?

我们只能承受,谁让我们是一口井!脚下躺着黑黑的泥土,身后站着连绵的山,作为一口井,我们有着永不枯竭的源泉。

我们是一口井,不悲也不喜。

我们是一口井,不枯也不溢。

# 转身是半世

## （一）十年

——与 2000 届毕业学生十年聚会

十年很长！因为一个夜晚就可以白了伍子胥的头发，因为 21 天就可以改变一个人的习惯，因为三个月婴儿就可以表现愤怒和惊讶，因为一年就可以恋爱结婚生孩子。

一直都喜欢"沧桑"这个词语，开始还只是以为是这两个字叠韵的美感，有一天写下来蓦然感到了这俩字那些沧海桑田的韵味，心中竟是一阵狂跳！

是啊，十年前我们还没有生态农业的口号，十年前养老制度还没推上议事日程，十年前铜仁还没有火车与高铁，十年前我们还叫铜仁师专，我们没想过它也会搬家！

十年很长，陈奕迅和韩红重新唱起《十年》这首歌时，两人竟都已有了纵横的老泪。

十年很长，我从学生口中的"玫瑰姐"，一晃变成了他们的"王婆婆"。

十年很长，两位正当年的老师与我们已是"生死两茫茫"。

十年很长，你们竟都改变了那时的模样，而且都陪伴在了陌生人的身旁。

十年其实也很短！

大家想想：付笛声的《知心恋人》是不是还在我们的耳边，我教你们"uo"的发音是不是还在昨天。你们那些分分合合要死要活地喜欢一个人的事、你们从寝室跳起来抱上书钻过篮球场的破门跑到教室的事是否也都还不叫往事？

佛家常用"弹指"来比喻时光的短暂,于是"38年过去"也可以"弹指一挥间",那么十年,也依了佛家的叫法,就只能是"刹那"了!

十年前你们走在通往食堂的路上,女生们走在落叶中裙裾起落,男生们冲她们敲打饭盆。你们拥有无数的时光和可能,十年后你们拖儿带女地竟都有了一份最温暖的惦记和家庭的责任。

十年前你们在忙着长大、忙着变漂亮,十年后,你们都想变得干练,变得处事不惊、从容淡定。

十年前我还有勇气走入一个新的岗位,十年后我发现自己开始视茫茫发苍苍齿牙动摇,于是天天两小时徒步保健康。

十年前我冲进冲出带你们到漾头搞演出,十年后你们指挥若定,有了今天盛大的聚会。

十年前我迈进了我最好的年华,十年后你们走进了你们最好的年华。

最后,在接下来你们即将迈进的下一个十年里,在你们最好的年华里,我不想祝各位事业有成,我只希望大家都为自己制定一个成功的标准,让自己感到"生而有意义",因为当我们能欣赏自己的时候,我们的日子就不会有那么多的挫败感了!

当然,今天,我们在座的同学大都还没改行,还依然在做老师,那么,就用心去做一个好老师吧。我以我26年的教龄向你们保证:一定会有一天,将有人以祈祷的嘴唇,默念你们的名字。

# (二)还是要说感谢

## ——师徒结对三年所感

2005年,也就是十年前,也是这样的10月,我签下了我人生的第一份师徒结对的文书,当时35岁的我,头一回有了师傅。

师傅叫邓文淼,铜中第一届实验班的语文老师,大我不到一岁,不好意思来指导我的课。我就去听他的课,每周都去,听他教学内容上的每一个处理,品他的每一处得失,记下我的每一个感悟。他们班好多学生都认识我,梁仁籍老师是不是也是那个时候认识我的,我还没问。

十年后的今天,我熬成了师傅。今天,虽然我的徒弟出师了,可我还是觉得上过几遍的课我还会像新课文一样去准备,我还是不敢拿着答案就冲上讲台,一堂课上下来后感觉好,我会兴奋;感觉不好,我还是会沮丧不已,对于讲台,我好像永远学不会淡定。

后来我想,这大概就是教师这个职业的神圣所在,教学永远是一门充满遗憾的艺术。作为老师,你就得永远在路上,不能停下脚步,无论你是师傅还是徒弟!

安利南是我现在的徒弟。一次,在我听了她的课,和她交流了听课感受后的第二天,她说,她那一节课没上好,都不好意思看到我了。可是,小安,还有杜陈慧、黄丽娜,你们知道吗? 你们的年轻、认真及聪慧,你们与学生拥有那么多的话题经常让我忌妒! 你们那些更科学、更合理的知识结构,你们那些更深入脑髓的新课程理念也经常让我汗颜。

好了,以后请千万不要说不好意思了。看到你们站在讲台上,我们如同遇见那个青涩的自己、那些最好的年华!

喜欢《中国好声音》,办公室里也经常在一起讨论它火的原因,后来知道《中国好声音》的节目模式是引进荷兰的一个节目创意,早已经过了市场的考验。一般的综艺节目只有四个机位,这就意味着镜头对着一位导师,其他导师的表情或动作就来不及捕捉,而《中国好声音》有20多个机位,能把导师们的手舞足蹈、瞪目结舌,把他们的尴尬、冲动、忘情,这些细节全都拍摄下来。

原来,这个经过市场考验的节目的魅力在于表现导师的真性情,在于打造导师与学员在音乐道路上的惺惺相惜,在于传递人与人之间最真诚的关怀。

是的,说到这里,我终于要说到"感谢"二字了,感谢我们的学校以这样师徒结对的方式让我们这些师傅走近了这些年轻人,走近了这些与我们同路并必将超越我们的年轻人!

感谢你们带给我们的关于青春的回忆,感谢你们让我们有了永不停歇的动力,感谢你们带给我们最真诚的友谊!

谢谢你们!

# （三）不要以为我什么都不知道

## ——2011 届毕业典礼讲话

老师们，同学们：

早上好！

首先，请允许我代表高三年级的全体教师为全体高三学生完成高中学业送上我们的祝福：

祝贺你们，2011 届的全体毕业生！

此时此刻，我在想，你们一定有很多只属于你们的记忆。

你们是否总是匆匆地踩着上课铃声跑进教室而错过了校门口其实已是樱桃满树的风景？

你们一个班是否在夏天的某个晚自习创下了喝光三桶矿泉水的记录？

你们的老班是否有一个只有你们才能心领神会的亲切的绰号？

你们一定经常在一起分享：

哪个老师最婆婆妈妈；

哪个老师像高音喇叭；

哪个早读可以发发呆；

哪一节课决不能拖拖拉拉。

不要以为我们什么都不知道。

我知道，其实你们经常下决心要用功。

我知道，你们多数人只喜欢做选择题，你们想下课时什么都会答应老师"好"。

我知道球场上你们的那些个喊破了嗓子、踢断了腿的故事。

我知道你们中有人互相爱慕，我见过那眼神，谁没年轻过！

我知道节日里你们会祝我永远年轻，尽管背地里你们都叫我"老王"！

我知道，你们中有人晚上最害怕进图书馆大楼，有人早上只喜欢吃炒粉和煎包。

我知道，所有的语文老师都带给过你们两个噩梦：一个叫作文，一个叫背诵。

我知道，你们管校长叫：贵生、大春、景涛和金贵，听上去你们像最亲密的伙伴和生死兄弟。

我知道,你们不会供养我下半辈子,可我还是在为你欢喜为你愁。

好了,这些就叫作你的高中生活,叫作你成长的重要岁月,叫作我们共同拥有的关于铜中的记忆。

我们对你们的责任已经尽到。

你怨我或者不怨我,我都还在这里,不悲也不喜。

你念我或者不念我,我也还在这里,不骄也不躁。

因为我还知道:

你们青春行囊里的所有这些最珍贵的记忆将会陪伴你们一生,温暖你们一生!

最后,祝大家:升学顺利,青春明媚!

# 因为热爱

## ——"四有""三者"好老师巡回宣讲

## 缘 起

这个月的 10 号到 20 号,我在北大学习,走之前,刚上完巴金的《小狗包弟》,那是巴金对自己"文革"期间的懦弱退缩进行反思的力作,也被称作"知识分子的良心"。上这篇课文时我和同学们说到了老舍,说到了"文革",说到了他投北大的未名湖自杀,我还告诉他们,我一定要去看看未名湖,看看老舍先生。

在北大校园里,未名湖算是个大湖,湖水清幽,深不见底。深秋季节,早已没有了满湖的荷花,再加上去的时候,是个雾霭沉沉的阴天的傍晚,在北大读书的一个学生陪我去的,她看懂了湖边不说话的我,给我念了几句北大校歌的歌词:未名湖是个海洋,诗人都藏在海底,灵魂们都是一条鱼,也会从水面跃起。

一直担心湖水太深太冷,听到这几句歌词,我一下子释然了:这些知识分子无论是对生命的坚守还是放弃,其实都源于两个字:热爱。因为太热爱自己所处的时代,因为太热爱自己的传统文化,因为太热爱自己心中的道德准绳!那么,我想无论他们做了怎样的选择,这份热爱,都值得我们敬仰,值得我们怀念。这也就成了今天我这个宣讲题目的缘起:因为热爱。

# 那些先生

说到热爱,我想起了我那做了 40 年教师的父亲。父亲 23 岁那年做了三完小的校长。三完小位于市中心,由一个保存完好的旧祠堂改建而成。

到今年的春节,父亲去世已整整 10 年,每当想起父亲,我的眼前就会出现他的同事、朋友和学生们给我描述过的情景,描述各不相同,但每个人的陈述都有这样的画面:祠堂有半亩方塘,塘中有一轩,轩中有阁楼,阁楼中那个身形俊美、相貌堂堂、声音洪亮的年轻校长,就是我们的王校长。

父亲年轻时确实身材挺拔,但我像我的父亲,所以我知道这形象里一定有艺术加工的成分。我常常想,他之所以成了那么多师生眼中的一道风景,应该是他举手投足间的率先垂范和身体力行。

父亲教书 40 年,像脱下省吃俭用买的新绒裤给学生的例子,我不知听到过多少,然而在"文革"时,他却被打成了铜仁教育界的黑样板。一个知识分子如果对自己和社会失去了信心,那他的精神就会垮掉。他受不了这样的打击,选择了在自家楼上上吊自杀。所幸被家里一条颇通人性的狗及时发现,唤人来救下了父亲。

一直以为父亲会对那个年代耿耿于怀,曾好奇地想揭开他在这以后执着于教育事业的原因,可他翻来覆去地只有那么一句话:"学生都相信我是好人"。

我想,这应该是他一生所钟爱的教学事业所能给予他的最丰厚的回报!因为热爱,父亲一生所钟爱的教育事业给予了他最丰厚的回报。

年届不惑,我才开始对散文情有独钟,当我走近了丰子恺先生散淡平和的文字所流淌出的爱与智慧之后,他笔下的音乐教师李叔同也就牢牢地,被安放在了与我父亲同样神圣的位置:

摇过预备铃,我们走向音乐教室,推进门去,先吃一惊:李先生早已端坐在讲台上。以为先生总要迟到而嘴里随便唱着、喊着,或笑着、骂着推门进去的同学,吃惊更是不小。他们的唱声、喊声、笑声、骂声以门槛为界限而忽然消灭。接着是低着头、红着脸,去端坐在自己的位子里。端坐在自己的位子里偷偷地仰起头来看看,李先生端坐着,坐到上课铃响,他站起身来,深深地一鞠躬,课就开始了。

在铜仁学院做老师的时候,校园里对"师范"二字有"德高为师,身正为范"的诠释，在读到李叔同先生的那一刻，这个诠释就以李先生瘦削的上半身、整洁的黑布马褂、宽广的前额、细长的凤眼、隆正的鼻梁、威严却不失和蔼的表情一下子生动起来。

李叔同先生当时在浙江第一师范学校教音乐，他用这样的态度教音乐，学生们觉得比上其他课更严肃，对于李先生，比对其他教师更敬仰。那时的学校，英文、国文和算学这三门功课的教师最有权威，而在浙江第一师范学校里，音乐教师最有权威，因为有李叔同先生的缘故。

李叔同先生就是出家前的弘一法师，他的《送别》："长亭外，古道边，芳草碧连天，晚风拂柳笛声残，夕阳山外山"传唱至今。这样看来，他的认真，也是因为热爱。

# 关于自己

也是因为热爱，因为热爱汉语言文学，因为热爱读书人，因为热爱正直的人格，我选择了教语文。1989年，20岁的我成了铜仁市谢桥中学65个孩子的语文老师和班主任。

同那些孩子一样，我也是第一次离开父母，我和他们都得带大米到学校食堂蒸饭吃，父母心疼我这个头一回离家的女儿，每周就用玻璃罐给我装满炒熟的肉臊子做菜。那些读初一的农村孩子多数年龄都在十三四岁，他们从家里带来的"罐罐菜"不是辣椒就是酸菜，看到那些正在长身体的孩子顿顿酸菜辣椒，我常常用我的肉臊子去换他们的酸菜辣椒，孩子们都很高兴，因为他们认为老师喜欢吃他们带来的菜。

1993年，我调到了铜仁四中，四中的孩子被称为是"八街"的，一个个打架都是不要命的！我的第一堂语文课便遇到了学生给一个小个头的年轻女老师的下马威，一个个学生轮流着大声清嗓，然后就在座位上，瞄准窗外，一个一口地往窗外把口痰发射出去。当天晚上，我愣是没吃下饭，也没睡着觉，一晚上睁着眼睛想了原因，也坚定了做法，我要让他们喜欢上我的语文课堂，让他们喜欢上读书，让他们得到书籍的涵养，让他们从蒙昧中睁开眼来。

从此，我下决心让这个班的每一个学生都在我的眼睛里找到自己的位置，而我也深信，心灵的温度就是表达的温度。去年，在小十字路口的一处卖小纺织品的小店前,我听到了一声激动的"王老师!"一个我 20 年前的四中的学生拉住了我,她说现在,哪怕在看店,她都还会看书,他们班同学在聚会时还会回忆我的语文课!

因为热爱,我不敢有丝毫懈怠,我努力以我精心准备的课堂给学生带去人文精神和美的享受。

因为热爱,我愿意以我好学上进的精神和对待生活的热情给他们以最大的信心和勇气。

因为热爱,上过多少遍的课我都还会像新课文一样去准备,对于讲台,我好像永远学不会淡定。

因为热爱,我享受课堂上他们清亮的眼睛,享受让他们心悦诚服的批评智慧,我甚至享受着一个不争的事实:他们的青春有我的温暖陪伴。

因为热爱,他们成了我的"每一个",他们每一个都不怕我,他们说,只是怕对不住我。当然,他们也都是我的"这一个",我以我女性特有的敏感去关注他们面前的学习障碍,以我的爱心和智慧去发现他们身上的闪光点:我在给写作上跃跃欲试的年轻人作文空间的同时,也给出了令他们信服的忠告;我在与我的理科天才进行了艰难得令人匪夷所思的对话之后,找到了相对省力的方法;我与我那自称为好学生但不是乖学生的学生,有了我们的约定;我让缺乏自制力的那些学生,明白了他们在老师心目中的价值。

马不停蹄地行进当然太累,"值"与"不值"的思考也经常让我困惑,但前辈们总能以他们带给后人永存的亲切和威严一遍遍给予我抚慰,熨平我着急和沮丧的每一丝褶皱。

去年,我第一届谢桥中学的学生有个同学聚会,一个我当年的学生,今天的遵义地区联通的老总向我描述了当年我送他去乡卫生院路上的情景。他说他当时应该是发高烧,所以浑身发冷,但因为自己的头枕着老师的腿,脸在老师硬硬的牛仔裤上摩挲着,那种让他温暖而踏实的温度,他至今还记得。

这是时隔 26 年仍有温度的记忆啊,其实,26 年的教书生涯,我都在享受着这个平凡的岗位所给予我曾经付出的回报!

# 后　记

我现在所在的铜中这几年因为扩招，每年都要进 40 多个新老师，在川硐这个封闭管理的新校区里，他们没有热闹的街市，没有来往的朋友，没有双休，没有午休。好多年轻老师甚至没有了约会，但他们乐此不疲，原因其实很简单，他们都有喜欢自己的学生。有时候，在学生无来由的信任和喜欢面前，我常常会问自己：我究竟何德何能呀！也许只是因为我们是他们的老师吧！只因为是他们的老师，我们的生命才有了交集；只因为是他们的老师，他们才毫不保留地把自己交到了我们的手中。

希腊神话里有个受惩罚的神，叫西西弗斯，他曾经一度绑架了死神，让世间没有了死亡。最后，西西弗斯触犯了众神，受到了惩罚，被要求将一块巨石推上山顶，由于那巨石太重，每每未到山顶就又滚下山去，前功尽弃，于是他就不断重复、永无止境地做这件事——众神认为再也没有比进行这种重复无望的劳动更为严厉的惩罚了。老师们，我们所从事的不就是这么一件看上去重复而无望的劳动吗？如果感觉到累，如果所有的人都认为我们太清苦太辛苦，我们何不像西西弗斯那样，且享受下山那惬意的微风，且享受巨石砰然坠地的一声"轰隆"。

因为热爱，苦刑也会有一个个惬意的瞬间。

我喜欢看学校油印处的工作人员印卷子。他们在加纸、按钮、横向对齐、纵向对齐、分班、叠放的简单重复的流程里哼着歌，每一处褶皱，他们都轻轻地细心抚平……黎巴嫩诗人纪伯伦说得好，"在你工作的时候，你是一管笛/从你心中吹出了时光的微语/从工作里爱了生命/就是通彻了生命最深的秘密"。

热爱你的事业，用心去做好一个老师吧，我以我 26 年的教龄向你们保证：一定会有一天将有无数人以祈祷的嘴唇，默念我们的名字。

# 摆渡,摆渡

## ——我的主题班会回顾

**摘　要**:本文抓住了高中班主任陪伴学生青春成长的事实,把自己放在了"摆渡人"的位置,以几次主题班会的课例,分享了自己作为一个班主任的工作艺术和对这份工作的热爱。

**关键词**:主题班会　完美教室　高中生活

### 一、我是个摆渡人

"我引导灵魂穿过荒原,保护他们免遭恶魔毒手。我告诉他们真相,然后把他们送到他们要去的地方。"这是英国作家克莱儿·麦克福尔《摆渡人》中的一句人物对白。

是的,每一个灵魂都是独特的,他们都有各自的美德和过错。我想起了那些才15岁就进入高中的学生。

九月开学的时候,天还是大热,来报名的孩子有的大大方方,一脸汗水地来到了我的面前;有的藏在家长背后,只给了我一双躲闪的眼睛。他们神态不同,但十五六岁的眼睛都有向往、有憧憬、有渴望。其实我知道,他们还要面对不可回避的学习竞争,他们要去独自承受住学习的压力,他们会害怕未知,会品尝失败,他们会有一个接一个让他们焦头烂额的困惑。

那么,我们究竟能为他们做些什么?

"如果命运是一条孤独的河流,谁会是你的灵魂摆渡人?"还是借用克莱儿·麦克福尔的疑问,我想,就让我做一个摆渡人,陪他们渡过暗流涌动的青春的河流。

### 二、有一条古典纯美的游鱼

"有一条古典纯美的游鱼,不因物质而搁浅,不被世俗所猎取。"这是我开学之后的第一个班会的主题句。

军训期间,学生们已因为一起流过的汗水、一起唱响的军歌、一起骂过也爱过的军官有了默契,而我,是那个站在军训队伍外的旁观者。我决定,我要以我的第一个主题班会把自己推荐给他们。

我告诉他们,我是因为热爱,才来到了他们的面前。因为热爱读书人,因为热爱正直善良的人格,我选择了教书。

我告诉他们,我主张独立的思想、自由的人格,但我也是一个传统的中国知识分子。我推崇"外圆内方"的处事之道,我相信熏陶,相信"金刚怒目不如菩萨低眉",相信"教育是一朵云推动另一朵云"的教育理想。

我告诉他们,我愿意做精神的贵族,做一个有思想的人,而且我正在以我看过的书、走过的路和爱过的人给予自己战胜困难的力量。

我还告诉了他们在通往梦想的路上我见到的那些许多人都不曾遇到过的风景和奇迹。

我给他们朗诵了微型小说《我愿意》,给他们诉说了我一直以来的骄傲与自卑,给他们说了我儿子在音乐学习的道路上经历的人和事。

班会课的最后,我向他们发出了邀请:

我们去看烟火好吗?

去,去看那

繁华之中如何再生繁华

梦境之上如何再生梦境

让我们肩并肩走过荒凉的河岸

去仰望星空

心灵的温度就是表达的温度。第一堂主题班会结束了,看到学生在我深情的坦白中有泪水盈出,我再次相信了连中国老师"用生命才能唤醒生命"的教育智慧,也坚定了用自己生命中的感动、情趣、意志和向往去陪伴这些成长中的少年。

此时又记起了黎巴嫩诗人纪伯伦的《谈工作》:"在你工作的时候,你是一管笛/从你心中吹出了时光的微语/从工作里爱了生命/就是通彻了生命最深的秘密。"好吧,那就让我做一条古典纯美而又享受的游鱼吧!

### 三、缔造一间完美的教室

我们的教室,尤其是高三,总是在磨刀霍霍、烽烟滚滚的励志标语中只争朝夕、奋勇前行。那么,完美的教室是否只需要营造学习的氛围?

我在班会课上的回答是否定的。

一间完美的教室里有对手亦有朋友:我们一定要比拼、要不服输,但我们仿佛行走在茫茫的沙漠,一个人会走得快,但一群人才能走得更远,所以一间完美的教室需要同桌、前后座和不同特长的同学的互相帮助、互相搀扶。

一间完美的教室不是一个人或几个人的风景,是我们每个人的风景。我们要找到自己的长板,让它带给我们荣光,消解我们的缺陷,让我们不再因为自卑而扭曲,让我们的性格变得完美:人生天地间,各自有禀赋,为一大事来,做一大事去。

一间完美的教室当然可以有困惑。可以有听得懂、也可以有不会做,可以有偏科,可以有不喜欢的学科,也可以有不喜欢的老师,但一间完美的教室更要有理解和欣赏,要有屡败屡战、全力以赴的风景,有痛苦与幸福交织的起伏人生。

一间完美的教室是完美人性的闪光,是对身边人的真诚,是对万物的尊重,是对世界有着盎然的趣味。在这样的教室里,我们尊重我们的对手,我们理解不可思议的同学,我们要在薄情的世界里深情地活着,要给每个早晨和黄昏,给每一样用品甚至一把椅子以爱的目光,要热爱紧张生活中的每一个刹那。

教室里有学生带头鼓掌,我想起了我学生时代的班主任,她是那么认真负责,她总是牺牲休息时间给我补习数学,可是,今天想来,那间教室真的还不够完美,因为我没有让自己擅长的语文学科绽开成一朵青春美妙的花。

班会课后,我发了为这堂班会设计的问卷,让学生填写,看到他们的跃跃欲试、摩拳擦掌,我不禁莞尔,有些得意,有些轻狂,我知道,一间完美教室的建设,接下来就该交由他们缔造了。

(一)我的学习习惯评估(在每条后采用五星级评定)

1. 有自己的短期目标和近期规划;

2. 每天有自己的学习任务,绝不只是完成老师布置的作业;

3. 学习时不磨蹭、不拖拉、注意力集中、不易受干扰;

4. 课堂效率高、能迅速把握老师教学的重点;

5. 有认真细致的习惯;

6. 有预习的习惯;

7. 有整理错题、经典题型和知识的习惯;

8. 肯为解决疑难想办法,比如求教老师或同学、观察弄明白答案或整理存疑;

9. 心态好,有评价自己的标准,不只是以成绩来衡量自己的学习。

(二)我的学习环境评估

1. 我的同桌身上至少具有三条优点;

2. 我从室友身上学到了;

3. 我从各科老师身上学到了。

(三)我们一起缔造一间完美的教室

有针对性地给寝室、班级和各任课老师各写一句激励性的话。

### 四、世界上只有一种英雄主义

快要期中考试了,感觉同学们离刚开学时的雄心壮志好像有些遥远了。学校组织了两次大型活动,合唱比赛和班级文化建设评比,我们本就抱着以最少的投入、最高的效率拿到奖项,可是同学们牢记了我的要求,"让优秀成为习惯",所以对拿到的两个二等奖是一脸的沮丧。

我觉得又该构思一堂主题班会了。

罗曼·罗兰在《米开朗琪罗》中有句名言:世界上只有一种英雄主义,那就是当他认识了生活的真相以后,依然热爱生活。我准备以此作为班会的切入口。

那么生活的真相究竟是什么？在同学们的讨论中,我们一起重温了生活的"残酷"真相:

生活的真相是平平淡淡、琐碎疲倦的每一天,是对知识的不断枯燥的反复,是在茫然中寻找路径,在题海中练习熟练,是发现室友有自己完全不能容忍的缺点,是每一个人好像都有人性的弱点,比如"靡不有初,鲜克有终"。

生活的真相还是当我们起早贪黑、全力以赴,我们可能还没有上一次考得好,是我们努力经营的一段友情最后以遭遇背叛而告终,是我们的父母为一点小事而喋喋不休,好像从来不能理解我们,是我们用心准备的活动没有得到应有的收获,是付出没有回报,是自己不能做自己时间的主人,是太在乎别人的评价,是周围同学努力,自己有压力,不努力,自己也随波逐流的种种荒废。

这些都是他们的在校生活,是他们关于高中生活的记忆,是他们要实实在在面对的困惑。

于是我和他们一起看了日本动漫大师宫崎骏的作品《千与千寻》,当他们看到

73

不屈的千寻在最后不再去追寻海的彼岸、追寻那些耀眼的宝物时,他们明白了:原来这些看似平淡不堪的生活就是我们的宝贝!有一天,这样充实而有切近目标的生活就是我们再也回不去的天堂。

我还和他们一起重温了罗素的《我为什么而活着》,我们一起讨论了在追求知识的路上,罗素"陷入深深的苦海,被暴风雨肆意地吹来吹去,吹到濒临绝望的边缘"却还是愿意"这样再活一次"的种种理由。

是啊,我一定要继续呼吸,即使已经没有盼望的理由;我要继续呼吸,因为明天太阳将会升起,谁知道潮水会带来什么。

过几天就是学校的运动会了,再过一周就是我们的期中考试了,我相信,我再一次给了他们热爱生活、勇敢面对生活的勇气和力量。


**五、写在最后**

当然,教育是个优雅而缓慢的过程,在他们的知道和做到之间,还有千里之遥。高中三年,他们仍旧会迷失,因为"五色令人目盲,五音令人耳聋,五味令人口爽,驰骋田猎令人心发狂"。但是,如果我愿意做他们的摆渡人呢,如果我愿意陪伴他们的生命成长与精神历程呢?

英国诗人华兹华斯曾经感叹"蝇营狗苟使我们舍弃了自己的性灵!"那么,好吧,就让我做一条古典纯美的游鱼,努力成为我希望孩子成为的人。


**参考文献**

[1]朱永新:《我的教育理想》,中国人民大学出版社2012年版。

[2]连中国:《唤醒生命》,中华工商联合出版社2015年版。

[3]吴非:《不跪着教书》,华东师范大学出版社2004年版。

# 一路风景

## ——十二五铜仁市骨干教师培训所见所感

风景在别处,这是审美的眼光。

"今日忽从江上望,始知家在画图中",古代的郭姓女诗人告诉我们,其实我们就住在风景里,当然,这需要我们不仅仅以职业的眼光,更要以专业的、艺术的眼光看待我们亲历的语文课堂。

石慧芸老师的贴身式、小切口、短周期、深研究、有实效的小课题讲座让我有了欣赏语文无限风光的一系列行进计划;郑孝红老师的《在新课程背景下的语文课堂教学的观察与评价》更是让我有了一点欣赏语文课堂的艺术眼光。

一路走来,我有了发现美的眼睛,我幸运地看到了这些语文课堂的妙趣风景。

## 十年磨一剑

在沿河民族中学陈飞老师优美舒缓的开场白的带领下,我们来到了史铁生的情感世界,当陈老师和我们一起走近了一棵树,走进了一颗母亲的心之后,我们甚至着急地想去熨平作者的每一丝沮丧的褶皱。

陈老师的最后一个版块"挖掘课文资源,积累作文素材"的教学是他最亮丽的风景。

陈老师是我们组的,课前课后我们都有交流,他年纪不大,朴实的话语让我们很感动:"我一直在这样做,因为我们的学生对我们语文课堂的感动总是止于课堂。"

当所有对《合欢树》的教学起于母爱、止于感恩的时候,陈飞老师用他带领学生写少到二三十、多到一两百字的课后随笔的方式让我们走近了挫折与磨难,走近了史铁生的生死观,走近了史铁生精彩的生命。难得的是,他一直在这样做,坚持在培养学生语文学习习惯的同时,使学生形象思维能力得到丰富和深化,使学生的情感体验越来越丰富和细腻。

我们坚信,十年一剑,铁杵成针。

当然,这堂语文课的第一个版块教学步骤的进一步优化、为学生的思维搭建脚手架的提问语设计、对文本语言赏析的不足带来的对术语的纠缠等也留下了一些遗憾,但托尔斯泰说过:尽可能少犯错误,这是人的准则;不犯错误,那是天使的梦想。

让我们引以为戒,如同看到自己的不足。


# 清水出芙蓉


石阡民族中学的冉隆前老师为我们拿出了一道"家常菜"。

是的,没有声嘶力竭,娓娓道来、毫不造作,更无扭捏,自然放松的教学状态,让我对这位年轻老师的定力心生仰慕。

冉老师《劝学》的教学设计也如同一杯止渴的凉白开,简洁朴实,没有花架子,更多的是落实。看得出,冉老师长于归纳,无论是对重点实词还是论证方法,过程和展示都一目了然,我想,这应该是一个优秀老师必备的能力之一。

冉老师发挥自己的优势,把我们带进了一个开放有序的语文课堂。在他的课堂上,我们能看到课前自主学习的完成、课堂小组合作学习的热烈和老师精到的归纳与提升。

对于古文的学习,冉老师关注到了《劝学》的诵读——这一提高古文语感的基本方法,但对于每一次的诵读提示和要求能细一些,并注意诵读要求的由浅入深、循序渐进。善莫大于此焉!

当然,冉老师如果再能从文章严谨的构思出发,去设计一个个问题,激发学生自己探求难点词和难点句的翻译的兴趣,也即再优化组合两个课时,是否将使我们在对这道"家常菜"品味的同时,再感受出一些别样的魅力呢?

# 独钓寒江雪

留意铜仁二中的敖刚老师，是因为他的一次打盹，当时是郑先生的课，他很快就惊醒过来。我在心里笑了：他的梦中也许还有郑先生的抑扬顿挫呢。

在敖刚老师的《沁园春·长沙》的前半个课堂里，我一直感慨这么两件事：

一是，他怎么能信手拈来那么多句子，怎么能那般流畅自如地表述？

二是，他怎么这样上语文课？以语文知识为纲，去串起、去安排一句句诗词，太颠覆传统、颠覆我们的认知、颠覆一堂语文课了！

我在心里默念了一遍郑先生的观察与评价课的从对立走向理解的原则，再往后听，我看到了一个在语文教学中个性鲜明、坚守自我、独钓寒江雪的渔翁形象。

基于这是高中语文的第一课，我想，敖老师的目的在于给学生一棵语文的知识树。

敖老师从《沁园春·长沙》的上半阕入手，以对词的特殊表述，比如语序，比如省略，比如意象，比如表现手法等知识提纲挈领式的解读，带领学生在积累和整合初中古典诗词的基础上思考、领悟和发现。他与学生一起寻找新的学习途径，探寻新的思维过程。

我想，如果敖老师在提高语音的清晰度和对语速的控制力方面能加强，如果他能以整体感知的加强来避免知识的零碎，那我们将会更清晰地看到更完美的一个课堂。

# 春眠不觉晓

张佳老师，一位沿河籍的老师。

在我们大家都以谦让的姿态掩饰着自己急于藏拙、害怕露怯的微妙的小心思的时候，又一个乌江的汉子站了出来。这些乌江的精灵啊！

相比前一位的内秀朴实，张老师的登台多少给人一种年少轻狂之感。不过很快，我就发现，他可以有这样的从容和自信，因为在这堂课上我领略到了教育的最高境界：如沐春风、春眠不觉晓。

同样是《合欢树》的教学，张老师用自己的激情，用母亲的呼唤把我们带到了一位特别的母亲面前。

最欣赏他的"这位母亲有点特别"的教学设计，把写母亲的事件、对母亲的情感波动、母亲的优点、描写母亲的方法等都自然无声地覆盖。这一巧妙的教学环节使张老师对母亲的欣赏指导与学生归纳能力的提升相互渗透，新课程基本理念的三维目标达成。

在"母爱与感恩的体悟"这个教学环节，张老师以平等交流的姿态，以多媒体带来的声、形对文字形象的补充，一步步把学生推向了情感的巅峰。一堂无声的美育课！

与郑先生的感受有惊人的一致，作者对合欢树由"回避"到"面对"的情感转变，作者"咀嚼悲伤"带来的人生体验和情感冲击没有涉及。我们期待年轻的张老师能带领我们爬上这篇优秀散文的高峰。

# 余亦能高咏

尽管江口民族中学的梅栋老师一再调侃自己的小心脏经不起折腾，但在梅老师的朗读中，我们还是欣赏到了一位静如处子，动若脱兔，温文尔雅却又激情四射的语文老师的形象。

我在想，面对自己残缺的身体，梅老师有旷达睿智的人生态度。

因为教授的是首词《沁园春·雪》，梅老师对朗读的关注细到了这样的朗读提示语：

"老师示范朗读一遍，请你们在脑子里想象这些画面。"

"老师读，也许你们脑子里的画面还不够清晰，那么你们再大声地自由地朗读，让它们不再模糊。"

"全班齐读，把你们脑子里的画面再感悟一遍。"

我想，这应该是语文课堂的一道不可或缺的风景。而他自己，就是一道颇有优势的课程资源：他以自己的文化品位、以自己对朗读的热爱激发了学生的诵读兴趣。

也欣赏梅老师精心设计的课后小测，尤其是对"恰同学少年"的音节停顿的设疑。

还是有些疑惑,分组研读上下片,学生怎能产生由景及情的整体感知?在炼字的教学活动中,如果以贯穿朗读的设计、以多样性提问的方式是否能激发更多的学生参与课堂活动的激情,也有待和梅老师商榷。

# 海上生明月

众星捧出月亮,巾帼不让须眉。

就像潘志老师的形象一样,玉屏中学潘老师的语文课堂也像一个雍容华贵的大家闺秀。

因为中国诗人有匠心巧运、短诗也悠远的传统,因为中国诗歌总是用巧妙的暗示引导我们到语言的穷边涯际,潘志老师于是有了一堂大气的从意象入手走向神秘的中国古典诗歌的课的构思。

潘老师是有心人,她要让幽深的诗的海洋生出明月,照亮读者的心。

潘老师从"月"这一古代诗歌最常见的意象入手,鼓励学生对作品进行个性化解读,在充分激发学生想象力的基础上帮助学生体验作品的意境和形象。

尽管是模拟课堂,潘老师也让"学生"们摩拳擦掌、跃跃欲试,几个回合下来,我们就欣赏到了潘老师随机点评的智慧。常常与潘老师一样有下水一试的激情,也喜欢潘老师整理的古诗词阅读指导:积累——找到契合点——把握思想情感——捕捉准确含义。

只是还是稍微觉得本课堂让学生自己说的不确定的、发散的东西多了点儿,不利于规律的总结,不利于对古诗词常用意象丰富意蕴的准确把握和对难点的突破。

这个暑假我的培训课、示范课和接受培训、观摩语文课的经历,让我在不惑之年又经历了一遍从油锅到天堂的煎熬与喘息之后又春风拂面的快意。暑假里这样马不停蹄地行进当然太累,但这一路的风景看下来,我知道自己不曾也不会逃离语文课堂这座围城。

因为,一路风景围城里。

# 茉莉的夏天

你可以不懂得白开水蕴含的生命哲学，可你得承认，有时候，一口白开水下喉咙，弄不好会有一股油烟味儿；要不就是让你生出一种万般的索然无味。

所以有事无事，我只喜欢喝茉莉花茶。

茉莉花茶挑花不挑茶：花要尖瓣的老品种，还要暴晒过，有太阳的味道，有残梗、断叶的茶叶都没关系，你的视线会因为爱怜而被杯里起伏的花瓣牵引，鼻尖会被蔓延上来的花香包围，一股子清透就在你的舌尖上拉开了舞步。

是的，轻舞飞扬，在那些茉莉花茶滑下喉咙的瞬间，你就只能想起这么一个词，它不会扬起俗世的尘土，也绝不让富贵咄咄逼人，你甚至还没有生出任何一种豪情壮志，它就悄悄地下了你舌尖的舞台。

其实，你才刚刚凑近它，那些夏天傍晚的风就会吹到你身上，那流走的夏天的故事，也就缓缓地漫了出来。

有茉莉的日子，才是我记忆中的夏天。

月亮出来了，院子里的凉床支起来了，茉莉的小朵儿，也就先先后后伸开了腰，但茉莉要到深夜才盛放，傍晚那些要开不开的花，不成形，不好看，我们才懒得理它们，都去抢占一树夜来香——枝形不美，每棵高高瘦瘦的三四枝，整个晚上都会顶着一朵明黄、单瓣、蝴蝶大小的花儿，香味浓郁。

这些夜来香，好像不需要播种，淋了几场雨，就来势汹汹地越长越高。对于具有如此生命力的花朵，我们这些孩子当然视而不见，只用它来打发那一个个夏天长长的傍晚。无聊的我们可以一朵一朵地去吹开夜来香！对，是去吹开，像春风吹开绿杨！只需对准它蓬蓬涨开的苞顶吹上一口，清脆的"啪"声就会敲开你的肺腑——沁人心脾！

其实那时候还不知道有这么一个现成的词可以用来形容，只是感觉幸福得全身发抖。当我学到这个词的时候,我想,那天的语文课堂我一定走了神,因为直到现在,我的眼前都还是三妹妹撅屁股嗅花的样子。

院子里的女孩子文静得多,躺在凉床上说说唱唱的,就在花香里睡着了。被大人叫进屋睡时,我赖着不想上床,拿了牙刷说要刷牙,又跑到院子里。

黑夜里,天上的星星睁着满天的眼睛,因为没了人,蛐蛐就可着欢儿地叫,一声比一声兴奋,浓密的树荫深处也是一片睁着的眼睛——父亲精心栽种修剪的四大盆茉莉全开了!

从没见过黑夜里这么多丝滑细腻的白色,从没在小小的心里装进过这么多精致的朵儿:花瓣足有四层,层层叠叠却又小心翼翼地错开,我着急去数,却怎么也数不过来,只觉得它们探头探脑地,全在我面前笑我。

父亲待客一定要用茶,没有闲钱买好茶叶,就自己做茉莉花茶,在价格低廉的绿茶末里掺进这些夏天的茉莉花。

每朵茉莉都要把梗去掉,花的四层花瓣要一层层取下,等晒上几天太阳,有了太阳的味道,它们就变黄了,蔫了的黄。这时候,再掺进装着茶叶末的玻璃罐里,那蔫黄,在绿茶末中零零星星的,倒也还好看。

来家里的客人都会称赞父亲的茉莉花茶,父亲就会微笑。在那些艰苦的日子里微笑,是坎坷一生的父亲对生活最好的诠释。

其实,苦丁茶也是一种百姓的茶,因为茶味的先苦后甜,喝茶的人会涌出对生命或释然、或庄严的感悟。我不同,我只是愿意在长长的午后,在夏天有风的傍晚,捧一杯茉莉花茶,怀念那些温暖而平静的岁月。

三、**03**

|语文与教学|

# 渡船两日一回归

## ——以《谈中国诗》的教学谈课堂有效对话

**摘　要:**热闹的语文课堂似乎成了近些年我们语文课堂的唯一的风景,本文从《谈中国诗》的课堂实录和教学设计入手,在语文学科的核心素养的指导下,提炼出了几个板块的师生课堂有效对话,尝试回到静心阅读体验的真语文。

**关键词:**真语文　课堂对话　阅读经验　审美体验

杜郎口教学的热闹已逝,向我们走来的似乎是语文教学的回归。

2015 年 10 月 28 日的《中国教师报》上登载了一篇题为《有效对话拓展课堂外延》的文章,文章主要内容是郎秀娟老师执教《智取生辰纲》的课堂实录。这个精彩的课堂设计足以看出郎秀娟老师追求的是回归"大语文"。我们这里提出的"真语文"也应该是这样意义的语文教学。因此,如何运用人教版的必修教材、选修教材以及整本书的阅读经验帮助学生构建和运用自己的语言是我们必须思考的东西。尤其是在带有表演性的真人秀的热闹课堂的盛行中,能稳稳地坚持用课堂作为师生平等交流的平台,让学生静下心来与文本对话,以此来实现真正意义的语文素养的提升,才是我们对"真语文"的追求,是语文教学的回归。

《谈中国诗》是思辨性较强的说理性散文,高二的学生已经积累了一定数量的中外诗歌,对这篇文艺评论应该有接受的心理准备,但是,诗歌是最纯粹的文学,学生对它的兴趣爱好和接受能力都是有差异的;加上住校生多,资料查阅不方便,所以老师如何选择他们已有的艺术体验,如何激发他们积极思考、参与评说、有效对话,是我们语文教学中应该重点考虑的。

**一、感性切入:鼓励大家比较阅读,初步感知中外诗歌的不同**

1. 谁来说说咱们身边的铜仁人的特点是什么?

生1:好客。

生2:穷!

师:那么从外表上呢?

学生:……

师:其实,老师去上海生活了一年,才产生了对自己日日生活在其间的家乡人的印象:黑、瘦、小、粗鲁、闲散、好客等,看来只有跳出铜仁,我们才能看到铜仁的真面目,那么比较应该是个不错的方法。我们来看两首写给大海的诗。

2. 预习检查:都是以抒情为主,其抒情对象都是大海。说说你体会到的两个诗人面对大海的不同情绪。你更喜欢哪首诗?

生1:我喜欢《观沧海》,诗歌就应该是最精练的语言,我觉得诗就是要短。

生2:我更喜欢这种史诗一样尽情地描绘:它曾使我的心灵为之震惊/那是一处峭岩,一座光荣的坟墓…… /在那儿,沉浸在寒冷的睡梦中的/是一些威严的回忆/拿破仑就在那儿消亡/在那儿,他长眠在苦难之中。

生3:我喜欢曹操的豪迈:日月之行,若出其中。星汉灿烂,若出其里。

生4:我喜欢普希金的深情和热烈。

师:看来,大家都用心去读了,其实它们都是中外诗歌的代表作,带有各自的审美倾向,与外国诗相比,中国诗的特点就出来了。

诗歌是最纯粹的文学,学生对它的兴趣爱好和接受能力都是有差异的,所以老师可以用自己的生活体验激发学生调动自己的生活体验。我们的语文课堂应该从生活中来,从阅读积累的体验中来,最后再到课本中去,因为,真语文是源于生活的,语文的外延是生活的外延。

**二、步步设疑:帮助学生铺设整体感知的台阶,帮助其构建谋篇布局的经验**

真语文是面对语言的,语言的建构与应用是语文课独特的课程素养。

当然,语言的建构和运用是依赖于大量的文本阅读:我们在阅读中接受大量优质的语言信息,然后形成大脑语言库质优的语言信息,这些信息会促进大脑语言信息的隐形生成,最后我们将以质优的书面语与口语表达出来。

《谈中国诗》是整个五册书唯一的一个文艺性随笔单元,我们要教给学生阅读这类理论性较强的文章的阅读方法,让他们建构起自己谋篇布局的经验。

信手拈来、纵横捭阖、比喻精妙是《谈中国诗》的最大看点,同时也是初读者的第一印象,我们得重视这个第一印象,因为文章的丰富和形象会削弱文章的严谨,甚至可能会让一些学生望而却步。因此段落梳理提要的方法仍然应该是我们把握该文基本观点的主要方法。

1. 自读梳理。学生自读 P50—P51,勾画中国诗的特点。

2. 用段落重点句的点拨指导学生整体感知全文:

(1)"贵国、你们"这些词语可以说明该文是一篇英文演讲稿,对外国人"谈中国诗",你认为作者采用了下面哪个结尾?

A. 中国诗并没有特别中国的地方,中国诗也是诗。

B. 中国诗里有西洋的品质,西洋诗里也有中国的成分。

C. 研究我们的诗能使你们对本国的诗有更深的领会。

(2)请结合上下文解释下列句子,并根据"谈中国诗"这个标题,拟出一二段段意。

A. 他能辨别,他不能这样笼统地概括。

B. 他不能对本国诗尽职。

C. 中国诗是早熟的。

3. 难点突破:作者说"我有意对中国诗的内容忽略不讲",中国诗内容上有什么特点,作者到底讲了没?

老师点评:略提,中国诗在内容上多应酬少虔诚,就田园诗而言,中国诗多逍遥少迷恋。知道原因吗? 因为中国是礼仪之邦,重伦理轻宗教;迷恋和虔诚都与宗教信仰有关。

4. 总结:《全唐诗》收了两万多首唐诗,诗经、离骚、魏晋、歌、赋、词、曲每个题目作者都可以讲出若干,所以这篇文艺评论没写成严格的议论文,而是在嬉笑怒骂间漫谈中国诗。投影展示:

用比较法谈中国诗——中国诗的发展概况——中国诗的特点——中国诗有诗的共性。

发挥教师在师生对话中的引领作用,以步步设疑来帮助学生铺设整体感知的台阶,获得整体感知的经验。建构起这样的阅读经验我们才可以更深地感受这么一个学贯中西的学者深入浅出、妙趣横生的语言魅力,同时也能理解文中的人称、开头的角度和结尾的圆和。

### 三、段落赏析:调动学生阅读积累的审美体验,鼓励学生与文本对话

真语文是要塑造思维品质的:任何学科都要培养思维能力与品格,但语言是思维的工具,又是思想的直接现实,所以语文课堂中的有效提问能够有效增加学生学习活动的思维性、深刻性和批判性,引发学生学习行为的发生。

面对这样思辨性较强的说理性散文,我们的语文课堂应该根据文本特点和学生实际,设计对话的形式和内容,实现学生与文本、学生与自己阅读体验的有效对话。

1. 作者对中国诗"诗短"持肯定还是否定的态度,你怎么看出来的?

教师点评:抓住"轻鸢剪掠"这个比喻的动态美,促发学生联想轻荡慢掠的鸢的形象;抓住中国诗人是"樱桃核、象牙方块的雕刻者"的说法,促发学生对"匠心"这个词语的举例联想。

2. 对于中国诗"富有暗示性",作者和中外诗人有不同的解释或评价,默读本段,说说你最喜欢哪个评价?

教师总结:两千多年前美人是怎样的美?"手如柔荑,肤如凝脂,领如蝤蛴,齿如瓠犀,螓首蛾眉"吗? 其实,言有尽而意无穷,想象美永远大于现实美!"巧笑倩兮! 美目盼兮"的她引你无限想象,这才是中国诗歌追求的境界。

3. 默读中国诗的"清淡安和"段,找出对中国诗的四个比喻,保留一个行不行?

老师总结:

(1)不行,从不同的角度表现了中国诗的"笔力清淡,词气安和"。

(2)精妙的比喻是钱钟书作品的一贯特点,作者笔下有一个公子对某小姐因迫于情面、心一软的轻轻一吻:只仿佛清朝官场端茶送客时把嘴唇抹一抹茶碗边。

(3)和西方人相比,中国人有什么特点? 那么,想想中国诗为什么是"清淡安和的"?

教师总结:跟语言本质有关、跟我们含蓄内敛不事张扬民族性格有关:我们不喜欢金刚怒目,我们推崇无声润物;我们北京奥运会开幕曲《我和你》是空灵的,与世界杯各届足球赛主题曲的疯狂决然不同。

带领学生在中国诗歌的宏大命题和作者渊博的学识里前进,当然要学会驾驭作者纵横捭阖、嬉笑怒骂、漫无边际的文思。但是,把握文章基本观点一定不能抵达这篇文艺性随笔的艺术最高峰,启发联想,调动已有的艺术体验,延伸他们的阅

读体验,强化他们的审美感知才是我们真语文静下心来要做的事。

#### 四、激发兴趣:鼓励学生赏析一首诗歌

真语文需要我们构建有意义的学习过程:学习是知识的建构,无论老师如何详细描述,都不能代替学生自己建构自己的知识结构,让学生亲历和享受美好的课堂,一定要让他们体验探索奥秘的过程,实现知识的迁移运用,让他们用已学到的知识来解决以前没有遇到过的问题。

1. 小组交流:比较下面的中外短诗,刘长卿的《送灵澈上人》和狄金森的《我从未看过荒原》,讨论哪首"尖刻斩截",哪首能从"易尽"中见"无垠"?

老师总结:刘诗写一个清寂闲适的僧人形象,写朋友间的深厚情谊,写诗人失意而淡泊的心情,含蓄而深远,因为韵律的限制,中国诗人匠心巧运,短诗也悠远无垠。而狄诗对情感的表达却是热烈执着坚决,这叫言尽意尽,尖刻斩截。

2. 展示老师对狄金森《相见》的下水赏析,鼓励学生课后完成一首诗的赏析短文。

"回归语文 回归教育 回归人的教育"这是王岱老师对语文教育的思考,她认为,课堂教学是基于对话的,但应该根据学生或教材来定对话,我们要做的事就是把教材研究透,学生提什么样的问题我们才都能回答。

真正的语文课,有的不需要活动,需要的仍然是教师发问,需要的仍然是老师讲,关键是讲什么和讲到什么程度的问题。若干年后如果有人告诉老师,想起了某几句话,这就是老师必须讲的。

热闹之后也深思,渡船两日一回归。

# 天堂与地狱

## ——兼谈语文课堂的艰难取舍

一念天堂，一念地狱。

这是众生兼知的一条佛教慧言，也适用于我们在语文课堂中遭遇种种尴尬之际。每当我们精心预备的课堂不能让自己满意、让学生尽兴时，我默念此言，便会豁然开朗。

**一、要学科素养，还是要儿童视觉**

语文学科对语言的建构与运用、思维的发展与提升、审美的鉴赏与创造、文化的传承与理解提出了自己的核心素养观。可以说，它像一块悬挂在我们前方的领路牌，指引着我们的方向。

我曾尝试引入悉尼大学的校训"繁星纵变，智慧永恒"和北京大学的宣传语"如传世的青花瓷，自顾自美丽"，和学生一起畅谈美的多样性；我也听学员在"花自飘零水自流，一种相思，两处闲愁"中抓住"一种"和"两处"，以看似训练思维的方法入手赏析语言；我总是不忘汉字文化的魅力，比如曾让他们从"草"的本义去联想"草稿、草草、草率、潦草"的关系。这些课堂的片段都深受学生喜欢，因为我知道，坚守语文的核心素养观，一定是真语文的回归。

听一位老师说起过这样一个教学案例，她充分准备了《宝玉挨打》的教案，但当她走进教室才发现全班54个学生竟然没有一个看过《红楼梦》。当她按既定教学计划问学生对宝钗这个人物的看法时，有学生竟然回答，宝钗很豪放，老师让学生找理由时，学生的依据是宝钗这样一段话：

你们也不必怨这个，怨那个。据我想，到底宝兄弟素日不正，肯和那些人来往，老爷才生气。就是我哥哥说话不防头，一时说出宝兄弟来，也不是有心调唆。

于是老师不再想着完成那堂课既定的教学目标,她让一个男孩读宝钗看望宝玉的段落,让一个女孩来配合朗读做动作。老师说,那堂课她没有完成教学计划,也不精彩,但她自己觉得很圆满,因为学生真正地走进了文本,她的这一堂课关注到了学生的视觉,学生情绪被调动起来了。

还是学员黄娟老师的那堂《一剪梅》,因为学生是铜仁一中实验班的学生,黄老师没有将本文讲到一个"愁"字就叫停,她从中国古代文化中的"闲愁"说到米兰·昆德拉的《生命不能承受之轻》:

人生责任是一个沉重的负担,却也是最真切实在的,解脱了负担,人变得比大地还年轻,但一切也将变得毫无意义。

这些生命的感悟似乎不再停留在"儿童视觉",但是如果我们调动他们中考完后轻松而又无所事事的生活体验,唤起他们身边那些百无聊赖的周围人的生活积累,我们一样可以在赋予他们儿童视觉的同时,发展和提升他们的思维品质。

所以,面对高高在上的学科素养的要求,我们充满信心的是,我们青春年少的学生有认识世界和表达感受的冲动和欲望,只要我们能从生活中来,到课本中去;或者从课本中来,再回到生活经验中去,就可以帮助他们搭建认识的"脚手架",从儿童视觉出发,积累起最丰厚的学科素养。

### 二、由学生提问还是老师来提问

平等、民主的师生关系是以课堂的平等交流来实现的。但是,究竟是由老师把学生带进预设的情景,还是由学生带领老师进入他们内心最真实的文本体验?

传统的教学法和新课程理念均有各自的教学观念,而且不同的观念也给老师带来了不同的教学习惯。

听过一堂《都江堰》的展示课,还记得那个老师和学生这样的开场对白:

师:喜欢余秋雨先生的这篇《都江堰》吗,喜欢什么呢? 有不喜欢的吗? 也可以说说不喜欢的地方。

生1:我喜欢,比如他欲扬先抑地写都江堰的手法。

生2:我不喜欢,我觉得这个手法太小儿科,我们都会用,不新鲜了。

生3:还有作者很多语言不合逻辑,说话太过了。

生4:老师,咱们这样好像批评余秋雨了?

师:可以呀,我们可以说好,也可以说不好,这才是和大师平等对话。

我们的课堂还真可以先由学生来发问,我们要他们的独特的视觉,要他们最真实的文本体验。

其实好多时候，我们并不比学生聪明，特别是在我们细细阅读教材的过程中，我们会发现，我们有疑惑的地方也正是学生的疑惑所在。

那么，什么时候需要老师来提问呢？当学生觉得没有问题之后，我们就要在看似没有问题的情况下提出问题，教他们从看似没有问题的地方发现问题，培养他们研读的习惯。

记得上李清照的《声声慢》时，因为以前家里栽了很多菊花，我对"满地黄花堆积"各种版本的解释就有了自己的看法，我决定要在此处设疑，培养学生研读的能力。

师：你们觉得这满地堆积的黄花是盛开还是凋谢的？

生1：盛开的，因为喝酒、赏菊是重阳节的风俗，重阳节菊花盛开呀。

生2：我觉得是凋谢的，因为已经满地都是，而且，菊花都凋谢了才更能表达词人以花喻人的伤感。

师：你们见过盛开的菊花吗？老师给你们看幅画。

生3：老师我知道了，盛开的菊花也可以满地都是啊，它的枝太瘦，不堪花朵的沉重。

生4：那么老师后一句"憔悴损，如今有谁堪摘"该如何理解呢？

师：这个问题问得好，那么憔悴的不是花，还可能是谁呢？有谁愿意来用描述性的语言描述一下词人赏花的画面？

生5：正值重阳赏菊之时，陪伴我的人却已不在，憔悴不堪的我，更加怜惜面前这菊花盛极而衰的命运，叹它是否有一天也会像我一样在盛放之际难以承受摘花之痛。

所以我们只有通过吃透教材，才能提出学生需要解决的问题，也只有吃透了教材，学生提什么样的问题我们才都能回答。

无论是学生提问，还是老师来问，我们都应该记住，我们的任务是培养学生独立思考的科学精神，让他们说出自己的话语，体验思考的快乐，一个个独立的思考，一个个自由的言说，才能造就一个个自然、多元、丰富多彩的世界。

### 三、课堂的预设与生成

每一位教师为达成自己的教学目标都有自己的教学设计，我们预设教学目标、预设教学重难点、预设教学情境，等等。可以说每一个老师的教学设计都出自自己内心的教学假设,有假设就说明我们教师有思考、有选择、有动脑子,但是我们的课堂不一定会按照我们既定的路线去走,那么,我们如何面对学生的"不听话"?

常常会想起于漪老师《宇宙里有些什么》这个教学案例:

于老师在朗读课文:"宇宙里有几千万万颗星星……"

生1:老师,"万万"等于多少?(全班笑)

生2:万万不就等于"亿"吗?(提问的学生灰溜溜地坐下了)

师:既然"万万"等于"亿",那作者为什么不用"亿"?(全班哑然)

生3:因为"万万"响亮,"亿"听不清楚。

生4:因为"万万"听起来比"亿"多。(全班笑)

师:你们的感觉都是对的,你们一不小心发现了汉语修辞中的一个规律:字的重叠可以产生两个效果:一是听得清楚,二是强调数量多。今天这个知识是谁让我们发现的呢?(同学们都佩服地看向了生1)

其实,于老师朗读课文的节奏被打断了,但是富有经验的于老师抓住了这么一个课堂生成的教学契机,与大家在汉语修辞的海洋中畅游了一把,化腐朽为神奇。

记得在执教苏轼的《定风波》时,我有这样一个问题设计:

"雨具先去"何来蓑?

这个问题本想通过诗词中的眼前景和心中景来激起同学们对古代知识分子对生活选择的思考。没想到,阅读真是个性化的,有学生说到了这是一个名词虚化成量词的例子。

答案是我没想到的,但是我镇定下来,和他们一起列举了:一溪月、一江秋、一山雾、一地月光、一背汗水等。

学生的答案不是我预料中的,但他们对汉语量词的魅力在这节课上获得了更多的感知。

好吧,此时你是否还在认为我们预设的课堂的节奏和内容都被打断而有一丝沮丧呢?那么,我们不妨来做一个思考:我们心目中理想的课堂到底是什么?是学生的内心有所触动,是我们帮助学生抵达了他们从未到达的远方,是我们的学生体验到了探索奥秘的过程。

让我们把这个触动、抵达、探索的过程交给学生,不要管我们的学生有没有照着我们既定的方向!

因为爱因斯坦也曾说:我们体验到的最深刻、最美好的情感,就是探索奥秘的感觉,谁缺乏这种情感,他就丧失了在心灵的神圣的战栗中如痴如醉的能力,他就可能被认为是死人。

**四、课堂的有所为与有所不为**

基于教学时间和教学空间的有限性与学生发展目标全面性的矛盾,也基于学生生活世界、社会经验的有限性和人类生活经验和生活世界的无限性的矛盾,我们的课堂必须要有所选择,有所放弃,在有所不为中"有所为"。

和学员听过苏州专家范讲绘本《活了一百万次的猫》的一堂课。

上绘本,很新鲜!这个教学资源开发得好,我庆幸自己又有了一个学习的机会:简单的图画与简洁的叙事可以衍生出普遍的哲理,老少皆宜,大家可以各取所需,老师可以深入浅出。

犹记那堂课老师带领学生一起关注到了文本的最大特点:铺排,学习了映衬、类比、对比的方法,也带领学生领悟了人生意义之自我实现的需要。

绘本中那只虎斑猫的每一次生死其实都带给了我很多思考:

和平的愿望是否是人类普遍的愿望?

爱的真谛与爱的方式是什么?

对失去的自由与尊严可以以怎样的方式去捍卫?

在利益至上、娱乐至死的今天,我们还能否坚守生命至上的底线?

一个丧失起码道德的人可不可以心存善良?

人生来一次不撞南墙不回头、不到黄河心不死的壮举怎么样?

一个冒失的孩子如果从此懂得了爱与珍惜的意义。

可不可以为自己活一次?

这个简单的绘本可以讲的东西还很多,但只是一节课而已,我们一定可以从某一个角度去让学生获得更深刻的体会。

必修五的第一个单元有三篇小说,每一篇小说我们都可以在选择放弃中更深刻地去体会那些仅存的硕果:

《林黛玉进贾府》:情节梳理——揣摩语言体会人物性格——了解人物背后的贾府——鼓励独立思考。

《祝福》:从课文细节走近时代——能写梗概——能充满感情地介绍祥林嫂——体会经典的现实意义。

《老人与海》:用心理独白来勾勒、丰满身份性格——用与鲨鱼搏斗加形容词的训练来体会简练的语言与反衬法。

我们是要达成语文学科的核心素养,还是更要关注儿童视觉?这都是我们的追求!是学生的问题牵着我们的教学,还是由我们带领学生进入我们的思路?教无定法!课堂的生成大于我们的预设,怎么办?把它整理出来,因为它可能就是我们下一次教学设计的灵感!好像还有知识点没讲到?没事儿,有所"舍",才会有所"得"!

因为语文教学就是师生共同接近真实、交流情感、碰撞思想的旅程,有瑕疵,才真实。

一念天堂,一念地狱,在这样的旅程中,让我们做一个快乐的导游好了!

# 我们一起飞翔

## ——高一诗歌单元比较鉴赏的教学尝试

高一诗歌单元以纯文学字正腔圆的语言魅力拉开了高中语文教学的帷幕,十六七岁,因为欲说还休、挥之不去的成长的烦恼成了诗的年龄,可是,隔着遥远的时空,诗人甜蜜的欣喜和漂浮的忧伤能震颤他们的心灵吗,诗人对自由的向往和革命的情怀他们有接受的距离吗,他们能真正走进哀而不伤的离别、那带缺憾美的心许吗,他们能理解最伤感的祝福、最痛心的爱国吗?

走近它,亲近它,这是欣赏一切艺术的前提,而诗歌更以纯文学最典型的召唤结构呼唤我们的补充和诠释,因此,如何在有限的教学时数里架起一座通向诗人情感天空的桥梁便成了我们高中语文阅读教学首先面临的课题。在这里,我们尝试引入比较鉴赏进行教学,因为文学作品的鉴赏对主体精神的投入和情感的活跃有很高的要求,而比较引发的联想和诧异正是活跃情感、调动生活经验和知识积累的最佳心理状态,有了这样的心理状态,他们在有意的顾盼和无心的莽撞间,在知识的现有水平与最近发展区的碰撞中,就能展开想象的翅膀,翱翔在诗意的天空。

## 一切都是从平原上起飞的

鉴赏《毛泽东词二首》,导入要点有二:引起他们对词的兴趣;引导他们走近毛泽东。尝试比较鉴赏,由《凉州词》导入,在《凉州词》诗、词两个版本的比较鉴赏中,学生对"律化的、长短句的、固定字数的诗"产生了学习的兴趣。再比较塞外凉州与江南风情,导入南唐后主李煜的《虞美人》,在凄美的旋律中,在他们活跃的情感中,我让他们这样走近了毛泽东:同样是主沉浮的一代天骄风流人物,也同样身处逆境,在"今又重阳"的清秋时节却表现出"胜似春光,寥廓江天万里霜"的当代领袖的万丈豪情。

对诗歌用意象来表达情感并提炼出诗化般的语言有无欣赏的兴趣,是走近《再别康桥》的关键,运用比较鉴赏的方法比较卞之琳的《断章》原作和我的两个修改版:"你在桥上看风景/我在桥上看风景/他在桥上看风景/我们都在看风景。""你在桥上看风景/我在桥上看风景/他在桥上看风景/我们都成了别人的风景。"在笑声与踊跃之后,他们得出了好诗歌应该画面很美,好诗歌应该让好多人感动等结论。"不愤不启,不悱不发":那么美的画面,那么多人的感动,是依赖于大起大落的情节还是可歌可泣的人物? 不是,是依赖于诗的语言——一种用意象营造意境表达情感的特殊语言。

# 走进诗意的天空

当代诗歌以不确定的主题和晦涩的意象构筑了它们特有的朦胧美。诗的年龄喜欢诗的爱情,但要真正读出《错误》的诗意还得在意象上下功夫,引入两首闺怨题材的宋词晏殊的《蝶恋花》(槛菊愁烟兰泣露)和李煜的《相见欢》(无言独上西楼)进行比较鉴赏,用词中深深的庭院、重重的帷幕和紧掩的窗扉这些意象来解读深闺女子浓浓的不明说的相思:它在别是滋味的心头藏着,在如莲花开落的容颜上摆着,在望尽天涯路的双眼间含着。因此,极具东方传统特色的意象用含蓄阐释了当代诗歌的朦胧美。

"让生活入诗"却又以"隐秘的激情"著称的美国女诗人狄金森,可以尝试让学生欣赏她用最平凡的词义驾驭最严肃的人生慨叹的创作手法。我设计了两组比较,对此进行鉴赏指导:一是《篱笆那边》平凡清新极具西方色彩的意象和《错误》中浓重压抑的东方传统意象。二是另给出了诗人写相会、写等待的诗句:"我碎步急走过堂屋/我默默跨出门洞/我张望整个宇宙,一无所有/只见他的面孔。""如果你能在秋季来到/我会用掸子把夏季掸掉/一半轻蔑,一半含笑/像管家把苍蝇赶跑。"当学生悟出那极具生活气息却又富含神奇思想的最后一句时,我都会在他们的脸上找到那份走进诗意天空的陶醉自得。

## 触摸诗意的天空

直到自己执教诗歌,才真正去朗读诗歌,因为当你越想亲近它欣赏它,便越不能回避它回环往复的旋律美,越不能无视它的澎湃被凝练的外表所覆盖的事实,你只能读,"以一腔热血啼苦难中华"的《死水》和《赞美》,我用朗读指导完成比较鉴赏。定不同的感情基调:一个是绝望的冷静的控诉,在讥讽的外表下透出忧虑;一个是忧伤的带血的赞歌,在深沉的外表下浸出坚强。指导学生对停连、重音、语速等进行朗读处理:让他们体会雕琢、华丽的书面语和质朴、沉重的口语之别,体会冷静有力的控诉和满含痛苦的希望分别由齐整的句式和滔滔的长句传达出来的精妙之处。

《致橡树》和《我愿意是激流》两份爱情宣言都选择了山水花树的意象群像作为情感的载体,但作者对它们的取舍态度迥异,所以应注意把握朗读的情感推进,前者是在娓娓道来中走向爱恋极致,后者是以爱人的每一点快乐衬托自己心甘情愿的种种勇敢。"我愿意是云朵/是灰色的破旗/在广漠的天空中/懒懒地飘来荡去/只要我的爱人/是珊瑚似的夕阳/傍着我苍白的脸/显出鲜艳的辉煌。"读罢,教室一片沉寂,我似乎感受到他们稚嫩的双手触摸到了诗意天空的繁星点点……

## 飞翔在诗意的天空

"不要忧郁,不要心急……相信吧,那愉快的日子即将来临。"这是普希金对信念的诠释,可是那么执着而高贵的心灵在《致大海》中也曾经壮志未酬,也有过彷徨无措吗?用诗人在《自由颂》中表现失望焦虑和愤慨激越的诗句进行比较鉴赏,他们因此理解了一个被囚禁了身体和心灵的人最简单的渴望,好比一个忙碌的高中生对闲暇的渴望。在此诗与彼诗和生活的碰撞中,他们被《致大海》中自由奔放的大海形象感动了,被普希金对自由和真理的追求感动了。

海子用最欢快的方式表达了对世人最真诚的祝愿。可当他们发现海子留给自己的是面朝大海春暖花开的一座青青的坟墓时,他们再一次诧异了。比较鉴赏了两个理想主义诗人海子和顾城的一些融不进城市俗世生活的诗句之后,我发问:"当你发现自己与周围的同学格格不入,当你发现你走近的这个衣着光鲜的城市让你灰心丧气的时候,你该怎么办?"教室先是一片沉寂,然后就七嘴八舌起来,就连平时腼腆少语的农村籍学生也有了热烈的讨论声,此诗与彼诗再一次与他们的生活相碰撞,我知道,他们都鼓起了好好生活、努力飞翔的勇气。

当我们渐入广阔平原的佳境,当我们一路拾起了美丽的花瓣,当我们一起泪长流地吟罢它们,当它们伴随我们微笑着走向远方,我想我就可以和我的学生一起飞翔起来,去感受诗歌王国里那些最动人的乐章了。

# 永远有多远

摘　要:教学预设目标和教学实际效果通常是有距离的,本文以《归园田居》预设目标最终达成的反思,切入对实现阅读与鉴赏的根本目的的一点方法的思考与实践。

关键词:阅读　鉴赏　立人　感知生活

好多年前,我就熟悉题目的这么一个问题,答案好像一直是个空白。熟悉的问题被我眼前熟悉的学生写在茫然的脸上。

刚刚上完陶渊明的《归园田居》,陶渊明选择终老农村与今天学生的价值观和人生观有一定的距离,因而在确定《汉魏晋诗三首》的教学重点是培养学生知人论事鉴赏诗歌思想情感的能力之后,这篇我就决定重点引导他们发现"心宁是故乡"的生活哲理。

到结束语的环节了,我展示了挪威画家蒙克表现主义的力作《呼喊》,那是一个杂乱无章的梦幻片段写实,一张被扭曲的面孔,画面中的人在堕落而被扭曲的人性面前找不到他要的生活方式,没有归属感,歇斯底里地发出了惊恐而苦闷的一声呼喊。学生在我声情并茂的解说之后确乎受到了震惊,趁此机会我也告诉了对他们的希望:我们每个人不只需要一个身体可以休息的家,我们的心灵也需要一个可以栖居的家园让我们能够最自然最本性地活着,今天,物质让我们的欲望无限膨胀,学习和就业的压力也经常让我们无所适从,但如果我们记住了"心宁是故乡"的道理,我们永远都会有一份属于自己的快乐。

"老师,永远有多远?"原来,我的课堂和他们还有距离。

反观自己这课的教学预设目标及流程:

积累整合古诗词中的田园生活——感受鉴赏并表达田园诗所特有的意境

美——领会体悟田园生活是顺应诗人本性的生活——发掘提炼"心宁是故乡"的生活哲理。

文学,是语言的艺术,鉴赏是思维的再创造活动,诗人用诗的语言创造的诗歌形象,读者通过想象将其再现出来。我的教学活动是在引导他们从诗歌的语言中揣摩体悟陶渊明的人生选择,我有一个让他们借助想象获得形象和思想的过程,目标的达成应该是水到渠成的!

再回到阅读与鉴赏的根本目的上来,阅读与鉴赏的根本目的是什么? 是"立人",而且《高中语文课程标准解读》明确地把这点解读为"这不是一个简单的语文能力和审美能力的问题,而是关系到人的全面发展和终身发展,培养'整体的人'的问题"。当代世界各国教育改革的一个共同趋向也是呼唤人文精神的回归,有的中国学者把人文精神定位在人的精神家园的营造,获得了人们的广泛认同。那么,本次阅读鉴赏的目标定位也应该是恰当的。

距离是在哪里拉开的呢?

人的感情不是在严格的科学思考的基础上产生的,是在"与直观的直觉的审美的实际生活的联系中不自觉地建立起来的"。① 是的,我的教学从田园生活开始,可田园生活并不是顺应他们本性的生活,对今天的中学生来说田园只意味着踏青,意味着新鲜空气和大自然,不是真正意义的身心放松,他们最乐于选择的身心放松方式还是待在楼房里看电视煲电话发短信上网聊天游戏。问题找到了,要让他们欣赏诗人的选择,应该让他们学会欣赏中国古代知识分子的人格基础和审美理想,要让诗歌中所塑造的形象与学生直观的直觉的审美的实际生活建立起联系。

于是,从最美的五言诗入手,我让他们从网上书上找到这些诗歌背后最具"魏晋风度"的诗人故事,再让他们在自己和周围人的身上找到那些率性而为、让大家褒贬不一的举动。交流讨论之后,他们明白了存在即合理,人的困惑和无奈哪里只是物质的不满足呢,一个人只有顺应自己的天性,找到自己真正喜欢做的事,并一心把它做得尽善尽美,在这个世界上才能永远拥有一个牢不可破的精神家园。

生活是无字的书,用心聆听的人,才能听到最美的诗,书是有字的生活,情感丰富的人才能闻到甜美的芳香。我们的语文课堂应该是让我们的学生在与书本亲密无间的交流中、在与生活磕磕绊绊的碰撞中,成长为一个能听到最美的诗的

---

① 王富仁:《情感培养:语文教育的核心》,载《语文建设》,2002 年第 5 期。

情感丰富的人。

走近文学,先走进实际生活,让他们走进自己曾经熟视无睹的种种无奈和幸福,走进自己和别人对生活的理解和选择,他们自然就会来到诗人笔下宁静淳朴自然和谐的精神家园,理解陶渊明看似决绝的选择和诗意的人生。

原来的教学目标达成。

进入小说和戏剧文学这类再现生活的叙事性文学后,我就知道我们所担负的阅读与鉴赏的担子更重了。因为一个对小说、戏剧、影视绝无欣赏兴趣更无解读能力的现代读书人是不可以想象的,我们的语文课堂要培养他们的阅读兴趣、欣赏能力进而形成良好的阅读习惯,而且因为阅读和鉴赏的根本目的是"立人",所以我们对小说和戏剧阅读鉴赏的终极追求是要使他们的精神世界变得丰富而深刻。

使他们的精神世界变得丰富而深刻是我们的终极追求,而切入可以从让他们感知生活开始。因为艺术门类的相通性,在戏剧文学阅读与鉴赏开始之前,我决定给他们一部矛盾相对集中且尖锐突出(戏剧特点)的电影作品,我要让他们在对实际生活直观的审美的感受中看到人性的光辉,听到最美的诗。

我选择了韩国的爱情文艺大片《雏菊》,这里面有韩流有奔驰有枪战这些学生的实际生活与梦想,没有奔放热烈的爱情表白,更多的是暗合少年心事的隐忍的爱。电影结束后我与学生一起讨论了影片独白多于对白的叙事方式,讨论了那么激烈的矛盾冲突却止于且美妙于三个主人公"发乎情,止乎礼"的退让。看到学生们沉醉在那一片烂漫雏菊的黄色明艳中,我窃喜,因为他们一定通过影片理解了爱的方式,体验了爱的力量,感悟了爱的境界。

语文教科书绝不是唯一的语文课程资源,语文教师才是最重要的课程资源。① 我相信我对课程资源的选择与他们直观的直觉的审美的实际生活建立起了联系,在增加他们戏剧阅读和鉴赏兴趣的同时,提高了他们感受爱、表达爱、传播爱的能力。

我想,"立人"这个阅读与鉴赏的根本目的好像确实悬挂在遥不可及的前方,但倘若我们每个语文教师对分解和切入它的方法多有一些思考和实践,我们就能缩短课堂与生活的距离,缩短目标与学生的距离。

周国平从塞林格的名作《麦田里的守望者》中获得了灵感,创作了系列的守望

---

① 吴延熙:《教育资源建设之思考》,载《教育与管理》,2004 年第 12 期。

者寄语类的小散文,作为语文教师,对他的一个比喻留下了深刻的印象:"今日的孩子们何尝不是在悬崖边的麦田里玩,麦田里有天真、童趣和自然,悬崖下是空虚和物欲的深渊。"20 世纪初提出对话理论的德国哲学家马丁·布格也告诉我们,"教育的目的并非是告知后人存在什么或必会存在什么,而是晓喻他们如何让精神充盈人生,如何与'你'相遇。"①也因此我似乎找到了文章题目和开篇问题的答案:用我们智慧的教育守护我们那些在麦田里玩的孩子,让精神充盈他们的人生,他们的快乐将会到永远。

---

① 方智范:《高中语文必修课"阅读与鉴赏"目标解读》,载《语文建设》,2003 年 11 期。

# 以《我爱这土地》的教学设计谈校本教研

## ——铜仁市中小学校长培训课题

**一、我所理解的校本教研**

校本教研是在与同学、科老师沟通、评价、合作、共享的过程中展开的教学研究,是最切实可行地推广教学经验、探索教学规律的一种制度,是在校内开展终身学习的一种途径。

行动——研讨行动——意识到不足的关键——创造其他行动方法:把困惑和经验在备课组、教研组内交流,这样的校本教研循环开展下去,我们才会真正提高教学水平。

我认为校长是建立以校为本的教研制度的第一责任人,有了开放、宽松的教师共同成长的环境,同学、科老师在课前讨论——教学设计——听课评课——改进教学设计的过程中才能知无不言。

下面以《我爱这土地》教学设计的研讨来看我所理解的校本教研。

**板块一**

(一)由本诗在教材和单元中的地位来制定教学内容

1. 本诗属于中外新诗,分话题分散在各单元,所以本课我们要继续认识、体会诗的分行跳跃、含蓄凝练。

2. 已经是九年级上一个单元,所以要体会各种风格和流派,体会诗歌的多样优美。

3. 本单元的话题是爱国,我们要从诗歌的形象中体会爱国思乡的主题,为高中的意象、意境学习作铺垫。

（二）明确教学重难点

1. 体会深沉真挚的爱国之情。（爱国思乡：教学重点，情感目标）

2. 欣赏鸟的形象塑造对表达主题的意义。（形象的理解：教学难点，诗歌赏析能力目标）

3. 掌握感情基调的把握、重音的处理等朗读知识、欣赏移就修饰。（知识目标）

（三）讨论：要落实什么

1. 不一定面面俱到，目标可以分解。比如从朗读体会的角度来看，这次可以只落实感情基调和重音的把握。

2. 教材设计者的意图、教学目标的有序，尽在单元提示、教学建议和课后练习中，一定要重视。

3. 体现语文学科的工具性和人文性。

工具性：敢不敢用激怒的风、温柔的黎明，"打击"和"击打"是不是都可以，有没有区别？

人文性：语文素养是从诗中感受到的、嘶哑、腐烂的词语的使用来感受悲壮美，感受悲剧的崇高感。

（四）总结

要有把握教材的能力，但我们不是天生就会，交流让我们少走弯路，更快成长。

**板块二**

（一）展示教学设计一、二

设计一：感知爱土地——探求深沉的爱——学习含蓄表达

设计二：认识土地的形象——认识鸟的形象——关注现实意义

（二）讨论：你更喜欢哪个课堂整体？讲法和反思

设计一偏向：感受鉴赏——思考领悟——应用拓展（写）：层次清晰

设计二偏向：感受鉴赏——发现创新（说）：跨度大，反复重锤

完整的学习过程包括：积累——感受——思考——应用——发现。但绝不应该为过程而过程。

（三）后者结合口语交际活动"脚踏一方土"讲土地的故事、认识土地的含义、爱脚下的土地

教材可以整合，教材内容不等于教学内容，是用教材而不是教教材。

（四）总结

不仅仅交流经验，还可以交流困惑，寻求帮助，更快成长。

### 板块三

（一）在座的校长中的语文老师能否尝试设计导入语

导入是教学的第一个重要环节，能拉近心的距离、调动情绪、激发兴趣、激起疑问。

（二）展示两个导入语

导入语一：我们离不开脚下的土地

1. 亚当夏娃——女娲造人——人《根》——春运：回家，回到自己熟悉的土地。

2. 黄土、黑土地、红土地：一方水土养一方人。

3. 每个人都有自己生长的土地、母亲、童年的记忆，亲切、熟悉、自在的生活，自己根深蒂固的一些情结，我们来认识一下这片土地上到底有什么值得诗人爱恋的地方。

导入语二：激发学生对土地的情感

问：大十字——小十字——北门口——一路向北：没有街心花园，看不到锦江河，但能欣赏阳台文化、屋顶花园，寸土寸金，你们知道为什么？

明确：便宜新鲜的蔬菜、亲近自然、向往绿色、新鲜的空气，贴近土地。

进入：讲"社"的本义，讲用"社稷"表达出的"国家"的含义：能自由栽种谷物，能祭祀感恩生长万木养育我们的大地。

中国古代皇帝的疆土封赠仪式：皇帝站在地坛上，取起一块泥土，用茅草包了，递给被封的人。过去漂流到海外去谋生的人远行前，从井里取出一撮泥土，珍重地放在床头箱里。今天打工者睡前谈得最多的最骄傲的是故乡的那座山的险、那棵树的灵、那口井的故事。

板书：我爱这土地。

问：谁来读读全诗直接表达对土地爱的句子？

（三）比较两个导入语的异同

1. 都不属激疑派，都属情感派。

2. 不同：前者亲切、拉近，后者热爱、震撼；

前者感知对土地的爱，后者珍惜脚下的土地。

（四）总结

虽说是个性化教学,尤其是语文,但校本交流,博采各家之长、避免千篇一律、没有新意。当然,教学设计没有最好,只有更好更适合。

**板块四**

（一）展示两个设计:"鸟"的形象的意义

设计一:

1. "我"是一种什么鸟?读诗,讨论。

明确:(1)嘶哑的喉咙。(2)羽毛腐烂。

2. 这只鸟为什么不逐林而栖?它究竟爱这块土地的什么?

明确:(1)爱青春年少,也爱白发苍苍;爱春光明媚,也爱满目疮痍。(2)亲切、熟悉自在的生活,根深蒂固的习惯。

3. 尝试评价这是一只怎样的鸟?

明确:爱着它生长的土地,为她歌唱,不离不弃,至死不渝。（爱家园）

4. 作者为什么不直接写一个上战场的诗人,而写了微不足道的一只鸟?

明确:微不足道的一只鸟,只能献出最心爱的嗓子和羽毛,献出自己的生命,最真的爱。

5. 不要后一个小节,就写一只鸟的歌唱直至气绝身亡。

明确:含蓄深沉结合直抒胸臆。（玫瑰、花,爱人、牵挂）（深沉地表达爱）

设计二:

1. 为什么要"假如我是一只鸟"?（狗、马、鹰）

明确:除了逃离,几乎没有反抗能力,强调它的微不足道。当然它更拿不出钻石、宝马、别墅,变不出玫瑰、巧克力,只能献出最心爱的嗓子和羽毛,献出自己的生命。（真挚）

2. 为什么要"假如"呢?

明确:我虽不是军人,但我是诗人,我可以振臂高呼:"起来,不愿做奴隶的人们,把我们的血肉筑成我们新的长城""保卫黄河保卫华北保卫全中国"。

明确:南美有一种自然界最奇特的鸟,叫荆棘鸟,羽毛像燃烧的火焰,体型娇小。它一生只唱一次歌。从离开巢开始,便不停地执着地寻找荆棘树。当它如愿以偿时,就把自己娇小的身体扎进一株最长、最尖的荆棘上,流着血泪忍着剧痛,放声歌唱——那凄美动人婉转的歌声使人间所有的声音刹那间黯然失色!直到声嘶力竭,气绝身亡,惨烈的悲壮塑造了美丽的永恒。

我们不知道诗中写了什么鸟,但我们可以知道,一个微不足道的小生命也能承载诗人对土地最壮烈的情感。(含蓄)

3. 三读"我也应该用嘶哑的喉咙歌唱"

(1)去掉"也"问行不行,比较"看到这样的情景,我这个中学生也不能袖手旁观"。问言下之意,再问这句的言下之意:一只鸟都能不离不弃,至死不渝,一个人更应该保卫他的母亲,保卫他的家园。

(2)还能不能把"也"字放到其他地方试试? 体会"我嘶哑的喉咙也要歌唱"的言下之意。

(3)师生读"也"字,体会承载作者的情感和朗读者的理解。

(二)在座的校长喜欢哪个设计,为什么

1. 繁杂——简明。

2. 后者更是从语言入手(鸟、也、假如),让学生投入到这种反复悲壮的爱的情境中。

(三)总结

深陷其中,不容易发现我们自己的问题,别人往往一针见血。

## 板块五

(一)出示本课的教学目标

捕捉"土地"悲壮而不绝望的画面感;感受文学语言的魅力;感悟对土地的爱就是对家园对祖国的爱。

(二)给出设计的提问语

1. 作者爱这土地,什么样的土地值得他这么深爱,谁来读一读?

启发:土地包括河流、风、黎明,整体感知鸟出现的背景。

明确:长句按意思停顿,声音断,但气息不能断。

2. 请形容暴风雨打击着的土地、汹涌的河流。

启发:人悲愤时喘粗气、脸红筋青、心跳加速、失声痛哭,大雨倾盆时的地面会是什么样?

明确:水沟交错、落叶断枝、河水汹涌。

3. 受打击、打击违法犯罪活动,那么"打击"是否用得恰当?

明确:前者,力度;后者,韵律。

4. 激怒的风是如何吹的? 还有什么词可以修饰这样的风?

明确:呜呜的风、飓风、北风、猛烈、狂、愤怒。

5."温暖的黎明"和"清冷的黎明"哪个更恰当?

明确:天色渐亮,太阳照常升起,透过林间,投下斑驳的影子,气温渐渐回暖。除了温暖的黎明还值得期待,这里只剩下风在怒吼,河水在哭,1938年,日本侵略中国,土地大片大片地荒芜,人们面黄肌瘦,衣衫褴褛,你站在这样一片生于斯长于斯却变得面目全非的土地上,你会做什么? 诗人怎么做?

明确:愤怒了,哭了,拿起笔,写诗! 写没有生机的土地,写汹涌的河流,写激怒的风。诗人相信同胞们齐心协力,我们脚下的土地一定会迎来温柔的黎明。(远离故土的海外华人用生命铺就了畅通无阻的滇缅公路《生死千里》)

(三)讨论提问语

1. 重视学生整体感知的第一印象。

2. 透过语言、揣摩语言、获得语感、获得形象。

(四)总结

校本教研就是讨论同样的目标,自己是怎么达成的,问问别人怎么达成? 下次试试他的方法,条条大路通罗马。

## 板块六

(一)讨论和平时期"爱脚下的土地、爱祖国的方式"的两个设计

备课举例:

设计一:邻里田界屋基,中日钓鱼岛之争,雄狮领地之战,那么为什么寸土必争?

明确:土地,万木生长之地,人类赖以生存的地方;古希腊神话大力神安泰的故事;有土地就有根,人不是浮萍,不能永远漂流、居无定所。

设计二:喜欢看《亮剑》中的李云龙吗,为什么他天不怕地不怕? 和平时期,不用上战场,我们如何表达对我们脚下这片土地对祖国的爱?

明确:前者是军人,为了赶走侵略者,为了不失去土地,不被赶、杀、奴役,亮剑而不怕倒在冲锋的路上。后者是诗人,艾青笔名就表达对脚下土地的爱,他的诗里出现频率最高的词:土地,有甘蔗、高粱、低矮的房屋的土地。

(二)总结

校本教研的结果:前稿琐碎而没有震撼力,亲切有余,提升不足;后稿有贯穿始终的关键词,能实现情感的震撼:热爱和保卫,关注了渲染引导、平等交流、总结提升。

# 好课至景尚自然

**一、"自然"说**

去年,铜仁市对新进高中语文教师进行培训,要我承担"示范课、公开课和评课"的专题讲座。其实,这三个话题都涉及一个名词:好课。那么,我的开篇就不得不问这么一个问题了:好课的标准是什么? 老子在《道德经》中的"大音希声,大象无形,大道至简"的说法,其实这暗合我意:好课至景尚自然。

我想起于漪、余映潮、魏书生、袁卫星、徐思源、王开东,他们的教学设计各有特点,却全然令人如沐春风、水到渠成。他们自然地创设情境,学生自然地走进文本,他们自然地与学生交流,自然地表扬,自然地批评,自然地拓展延伸。

当然,我这里所说的"自然"不是蒙昧无知,我想应该是华丽之后的转身,是那些多元的、远处的、奢华或实用的教学方法——尝试后,找到的自己最擅长又最不违背教学规律的返璞归真。好比朗诵的最佳境界必须先有对字正腔圆、停连、重音和语调的关注;好比好文章必须先有对段落、句式、词汇、修辞的打磨。

当香菱说要拜黛玉为写诗之师时,黛玉道:"什么难事,也值得去学!不过是起承转合,当中承转是两副对子,平声对仄声,虚的对实的 ,实的对虚的,若是果有了奇句,连平仄虚实不对都使得的。"格律诗的创作真这么容易? 起承转合的境界、对仗的练就、奇句的获得等在杜甫的笔下那叫"语不惊人死不休"。这是阅诗无数的黛玉的观点。

同理,一堂令人感觉如沐春风、水到渠成、自然而然的课也需要你曾经沧海、五岳归来、过尽千帆之后,需要你有了大量的备课、上课、观课、写课之后,才能做到的。

二、"自然"与"艺术"

公开课和示范课是有计划有准备的以教学为载体的教研活动,能让我们得到示范引领和教学研讨的范本。看看下面两个教学范本的探讨,我们可以发现一点"自然"与"艺术"的关系。

(一)袁卫星老师《一碗阳春面》的课堂实录片段及分析

师:无论哪一种描写,要使人物形象典型化,必须要注意以下四个方面(投影):真实性、复杂性、发展性、互动性,我们结合课文来领悟一下这四个方面。我们看文中母亲四次要面的语言描写。请同学们找一找。

生找语言描写。划、读、师板书:

……唔……阳春面……一碗……可以吗

……唔……一碗阳春面……可以吗

……唔……两碗阳春面……可以吗

唔……三碗阳春面,可以吗?

师:谁揣摩一下这四次要面的语言描写中母亲这一形象的真实性在哪?

生:"……唔……可以吗",这好像很符合日本人的说话方式。

师:中国人怎么说?

生:"不好意思,麻烦您来一碗阳春面。"(众生笑)

师:是这样。这就是语言符合人物民族的特征。还符合别的什么吗?

生:符合母亲当时的心理。

师:什么心理?

生:难为情。

师:四句话都很难为情吗?

生:不,最后一句不是,因为这时候他们已经战胜了困难。

师:那么是前三句难为情喽? 可是,它们难为情的程度上有没有不同?

生:一次比一次轻。

师:何以见得?

生:第二次第三次比第一次少了一个省略号。

师:这里的省略号有什么作用?

生:声音断断续续,说话支支吾吾。

师:为什么支支吾吾?

生:因为难为情呀!

师:好的。少了一个省略号,就少了一回支支吾吾,少了一回支支吾吾,就少了一份难为情。还有吗?

生:第一次把要的面的数量,也就是"一碗"放在后面。这样一倒装,更显出她的难为情,后两次就没有。

生:第三次比第二次在面的数量上有增加,一碗变成了两碗,也使她少难为情。

师:说得很好。这其实就是人物形象的复杂性和发展性所在。母亲由非常害羞地开口要一碗阳春面,到少一些害羞,再到非常平静地说出要三碗阳春面,这里面有一个变化发展,其原因是什么?

生:这是因为他们母子三人战胜了困难,经济状况得到了一定的改善。

师:这是根本原因所在,也就是这堂课刚刚开始的时候那位同学复述的那一部分情节。那么,依你看来,母子三人战胜困难的依靠是什么?

生:母亲对儿子的爱护,儿子对母亲的孝敬,兄弟之间的友爱,或者概括地说,是一家人的团结拼搏,负重奋进吧!

这是袁卫星老师 20 年前的一堂公开课,他对于语文学科的理解,在我看来是符合 2017 年新课程课标修改稿语文的学科素养的要求的:

(1)语言的建构与运用:母亲三次对老板喊阳春面的语言:自觉关注——迁移运用。

(2)思维的发展与提升:人物的描写方法——人物语言特点:真实性。人物语言的变化:复杂性和发展性。

(3)审美的鉴赏与创造:挖掘母子三人战胜困难的原因:内在的向上不屈;外在的温暖、期待与尊重。

(4)文化的传承与理解:日本因为地理位置特点,侵略成性。各民族的文化有自己的特色,对于日本文化,我们可以从理解到包容到接纳,我们应该理解他们的危机意识,我们应该学习他们身上滋长的不屈向上、团结互助。这位老师没有狭隘的民族观,提炼出了他们不屈向上和团结互助的人性的光辉。

这个课堂实录片段用直观的教学方法,传递了袁老师的教学思想,表现出袁老师对语文学科核心素养的理解,这一个个看似自然的课堂对话回合的背后,我们不难发现一个教师的教学艺术和教学智慧。

（二）林忠港老师《沂水春风》课堂实录片段及分析（略）

林老师的课堂，共三个板块：比较版本品"春风"；图文互动悟"春风"；切磋琢磨读"春风"。六个教学活动：补出对联；比较题目；画中识人；另取画名；补充文字；想象话语。围绕一个课眼——春风：第一板块可见"沂水春风"是根据版本比较自然生成的教学内容；第二板块结合助读的画面让大家悟出了孔子对"如沐春风"的教学思想的追求；第三个板块通过带领同学们对弟子述志的比较，让同学们越来越走近孔子礼乐治国、如沐春风的政治理想。

这种紧紧围绕课眼组织教学的方式，为我们提供了一个简化教学程序、优化教学内容、提高课堂效率的教学范本。

我们在课堂对话的实录中只觉自然，问得自然，点评自然，启发和拓展自然，林老师总是在慢待一朵花开，等到水到渠成。但我相信，林老师在课前一定有对牵一发而动全身的课眼的寻找和揣摩。

《陈情表》《蜀道难》是我2013年和2014年准备的公开课和优质课，重读这些教学设计，才发现我时时刻刻不忘展示自己博闻强识。回想当时课上下来不满意，但总会听到议论：这个老师功底不一般，口才好，朗读有感染力，太有才情了，我还是有些沾沾自喜，直到看到这样的课堂，我才清楚地意识到：一个功底不一般的老师绝不是公开课、示范课的最高境界，你的学生了不起，才是你的了不起。

构思上的独具匠心和自己的光芒是在学生的充分蓄势后生成，没有生硬刻意的感觉，这才是对课堂的尊重和热爱，才是最朴素的教育智慧，课堂的艺术的追求是最后的这一份自然。

### 三、"自然"与"打磨"

公开课是为学生精心打磨的高效课堂，是期望与听课人实现情感共鸣并得到普遍认同的课。它不仅是教学艺术，也是表演艺术，当然，艺术的最高境界还是自然，所以课堂的铺垫、过渡，高潮，要让动与静、点与面、生活与书本、深入与浅出这些艺术原则以最自然的状态呈现出来。

我认为这样的课堂是打磨出来的。

2014年，我在铜仁市教师岗前培训中上了展示课——现代作家陆蠡的散文《囚绿记》，为了让下面的设计思想以最自然的状态呈现出来，我进行了非常辛苦的打磨：

（1）现实：一张微信照片和此刻的想法——知识："路边的野花不要采"熟语。

(2)知识:"囚"字篆书表意文字——活动:动作的表演观察和体会。

(3)整体感知:喜欢——囚禁——释放的文脉——重点把握:为什么要囚禁,引出对17世纪法国启蒙运动口号的思考。

(4)文本阅读:朗读囚住常春藤后,常春藤的表现——生活经验。你认为被囚住了吗? 为什么? 请写两句你获得的启示——知人论世:明确作者的情志。

(5)鉴赏:喜欢囚禁的段落中归纳出比拟、猜测、还原情景的方法——运用。鼓励大家用最富想象力的文字表达对自由的渴望对生命的敬意。

这堂课我上了两次,一堂基本成功,一堂基本失败。同样的备课,成功的那次用袁卫星老师的话来说,"剥开了语言的外壳,让我们品尝到了文化的果肉,在人们的心中播下了一颗精神的种子"。20个放开了的学生精彩纷呈的课堂生成给了我最大的鼓励,我的思路活跃、妙语连珠、情之所至,所向披靡。下面是学生对一个问题的课堂生成:

作者囚住常春藤后,常春藤长得更快、努力往窗口的方向,然后慢慢失去了青葱的颜色,变得细瘦,像病了的孩子。你认为常春藤被囚住了吗?结合你的生活体会,在组内交流你获得的启示。

人类爱的方式:爱我你就亲亲我,爱我你就抱抱我,爱我你就放了我。

放手:得之我幸,失之我命。

无奈:我们无法拥有说一不二的情感,明明爱它,却又不知不觉地伤害了它。

生命:渴望每一个生命对苦难的摆脱和超越。

尊严:大自然的许多卑微的生命都以自己的方式表达自己的尊严。

自由:有些鸟儿是关不住的,因为它们身上的每一片羽毛都泛着自由的光辉。

那堂基本失败的课得到了王开东老师的指导:他说我的导入有激趣,尚欠激疑,还可优化。

认识篮子里的东西吗? 枞菌是我们武陵山区特有的一种美味的菌类。我是被朋友圈发的照片上面的文字吸引,而且,读上一遍,我就背下来了,大家试试!

知道为什么那么容易记诵吗? 押韵! 对! 押韵就上口,便于记诵:养儿不读书,不如喂头猪!

除了押韵,还有什么原因易记? 路边的野花不要采——对,句中有熟语,这些口口相传的熟语,是千百年来劳动人民总结出来的生活常识和生活智慧。那么路边的野花为什么不能采?

(1)原来的设计:

它不是自己的,采回来就蔫了不美了。对,它是属于大自然的,是峭壁的点缀,是旷野的风景,是每一个路人的欣喜。既然一朵野花都不要采,那么,对一株我们喜欢的春天的常春藤,又该是怎样的态度呢,来看一篇现代散文家陆蠡的一篇小散文。

(2)建议修改:

现代散文家陆蠡有一篇《囚绿记》,我们看看,能不能获得什么启示。

王开东老师点评我的那堂基本失败的课恰恰是没有课堂生成!

学生总是不断地揣摩老师的意图,看老师需要什么答案。这20个学生,与那堂课的20个学生不同,他们中可能缺乏独立思考的领军人物,胆子偏小,是20个被老师教乖了的学生。

这个教学案例我想表达的是,纵然我们追求以最自然的状态呈现出来的课堂艺术,但形象大于思维,教案落后课堂,教学永远是一门遗憾的艺术。

### 四、"自然"与"经历"

一个16岁的少年去拜访一位年长智者,我怎样才能变成一个自己愉快也能够给别人愉快的人呢? 智者说:很简单,用一生的时间和精力。

### (一)去读书

今年春节期间中国诗词大赛,进行了长达10期、20天的比赛,中央电视台科教频道全程直播,董卿以她绝不只是伶牙俐齿的出色表现掀起了又一个董卿热,但是我们可知董卿每晚都要坚持读一两个小时的书。

刘长卿有首诗《逢雪宿芙蓉山》,这是一首中唐诗,是古诗发展高峰时期的作品,诗歌创作已经成熟且形成了套路,所以如果我们只是了解古诗起承转合的构思规律,会以为这首诗不过如此。

其实,起承转合的构思也是有高下的,后人对刘长卿的这首绝句评价很高:被誉为白描和烘托手法运用的典范之作。诗人白描远山暮日、寒天白屋、山里人家,但夜归人的主体形象却得以突出,一股隐逸之情扑面而来。

是啊,没有细致的表情,更无华丽的辞藻,但贫家净扫地,贫女净梳头,景色虽不艳丽,气度自是风雅。这份风雅,这种气度,还是因为诗人"腹有诗书气自华"。刘长卿年轻时在嵩山读书,玄宗天宝中登进士第,《新唐书》收录他的集子,诗10卷,文1卷。

这就是说这样浑然天成的作品是因为作者一直保持读书写作的状态,那么,我们能否保持看书、上课和教学随笔的状态呢,一年认真磨一课! 20 年 20 堂精品课!

(二)要思考

《荷塘月色》描写清华园荷塘月色之美,抒发沉郁的心情。此文文笔优美、想象丰富,因收入中国大陆地区及香港的中学语文教材而广为人知。我读高中的时候就能背下一些段落:层层的叶子中间,零星地点缀着些白花,有袅娜地开着的,有羞涩地打着朵儿的;正如一粒粒的明珠,又如碧天里的星星,又如刚出浴的美人。

当然,最后一个比方原来的课文是没有的,句子的增删是编者的意图,体现国家意志,体现我们当今的文艺评论在价值观上的引导。但执教者除了保持读书的状态,一定还要有自己的体悟和思考,因为我们的文学研究始终没有有力地介入过语文课程与教学。我们的教学设计还常常停留在以下问题:

1. 如何去渲染"苦闷"? 仔细思悟,下面是无法自圆其说的地方。

(1)背景:1927 年是苦闷的,那么,一个小知识分子也必定因彷徨而时时处处陷入苦闷之中。但我们能否进一步思考,这只是从社会政治学的角度进行的解读,满足的是线性思维的简单推理:社会苦闷——作者苦闷。

(2)开篇:定下感情基调:"这几天心里颇不宁静"更让我们以为作者除了苦闷,就没有了别的情绪。但是,作者笔下的那个宁静优美的月下荷塘又该如何去讲? 仅仅是反衬"热闹是他们的,我什么也没有"? 但明明在接下来的"月光如流水一般,静静地泻在这一片片叶子和花上。薄薄的青雾浮起在荷塘里。叶子和花仿佛在牛乳中洗过一样;又像笼着轻纱的梦。虽然是满月,天上却有一层淡淡的云,所以不能朗照;但我以为这恰是到了好处——酣眠固不可少,小憩也别有风味的。"句子里读到的是作者的欣喜和忘我啊,所以我们一定还是要研读文本,因为这类文本并没有给读者提供多少可以考查的叙事成分,解读时代背景并没有太大的意义。

(3)后半部分"那是一个热闹的季节,也是一个风流的季节……于是妖童媛女,荡舟心许"一个无比苦闷的人为什么思维总是停留在这样"有趣的事"上啊,不合逻辑啊,况且"我们现在早已无福消受了,也只是"避重就轻、轻轻带过。

(4)全文结尾"这样想着,猛一抬头,不觉已是自己的门前;轻轻地推门进去,什么声息也没有,妻已睡熟好久了。"好像并未有苦闷之感,不好讲!

2. 如何讲好"形散而神聚"这个散文的总体特征? 但是,散文哪里只有这一个特征呢! 与其在作者飞扬的思绪中去拼命捕捉苦闷,还不如抓住散文的"贵在有我"一个有个人性情、微妙情绪和独特感受的"我"。

如何解读这个"我"？如何赋予这个经典的文学作品以更接近本质的意蕴？我们还是要思考,想起钱钟书说的一句话:"我们一切情感、理智和意志上的追求或企图不过是灵魂的思家病,想找一个人,一件事物,一处地位,容许我们的身心在这茫茫的世界里有个安顿归宿,仿佛病人上了床,浪荡子回到家。"是的,其实这个人、这个东西、这个地方叫作人类的心灵家园,比如月下荷塘、田园居、小石潭、兰亭、赤壁,它介于我们的现实世界和理想世界之间,能使我们的心灵得到暂时的超脱,使我们不会在现实的苦闷中沉沦、堕落。

朱自清看到眼前宁静而又热闹的月下荷塘,作者想到了江南,那温暖的故乡了! 它成了朱自清的心灵家园,故乡遥远,也无法让人永远栖居,我们终须面对现实,但有它的存在,我们的心灵就不会在现实的苦难中沉沦、堕落。

想起我们的教学艺术,动与静、点与面、生活与书本、深入与浅出、学情的把握、节奏的拿捏,这得经历多少课堂! 没关系,等你一年一年的课上下来,等你教了若干个轮回,等你听过多少成功或失败的课,等你认真改过若干篇的作文和试卷,等你听过多少荒谬或神奇的答案,你就拿捏好了。

因为最自然的好课源于经历。

# 试谈课堂教与学环境的创设

## ——玉屏县教师通识性培训

不同地区不同的民族有着不同的文化习俗。比如长方形餐桌体现的是各自一方的独立,是主客之间的秩序;而圆桌则体现了以和为贵、其乐融融的儒家文化精髓。比如上公交车,我们用身体去挤在中国人眼中叫"不嫌弃",用手隔开是"嫌弃"。在西方人眼中前者有"侵犯"的嫌疑,后者则表示礼貌和尊重。但人性和心理特征大同小异,我们都喜新厌旧、我们都有好逸恶劳的本质、我们通常都认为得不到的最好。

在座的老师尽管学科不同,但因为我们都是老师,对课堂有共同的艺术追求,我们都是知识分子,是个求真的群体,我们都是人,都有着向善的渴望,所以我们的心意是相通的,这是一切教育学和心理学的基础,使我们今天能坐下来分享彼此的教学经验。

教育在我的眼中是渗透,是滋润,它的最高境界是让人如沐春风,我想把这个教育理想比作《红楼梦》中花袭人的命运。晴雯,喜欢听撕扇的声音,也能绞指甲撒娇泼辣,她深得宝玉之心,但最后还是性情纯良、温和恭顺的袭人等到了被宝玉收房,成了宝玉除林妹妹外的另一个愿意与之同生共死的女性。

教育从来都离不开情感,师生情感的共鸣是教育的一道风景。我想起梁实秋在清华大学听梁启超《中国韵文里表现的情感》讲课,那是一堂时隔 30 年还能让一个学生情感起伏的课。

"公无渡河,公竟渡河! 渡河而死;其奈公何!"这四句 16 字,经他一朗诵,再经他一解释,活画出一出悲剧,其中有起承转合,有情节,有背景,有人物,有情感。我在听先生这篇讲演后约 20 余年,偶然获得机缘在茅津渡候船渡河。但见黄沙弥漫,黄流滚滚,景象苍茫,不禁哀从中来,顿时忆起先生讲的这首古诗。

基于此,我认为,我所关注的教育的本质都离不开课堂教与学环境的创设。

### 一、教与学的对话策略

对话教学是在新课程背景下出现的一种新的教学形态,是以"沟通性"的"对话"为其本质的教学,是相对于传统"独白式"的教学而言的。

《论语·述而》中有"不愤不启,不悱不发。"朱熹对此的解释翻译成白话文就是:在对方努力不得有烦恼后再给予帮助。放在课堂中,这就是我们说的对话策略。

教学《阿Q正传》时,我与学生是有下面的对话和结论。

1. 他是好人坏人:罗曼·罗兰(20世纪法国作家,代表作有《贝多芬传》《米开朗琪罗传》《托尔斯泰传》):英雄并非就没有卑劣的情操,只不过他们没被卑劣的情操所俘虏罢了。是好人还是坏人已经不重要,重要的是他是一个丰满真实的人物——但愿我们都能心存敬畏和善良,才不至于滑向灵魂的深渊。

2. 他是属于中国还是世界:阿Q属于中国,也属于世界,精神胜利法是等级、特权、专制、落后闭塞的社会的必然产物,精神胜利法是人类寻求到的心理自我保护手段。

3. 今天要不要阿Q精神:逆境的生存技巧! 民族不甘于孱弱!

(1)发问是有策略的:问题的措辞精炼、具体明了,通常一次只提一个问题;高认知水平问题是我们的方向,可以用几个低认知水平问题,启发思维。

(2)候答也是有策略的:根据问题的认知水平和具体情境,等候3—5秒,给学生以思考问题、组织语言的时间;学生停止说话至教师理答之间的间歇保持在1—3秒左右;教师叫答后,学生没有说话,教师也应等待直至学生作出实质性回答:或请求帮助或要求进一步解释所提问题本身。

(3)理答也是多姿多彩的:

A. 正确回答表示肯定:点头;说对;重复学生回答。必要时给予表扬;或做进一步解释;或追问一个问题,了解是否真正理解。

B. 不完整或部分正确的:肯定正确的部分;向学生提供回答线索;对问题重新措辞;学生仍不能得出完整答案,再转问其他学生或自己回答。学生有了正确回答之后,教师一定要向全体学生再次明确正确答案。

C. 知识欠缺不能回答:简化问题,弥补所缺知识。

D. 茫然不知所问:改变提问方式,使原问题明朗。

E. 怀有恐惧心理：针对实际水平,问一些能成功回答的问题,增强其自信心。

**二、教与学的情境创设**

教与学的情境创设是指在课堂教学的环境中,营造一种学习氛围,使学生形成良好的求知心理,愿意参与到知识的探索、发现和认识过程来的教学行为。

其实,传统教学也注重情境创设,但新课程从以人为本、回归生活、注重发展的教育理念出发,使情境创设再次成了新课程课堂教学的一个热门话题。

1. 直观的方式

教学情境解决的是学生认识过程中的形象与抽象、实际与理论、感性与理性以及旧知与新知的关系和矛盾。

苏格拉底的一生大部分时间喜欢在市场、运动场、街头等公众场合与各方面的人讨论:什么是虔诚? 什么是民主? 什么是美德? 什么是勇气? 什么是真理? 你是不是政治家,关于统治你学会了什么? 你是不是教师? 在教育无知的人之前你怎样征服自己的无知? 等等。把自己看作神赐给雅典人的一个礼物、一个使者,任务就是探求对人最有用的真理和智慧。

学生向苏格拉底请教如何才能坚持真理。苏格拉底让大家坐下来。他拿着一个苹果,慢慢地从每个同学的座位旁边走过,一边走一边说:"请同学们集中精力,注意嗅空气中的气味。"然后,他回到讲台上,把苹果举起来左右晃了晃,问:"大家闻到了什么味儿?"学生们异口同声地回答:"苹果香味儿!"苏格拉底脸上的笑容不见了,他举起苹果缓缓地说:"非常遗憾,这是一枚假苹果,什么味儿也没有。"

捷克教育家夸美纽斯曾说:"一切知识都是从感官开始的"。在可能的范围内,一切事物应尽量地放在感官的跟前。无论是以音乐、图画、模型、还是以实验或示范的形式。

2. 情感的激发

这是有意义学习的情感前提,有意义学习是相对于机械学习而言,是理解性的学习。

鲁迅的《纪念刘和珍君》有下面的议论抒情:

可是我实在无话可说。我只觉得所住的并非人间。

我已经出离愤怒了。我将深味这非人间的浓黑的悲凉;以我的最大哀痛显示于非人间,使它们快意于我的苦痛,就将这作为后死者的菲薄的祭品,奉献于逝者的灵前。

惨象，已使我目不忍视了；流言，尤使我耳不忍闻。我还有什么话可说呢？我懂得衰亡民族之所以默无声息的缘由了。沉默呵，沉默呵！不在沉默中爆发，就在沉默中灭亡。

如何让学生理解这样的文字？其实，我只是让学生去搜集了一点对鲁迅和对这次游行事件的点评：

梁实秋：一生坎坷，到处碰壁，所以很自然地有股怨气，想一吐为快。

当代作家王朔：二三十年代没有完全脱离文言文影响的白话文，读起来疙疙瘩瘩的。

中学校园："一怕文言文、二怕写作文、三怕周树人"。

许广平："是一字一泪，是用血泪写出了心坎里的同声一哭"。

朱自清·清华队伍：三月十八是一个怎样可怕的日子！我们永远不应该忘记这个日子！这一日，执政府的卫队，大举屠杀北京市民——十分之九是学生！死者四十余人，伤者约两百人！这在北京是第一回大屠杀！我生平是第一次听枪声，起初还以为是空枪呢，但一两分钟后，有鲜红的热血从上面滴到我的手背上、马褂上了，我立刻明白屠杀已在进行！第一次枪声约经过五分钟，共放了好几排枪；司令的是用警笛；警笛一鸣，便是一排枪，警笛一声接着一声，枪声就跟着密了，那警笛声甚是凄厉，但有几乎一定的节拍，足见司令者的从容！

毛泽东：鲁迅的骨头是最硬的，他没有丝毫的奴颜和媚骨，这是殖民地半殖民地人民最可宝贵的性格。

郁达夫：没有伟大的人物出现的民族，是世界上最可怜的生物之群；有了伟大人物，而不知拥护、爱戴、崇拜的国家，是没有希望的奴隶之邦。

对学生搜集来的材料我只说了一句：我爱鲁迅，因为当事实被流言掩盖，我最欣赏的是敢站出来还原事实的硬骨头。

从血管里流出来的是血，从山泉里流出来的是水，从一位对鲁迅充满爱的老师的课堂里，涌腾出来的定会是巨大的课堂感染力。

3. 基于生活

强调情境的创设，是因为要解决生活世界与科学世界的关系，新课程呼唤科学世界向生活世界的回归。所以教与学的情景创设一定要挖掘或再现学生的生活经验。舒婷的《神女峰》关注人性，敢于挑战忠贞这个传统的价值观。其中有两句，因为我的课堂有对学生生活经验的挖掘和再现，学生很容易地理解而且喜欢上了。

(1)为眺望远天的杳鹤/而错过无数次春江月明

这叫风景在远方。我们习惯了对远方的憧憬,而看不到最熟悉的人为我们的付出。

(2)与其在悬崖上展览千年/不如在爱人肩头痛哭一晚

这叫实用主义。《喜羊羊和灰太狼》中无论老婆红太狼怎样凶悍、泼辣、粗鲁、绝情,灰太狼都生命不息、爱心不止、打不还手、骂不还口;加上厨艺高超、家事麻利,忠于家庭,尽管时运不济成不了英雄,也绝不是高富帅,但成了女性的择偶标准。

4. 问题性

有价值的教学情境一定是内含问题的情境,它能有效地引发学生的思考。下面是一个课堂让学生选择讨论的三个问题。

(1)"为什么会发生饥荒?"

(2)"为什么饿汉那么穷,财主却那么有钱?"

(3)"饿汉为什么说他情愿饿死,也不吃财主给他的食物?"

大部分同学都选择第三题进行讨论,因为这第三个问题最有问题性,学生探讨了多种可能性:

——"因为他有骨气,他有尊严"。

——"对!他很有骨气,很有尊严。可是他已经快要饿死了,你赞成他这样做吗?"

——"生命和尊严到底哪一个更重要?"

——"没有生命就什么也没有了;""没有尊严会被人看不起。""因为没有生命就没有尊严,而没有尊严,生命就没有意义。生命和尊严的关系就像一个人的手心和手背一样。"

教学情境,顾名思义就是指向教学的情境,指向促进学生学习的情境。有些教师创设情境的问话却是兜圈子、猜谜语,让学生不知所云,反倒影响和干扰了学生的学习。

记得一次听《鸿门宴》,一个老师开课的第一个问题就把学生问懵了:中国人最信仰什么?

有学生面对有"一块墓碑"的投影猜说"一块墓碑",有人回答"钱""人不为己天诛地灭""和为贵",而这位老师想要的答案是"历史",我们把这样的问题叫无效问题。

一位教师上《乡愁》,想激发学生的情感进入《乡愁》。

师:如果有个人到了一个遥远的地方,时间一长,他开始想念自己的亲人,这叫作什么?

生:多情。

师:可能是我问得不对,好,我换个角度,这个人待在外乡的时间相当长,长夜里他只要看见月亮就会想起自己的家乡,这叫什么?

生:月是故乡明。

师:不该这样回答。

生:举头望明月,低头思故乡。

生:月亮走我也走。

师:我只要求你用两个字回答。而且不能带月字。

生:深情。

### 三、教与学的环境创设

这里说的教与学的环境创设,不是指硬件设施、校园布置的物理环境、非校园的自然环境和社会文化心理环境。我们更关注的是每一个老师对班风和课堂气氛的有效引导。

班风是指班级所有成员在长期交往中所形成的一种共同心理倾向,它塑造了学生的态度和价值,又影响他们在教室里的学习活动,每个任课老师对班风的建设都负有不可推卸的责任,当然,班风的好坏也影响我们教与学的环境。

我所带的第一届文科生不在乎迟到,我毫不留情:每一个时代都有守时和尊重的美德,老师可以包容你,但不等于对你没有教育的责任。同样,当大多数同学只知道为自己的队友自己的班级和自己的国家鼓掌时,我表扬了一个带头为责任、为优秀鼓掌的同学,我称他正能量,大气魄。

课堂气氛与班风有关系,但我们更应该关注的是它是在课堂学习活动的交流中形成的。因此,教师对课程目标的设置、学习进度的把握、对困难的态度、对冲突的解决方式、对竞争心理的激发、对权威与民主的度的把握等都影响着课堂气氛的好坏。

我重点想说两个词语:征服与欣赏。

教师要赢得学生的尊重,其地位、教学能力、管理能力等必须得到学生的承认。一个理想的教与学的环境是学生对教师组织和管理的"权威"地位的接受,教师要靠自己的学识与修养、爱与乐业和自己的真性情赢取学生的芳心。

关注与学生相处的距离,辩证地看待学生的优缺点,然后静等一株花的开放,我把这叫作会欣赏学生。

当然,在征服与欣赏中我们更要关心学生的进步,尊重学生作为"学习者"的角色,视学生为独立的人。

人类在刚能直立行走时的行走姿势大约跟猩猩差不多,弯腰曲背、身体前倾、步履蹒跚,前肢下垂离地面很近。当他们站定表示友好时,前肢着地、后肢弯曲就是很自然的了,这是跪拜礼的雏形。随着奴隶主阶级、封建社会的等级制度日益森严,表示友好的方式演变成了一种表示臣服的礼节。稽首:拱手至地,头也至地,行跪拜礼的,成了臣服者、卑贱者,以至"卑躬屈膝"一词成了损人尊严的贬义词。对这种礼节,人们从习惯到厌恶,从厌恶到反对,乃至提出废除,正式废除跪拜礼是辛亥革命的一大功绩。

从想法约束到教他飞翔,从使之臣服到互相欣赏,这才是教育的真谛,是人类文明的进步。

# 课堂语言艺术

## ——万山区骨干教师培训专题

**一、课堂语言以"接受"为前提,以"提升"为目的**

1. 以接受为前提

明代通俗小说名篇《杜十娘怒沉百宝箱》,曾被选入高中课本,我的教学设计有这样的问题设置:

(1)李甲既已大声痛哭,杜十娘为什么还要怒沉百宝箱?

学生懂得宽容的道理,在很多同学看来,他们无法理解杜十娘的决绝和不宽容。让他们接受杜十娘的形象,他们才能真正品味到这篇小说的精髓,我和他们分享了一个正态社会应有的是非观:重义轻利,待人真诚,忠于爱情。

(2)有百宝箱,杜十娘可以上下求索,为什么还要自尽?

在我们这样的商品社会,很多学生会觉得杜十娘傻。那么这个时候我们应该把学生带进那样一个妇女不能独立的时代,我们还应该引导学生关注杜十娘的性格,她呼唤的是一种不为金钱和利害所左右的真挚情感,但这种呼唤没有得到回应。

2. 以"提升"为目的

鲁迅的《阿Q正传》也曾一度进入了人教版高中语文课本,关于阿Q的形象,其实我的课堂语言是关注了"提升"的。

精神提升:罗曼·罗兰:英雄并非就没有卑劣的情操,只不过他们没被卑劣的情操所俘房罢了,所以阿Q是好人还是坏人已经不重要,重要的是他是一个丰满真实的人物。但愿我们都能心存敬畏和善良,才不至于滑向灵魂的深渊。

思维深度提升:阿Q是属于中国还是属于世界?不仅仅属于中国,因为精神胜利法是等级、特权、专制、落后闭塞的社会的必然产物,精神胜利法是人类寻求到的心理自我保护手段。

思维的广度提升:今天要不要阿Q精神?我的回答是要,它是逆境的生存技巧,是一个民族不甘于孱弱的体现!

## 二、课堂语言是表达的艺术

1. 强调的艺术

强调常常采用反复和对比的方法,我所用的下列课堂语言其实都是以反复和对比的方法来进行强调,引起学生的关注:

(1)繁星纵变智慧永恒。

(2)秋是第二个春。

(3)我不能给你全世界,但我的世界全部给你。

(4)民主不是一种制度,而是一种素质。

(5)听的人当真了,叫谎言;说的人当真了,叫誓言。

(6)在鲜花停止的地方,芬芳前进了;在身体停止的地方,灵魂前进了;在语言停止的地方,诗歌前进了。

2. 陌生化的艺术

"红了樱桃,绿了芭蕉,流光容易把人抛"其实三句诗里的最后一句是不符合前面两句诗的逻辑思维的,这样的艺术联想让诗句因为最后一句的无法预料而达到了陌生化,它更值得读者的期待。

记得我的一次课堂,我问学生,科学家在南极最无法战胜的困难是什么?冰川、寒冷、食物、极昼?答案是极昼。这个答案对于学生来说同样是陌生的,于是,接下来我的关于"生命中的黑暗"的见解,他们很容易接受了,我说,黑暗是人生的常备,人生的坎坷和甜蜜构成生命的昼夜,它们缺一不可。

我喜欢劳拉·伊丽莎白·理查兹的一篇寓言故事《观察能力》:

一个男人在抱怨他的邻居:"我从未在这个村子里见到过这样一群卑鄙的人,"他说,"他们吝啬、自私、贪得无厌,根本不顾他人的感受,最糟糕的是,他们总是在相互毁谤。""真的是这样吗?"一位碰巧与他同路的天使问。

"千真万确!"这个男人说,"哎哟,只要看看朝我们走过来的那个人就知道了。我认识他,尽管我无法告诉你他的名字。看他那锋利残忍的小眼睛在那东张西望的,还有他那张贪婪的嘴!他那下垂得很厉害的肩膀说明他吝啬且谄媚,还有,他

126

看上去鬼鬼祟祟的。"

"你很聪明,可以看到这一切,"天使说,"但是,有一件东西你没有察觉到。"

"那是什么?"男人问。

"我们正朝着一块镜子走过去!"天使说。

这个寓言故事的哲理思想正是蕴藏在这个陌生化的结尾中,我认为故事讲述者对语言的陌生化表达是有追求的。

3. 美化的艺术

(1)鹅黄、葱绿、墨绿、桃红、苍白、乌黑、紫薇、紫苏、紫罗兰

(2)暗香、秋波、仲夏、暮春、清秋、残荷、过客、浮生、羽觞

(3)香芹、香油、香菜、精盐、青蒜、蒜苗、红椒、陈皮、姜丝

(4)灼灼其华、擦肩而过、号啕大哭、嫣然一笑、浩然正气

(5)变态、坑爹、鄙视、搞笑、养眼、爆料、扯淡、顶、汗

比较前四组和最后一组词语,它们的不同是前四组致力于对语言进行修饰,而最后一组只追求直接表意。在我的课堂上,我发现教师的魅力其实有时只是因为我们使用了美好的字眼,教师的语言魅力,其实有时就是文学的魅力。

**三、课堂语言是声音与节奏的艺术**

1. 用普通话的四个声调55、35、214、51展示三腔共鸣的艺术。

2. 朗诵体会汉语因为韵母多而响亮、清晰的语音特点。

3. 示范七个单元音和 ao、ou、uo、ang 等复元音和鼻韵母的标准发音和缺陷音。

4. 用"我知道你会唱歌"讲表达的语法重音和逻辑重音的区别。

5. 用"关于学语文,我有一句名言:不能一天到晚学语文,但不能一天不学语文"这句话的多种断句来讲表达的停连艺术。

6. 用"噪音与乐音"的定义、"留白与点缀"的艺术和《亮剑》中激烈战争中的谈情说爱、吃肚包鸡的情节让学生体会课堂语言的节奏艺术。

# 千言万语总关情，淡妆浓抹还相宜

## ——高中语文古诗词教学例谈

去年的这个时候，我去了北大学习，在北大的校园里，未名湖算是个大湖，湖水清幽，深不见底，深秋的黄昏，我想起了北大当年著名的校园歌手写的一首校歌歌词：未名湖是个海洋，诗人都藏在海底，灵魂们都是一条鱼，也会从水面跃起。

触动我写这个选题的因素主要来自下列几个方面：

1. 我想一个在他乡打拼的90后空巢青年要是读到"无人问我粥可温，无人与我立黄昏"而泣下沾襟时，那个诗人的灵魂应该是从水面上跃起了。

2. 梁启超先生的后半生做起了学者，当年他在清华大学的礼堂讲《中国韵文里的情感》："公无渡河，公竟渡河！渡河而死；其奈公何！"我想，梁任公先生应该是想起了自己公车上书戊戌变法的不撞南墙不回头，他讲课时哽噎了，这首古乐府诗《箜篌引》的作者的灵魂也应该是从水里跃起了。

3. 人类的情感是相通的，不同的时代会有隔膜，但哪怕隔着千年的时光看回去："君生我未生，我生君已老"还是莫大的遗憾，超越时空的文字能令人拍案叫绝是因为生命的心意是相通的。王羲之说得好："虽世殊事异，所以兴怀，其致一也"，这是我们的古诗词能打动今天涉世未深的中学生的原因。

4. 儿郎们／我们走／去向何方／家／家在何方／家在梦乡。

这首古诗选择的是对话语体，朴素的语言、平常的对话，却有一咏三叹的起伏："儿郎们，我们走"给人的感觉好像家就在前面，抬脚即可到达，但是一句"家在梦乡"又使家乡遥不可及，顿生绝望。

5. 张籍的《秋思》是洛阳城里起了秋风，诗人在写好家书后的一个细节上做文章：家书中已是意万重。却还是觉得在匆匆间该说的话没有说完，帮忙带信的人都快出发了，他又打开信添了句嘱托：同样是思家，一个一叹三咏，一个细节取胜。

6. 美是多样的，天安门城楼其实不高，但众星拱月整齐对称的城楼门洞有不动声色的庄严美,苏州园林的亭台楼榭绝不对称,留白与点缀是这些园林共同的情韵。淡妆也好,浓抹也罢,我们的古诗词还要带领我们的学生欣赏到美的千般风情。

7. 这就是我今天的高中语文古诗词教学例谈:千言万语总关情,淡妆浓抹还相宜的讲题的来历。

## 一、教什么

(一)语言的建构与运用:教读!

### 1. 简练典雅

北大有个著名的文白之争,关于黄侃与胡适的:旧学派黄侃说胡适,假如你拍电报,你的电文能这样拟吗:"你的老婆死了,赶紧回来吧!""妻丧速归"看来简练确实是文言的精髓:"杨家有女初长成""与尔同销万古愁"七字古言,简练典雅的语言,我们就要让学生在读中去体会。

### 2. 新鲜生动

浮生若梦,清水芙蓉:去读这些新鲜的词,去读这些生动的话。

### 3. 想象与跳跃

"流光容易把人抛,红了樱桃,绿了芭蕉。"这是宋末词人蒋捷写在离乱颠簸的流亡途中的诗。诗人眼前明艳的春光与诗人内心凄楚的神魂在强烈地对照:江上舟摇,楼上帘招,一片春愁待酒浇。诗人居然从绿的芭蕉叶、红的小樱桃的明媚的春光中想到了自己的年华逝去,流光抛人。这样的想象力就让学生读啊,让他们带着词句给我们的画面感去读!

### 4. 节奏与韵律

我是个村郎,只合守篷窗、茅屋、梅花帐(台湾作家董桥,一天在旧市场上得了一枚闲章,质地不敢恭维,章上的印文却绝妙,胸无大志?不求上进?这样的韵律与节奏:是一种人生的选择,读这样的节奏与韵律,就是读这样的人生选择)。

总:因声求内气,吟咏成诗韵,节奏鲜明典雅简练的语言感觉是靠读去体会的:

(1)开琼筵以坐花,飞羽觞而醉月。不有佳咏,何伸雅怀?如诗不成,罚依金谷酒数。

(2)汉皇重色思倾国,御宇多年求不得,杨家有女初长成,养在深闺人未识。天生丽质难自弃,一朝选在君王侧。回眸一笑百媚生,六宫粉黛无颜色。

(3)今年全国一卷的作文题目备受赞赏,要求学生在大熊猫、广场舞、中华美食、长城、共享单车、京剧、空气污染、美丽乡村、移动支付等新词中,选择两三个关键词来呈现自己所认识的中国,并把它们介绍给外国朋友。推荐《食味》《最爱》《有国在东方》。

还有我的一次关于绿色低碳的环保题材的作文:《何所依》《百强之策,意识为先》《心明澄澈 何以不安》。

这样典雅简练的语言依赖于大量的诗词阅读,我们持续地接受这样的语言信息,这些信息会促进大脑语言信息的隐形生成。

(二)文化的传承与理解:教解!

1. 怎么能让他们读?

诗词有天生的节奏与韵律:2-2-1-2;2-2-2-1:无人问我粥可温,无人与我立黄昏;养儿不读书,不如喂头猪。

2. 不喜欢古诗词的主要原因

读不懂,畏难情绪,隔着千年的文化厚障壁:针对小学生的街头采访,问认为自己和90后听歌风格有什么不同,他们说90后唱歌像那种乡下的感觉。

3. 全国1卷

礼部贡院阅进士 就试(欧阳修):科举最高功名,贡士参加殿试录为三甲。

紫案焚香暖吹轻,广庭清晓 席群英。(庄严、肃穆、怡人)

无哗战士衔枚勇,下笔春蚕食叶声。(典故、自给自足的小农经济远去)

乡里献贤先德行,朝廷列爵待公卿。(征辟制)

自惭衰病心神耗,赖有群公鉴裁精。(社交诗)

4. 翻越古文化的大山

(三)审美的鉴赏与创造:教品!(都云作者痴,谁解其中味)

古诗词特有的节奏和韵律、一天天积累的古文化常识都可以帮助同学们走近古诗词,美学家朱光潜说得好,走近它,才能欣赏它。老师的另一个责任,带他们去亲历美好的课堂,带他们捕捉意象、品味诗境,在淡妆浓抹的诗词中与千年前诗人的灵魂碰撞。

美好的课堂主要包括以下两个方面的内容:

一方面,美好的课堂是:调动学生的生活体验,调动学生在阅读中积累的审美体验:

(1)"一览众山小"是年轻的杜甫会当凌绝顶的豪迈与自信,"凭轩涕泗流"是他50岁时在岳阳楼上见到北方战事又起的老泪纵横。

(2)湘夫人《九歌·湘夫人》:帝子降兮北渚/目眇眇兮愁予/袅袅兮秋风/洞

庭波兮木叶下。

九歌:多写神灵间的眷恋和所求未遂的伤感,一般被认为是屈原放逐江南时所作。湘君思念湘夫人,于是他想象湘夫人也在某个地方等他。让学生从这几句诗的描绘去想象湘夫人的形象:

美不美? 巧笑倩兮,美目盼兮。(望穿秋水)

深情而执着的:袅袅秋风中,木叶纷纷下,湘夫人还在极力远眺。

会和无缘:湘夫人在北边的水中高地,周围是浩渺的洞庭波:所谓伊人,在水一方,溯游从之,道阻且长,溯洄从之,宛在水中央。

林庚先生:"木叶",它乃是"木"与"叶"的统一,疏朗与绵密的交织,一个迢远而情深的美丽的形象。

另一方面,美好的课堂是带领学生体验探索奥秘的过程,是学生自己构建有意义的学习过程。

学习是知识的建构,无论老师如何详细描述,都不能代替学生自己建构自己的知识结构。

李清照的《一剪梅·红藕香残玉簟秋》带领学生感知鉴赏后,作业:该词名声太大,经典诗句信手拈来,勾画你最有话可说的句子,调动你的知识储备与生活体验对它进行解读,你当然可以揣测诗人的情绪,去联想,去自圆其说。诗无达诂,中国古诗词尤其言有尽而意无穷,拟题写出你的感悟赏析。(400 字左右)


## 二、教学误区

(一)作者身世、作品出处、字词考证、风格流派可以参考,可以作为教学的起点,可以成为教学设计的灵感,但绝对不是我们教学的重点

如第四册宋词单元苏、柳、辛、李。

1. 推荐阅读梁衡的《来生嫁给苏轼》《乱世中的美神》《东坡突围》《豪放与婉约》《才子词人自是白衣卿相》。

2. 对联切入:情场、官场、战场、场场得意;黄州、惠州、儋州,州州潦倒。

3. 学生找出最具有画面感的句子——我错读:乱石穿空,惊涛拍(裂)岸,卷起千堆雪——有声有色,有规律的反复声,有浪花淘尽英雄的物是人非;不要伤感,就要江山如画的豪放美,与穿空、千堆雪画面更协调。

4. 听叶嘉莹讲晏殊《浣溪沙·一曲新词酒一杯》,帮助大家从平淡无奇的句子中看出一点味道来。

5. 阅读《豪放与婉约》,以"读《雨霖铃·寒蝉凄切》和《念奴娇·赤壁怀古》"为副标题,写一篇《也谈豪放与婉约》。

到了南宋诸人那里,豪放派直抒胸臆的特点就更为鲜明了。辛弃疾"天下英雄谁敌手?"曹刘,生子当如孙仲谋!这哪里是在写词,简直就是在怒骂!婉约派词人在表达上就细腻得多。打个同样的比喻,就像女性出门,要反复想穿什么服装,褂子和裤子颜色怎么搭配,描描眉、搽搽粉等。

读豪放词,就像与二三同道,登山临水,举目四望,把酒临风,抵掌快谈,给人以阳刚之美;读婉约词,则如和爱人相对,花前月下,耳鬓厮磨,别有一种阴柔的况味。

当然,我们还可以创设很多情景,来想象读豪放词和婉约词的不同感觉。

(二)我们的目的不是教一个个鉴赏术语,我们的教学设计要关注如何搭建思维的脚手架,带他们去发现美

请赏析"下笔春蚕食叶声"这一句的精妙之处。

答:①此句写的是考场上考生安静又紧张的答题的情境。②运用比喻手法,把考生答题行笔之声比作春蚕食用桑叶时的一片清脆声,形象地表达了诗人看到眼前人才汇聚的喜悦心情。③"食叶声"以动衬静,突出了清静肃穆的考场氛围,在庄严的气氛中诗人对人才的表现愈加满意。

(三)切勿面面俱到:课本是拿来用的,不是拿来教的

1. 关注单元整合,重视比较鉴赏

李白与杜甫写孟浩然:吾爱孟夫子,风流天下闻;即今耆旧无新语,漫钓槎头缩颈鳊。

李白:《越中览古》《苏台览古》:盛衰无常。

李贺:《李凭箜篌引》石破天惊逗秋雨;韩愈《听听颖师弹琴》昵昵儿女语。

陆游《书愤》、杜甫《蜀相》:真名世;身先死。

韦庄《菩萨蛮》、纳兰性德《长相思》:名句。

2. 以点带面、提纲挈领

(1)苏轼《定风波》:明确:下雨—放晴。

a."雨具先去"何来蓑?眼前景与心中景(海棠依旧),诗词中的意象:对理想生活的选择。

b."归去"何处:知人论世;旷达人生。

(2)《采薇》

昔我往矣,杨柳依依。今我来思,雨雪霏霏。

行道迟迟,载渴载饥。我心伤悲,莫知我哀!

我心伤悲的原因?

a. 触景伤情:当初出征时,杨柳茂盛随风吹,如今归途中,迎接我的是霏霏大雪:时过境迁,悲从中来。

b. 身体疲惫:又渴又饥

c. 走得太慢:归心似箭,心与身不能一致的痛苦。

d. 近乡情怯:采薇采薇,薇亦作止。曰归曰归,岁亦莫止。作——柔——刚:出门的时间太长,害怕变故,害怕面对,害怕回家,家乡有没有战争和饥荒,父母是否故去,妻子和孩子还好吗?恋人还在等他吗?这就是最后一层境界。

### 三、本讲座的设计依据

1. 学生喜欢古诗词特有的韵律和节奏,喜欢读背,却害怕独立完成古诗词鉴赏,因为我们的语文课没有让学生养成积累的习惯,不能调动学生的生活体验和在阅读中积累的审美体验。《高中语文古诗词教学例谈》带来的经验是例谈,能让新教师尽快走出学院派的教学误区,也希望能给新入职的教师以更为直观的经验。

2. 我的讲座目标有三:明确古诗词的美具有多样性;了解语文学科的核心素养观,从教读、教解、教品三个层次去明确古诗词的教学重点;了解教学误区,学习处理教材。

3. 诗庄词媚,但是千言万语总关情,淡妆浓抹总相宜,赏析学生习作。

## 古来多少月明中

### 舒秀丽

多少个清澈的夜里,多少个无眠的诗人,只因"知心唯有月",便用心弦拨弹了动人心魄的月之魂。

的确,放眼回溯至千年,月的倩影从未消匿在诗里,它的存在如神一般。这是为什么呢?其实也就两个原因。一是它有沉鱼落雁之貌。论身材,圆则丰满,缺则纤柔;论容色,或皎洁如银,或浅黄似玉;论光泽,温暖而不刺目,柔和而不疏淡。这么个月美人,换谁谁爱。二是它有蕙质兰心之灵。早在先秦时代,便有"一阴一阳谓之道"的说法,月是智慧、情感与理智的代表,除了悦目赏心,它还用它的温柔明静、淡泊清高牵了文人墨客的魂;再者,嫦娥奔月的传说与中秋赏月的节俗更为它抹上了神秘而温馨的色彩。

于是乎，这位人气超高的女神从天上来到了人间，款款走过了华夏五千年。

那么，现在需要我们思考的是，月亮到底暗合了诗人的哪些情绪呢？我们不妨来一一分析。

首先，从月亮的外形来看，莹洁明亮，恍若远在天边的美人，所以就有了"羞花闭月"之说，很显然的，月可指美人，不信可看"月出皎兮，佼人僚兮""渺渺兮予怀，望美人兮天一方"，无一不是美人比月。

如若再细想，"月有阴晴圆缺"，岂不正对"人有悲欢离合"吗？聪明的诗人便借月抒怀。妇孺皆知的《静夜思》已不必说，光看杜甫的《月夜忆舍弟》："露从今夜白，月是故乡明"真是一言道尽游子泪。在外流浪的人，在他乡，哪怕看个月也挑毛病，嫌弃中可见对故乡的情有独钟了。这一思家，就在思人了，家里有人了，才念家，地上有家了，才念乡。一分思念一分愁，不是吗？寥清无人的夜里，没有几人能有"举杯邀明月，对影成三人"的旷达。张继一生并不出名，却凭了"月落乌啼霜满天，江枫渔火对愁眠"而留名青史：在漆黑的夜里，晓月微光，渔火零星，又怎能照亮孤寂的内心？

愁己愁人愁家国，听那"故国不堪回首月明中"，听那"夜笼寒水月笼沙"，字字血泪，是亡国音啊！

愁月啊，愁煞多少痴情人！

说了那么多，有人会觉得我有绯月的嫌疑了吧，也对，该替它说点好话了。

有月的地方，其实也不都是凄凉。"明月松间照，清泉石上流"是有清幽静谧的感觉的，"晨兴理荒秽，带月荷锄归"更是一番田园暮色惹人醉的惬意舒畅。

然后呢，如此花前月下，良辰美景，自然"人约黄昏后，月上柳梢头"，月简直成了恋人约会的代名词，更有甚者，直接把月比作恋情了："人生自是有情痴，此情不关风与月"。不过，月终究还是正经的，它是清高出尘的品质代表，这不必细说，想来能高洁到挂在天上，必是干净的。

当然，因了它悬天不坠的永恒和天涯海角的无处不在，它不仅是个美神，更是个哲学之神了。

于是，苏轼有了"客亦知乎水与月乎"的思辨、张若虚有了"人生代代无穷已，江月年年望相似"的感叹。他们撇开了个人恩怨不管，把自己的体悟全放到了人类生命的长河里，这月儿，又成了永恒的典型了！

一月生出千般意，古来多少月明中，道不尽，理不清。

月，是夜的太阳！

# 此中有三昧

## ——2011 届语文高考反思

### 一、向课改过渡之"不动声色"

由于新课标从去年开始在我省的全面推进,想象中的高考试题应该向课改区逐渐过渡,但从今年试题的构成来看,试题坚持了试卷结构、题型、难点的基本稳定,体现了全国 2 卷惯有的平稳、平实的特点,完全可以用"不动声色"来概括。具体表现如下:

(1)字音考查的几乎都是生活中的常见字词;成语没有太过艰深的书面语;语病也是常见的语法和逻辑错误。

(2)对语言的连贯得体、简明准确、形象生动的考查更是回归了传统题型。

(3)文言文依旧是有故事的传记文,考查的还是实词、人物性格、内容归纳和翻译;社科类文本的客观阅读题也是中规中矩。

(4)古诗和现代文鉴赏,题目顺序的安排符合阅读心理,问法没有暗藏玄机,也绝不标新立异;情感的读出更无须费尽周折。

(5)最值得一提的是作文,以新材料作文的形式回应了 2001 年对"诚信"的呼唤,这一传统的价值观更是让考生觉得亲切有加。

九次模拟试题的导向以及备课组全体老师献计献策拿出的板块复习的时间安排、共享的资源(主要资料、精选试卷、组合卷、材料型补充资料),都说明我们避开太过前卫的潮流趋势、关注试题"变化中的不变"的策略是对的。也因此,在今年全省语文平均分下降近 6 个百分点、及格率下降 17 个百分点的情况下,我们依然保住了学校 2010 届超越省平均分和及格率的好势头。

### 二、平稳过渡中的"暗流涌动"

整套试卷看下来,除了"不动声色"所带给我们的亲切熟悉之外,我们更感到了试题所考察的字、词、句、段、文与我们生活的"亲密接触"。这样的"亲密接触",使学生长期养成的语言敏感度、阅读习惯、审美情趣、人文精神等语文素养在卷面得到更为清晰的呈现,使得亲切熟悉的试题暗藏了一个个杀机,成为向课改平稳过渡中的"涌动的暗流":

(1)成语和病句修改没有过于烦琐的书面长句、排序话题也没有博大精深的文化内涵,虚词运用的选段更来自一个师生相处的亲切体会,总之,选句选段贴近生活,亲切温馨。题目难度不大,但要获得速度和正确率,必须有对语言的敏感度(包括对语言风格和语体色彩的使用感觉),传统意义上的题海战术、陷阱归纳对这几类考题的帮助看似不大。

(2)名句默写完全没有高中课本中的句子,这也是让所有备考人员始料不及的地方,但细看可选做一题的两个小题,我们看到的是常识,是经典,是经世致用的人文精神,完全可以说是"意料之外,情理之中",而传统意义上的备考再一次在语文素养的习成面前有了无力之感。

(3)社科类文本的阅读,是学生做这套试题遭遇的一大障碍,其实文本段落清楚、段意明确、观点明晰,再加上鲜活灵动的审美情趣,很容易看下去。但学生在紧张的考试中没有整体阅读的耐心,使得题干对结论性语言的错误理解都没看出来;而学生习惯从题目入手的急功近利也使得题干中的一处贬义词居然成了正确选项的最大干扰。虽然良好的阅读习惯、整体感知的能力不是一朝一夕养成的,但我们在备考科学类文本的阅读时真的应该想出一些让学生静心阅读的方法。

(4)文言文阅读更是我们选用的资料中做过的熟悉的文段,但涉及的人物多、官名多、陌生地名多、省略多、古代文化常识多。平时阅读量的不足、备考中对快速把握全文若干事件能力的训练、文段中的关键词对不常用义项的选择等因素使得我们学生对此题的表现也只是差强人意。

(5)作文主题尽管是传统的价值观,但老生常谈的话题因为网络调查的数据而有了重要的现实意义,对于社会交往和人生道德,他们有无哲学思辨和文化审美,他们能否在生活和心灵两个维度获得构思灵感、他们的思维有无广度和深度等决定了他们作文的高下,再充分的备考好像也敌不过他们身上长期积淀的语文素养。

其实,套用哲学家胡塞尔"回到事情本身"的说法,我们考察的究竟是语文呀,是我们长时间形成的语文素养呀,应对这些险恶的"暗流",我们只有一个"以不变应万变"的法宝,那就是:阅读、阅读、再阅读!

### 三、在反复中获得,在归纳中明晰

这样看来,越关注考察语文素养的好试题让我们的备考显得越苍白无力,事实真的如此吗? 不,学生的语文能力和语文素养必须有包罗万象的丰富的语文知识在背后作支撑,而化繁为简的真正落实、重要的简单知识的不断反复也许最容易为我们的备考所忽略。

(1)拿考查文学鉴赏能力的古诗词和现代文阅读来看,因为"缘情而绮靡"的文学特征,文本总有丰富、优美、含蓄表达的需要。也因此,除了平时整体阅读的好习惯的养成之外,学生有无从结构、内容、手法这三个维度展开的答题思路? 老师有没有不断地让对比和象征这两个核心概念在学生心中生根发芽? 不说别的,单是文学的表现手法,我们就可以归纳出五六十种,而使之融会贯通、化繁为简的真正落实者是我们老师,我们的备考应该让学生在归纳中练习,在练习中明晰,这样他们的鉴赏性的语言才不会就只有一句干巴巴的"引起下文"。

(2)再看看语言的表达运用,学生确实会因为性情、爱好、阅读量和思维方式等方面的差异表现出他们的天赋或怯弱,在备考中好似无法解决,但是,拿今年回归传统题型的长句和短句互换、要求使用比喻和排比的仿句这两个小题来说,我们可以问一下自己,我们的板块复习是否关注到了这类考题的经典性,是否有明晰的特征归纳和入题方法、有无反复的落实? 排除表达天赋,学生是否拿到了应该拿到的分数?

(3)最后,我们来看看有识记能力考查的字音、字形、成语、病句、文言实词和虚词以及课本中的古诗文等,因为中国文字和中国文学的博大精深,学生在记忆过程中有易于混淆和反复遗忘的特点。那么除了筛选收集、印发布置,我们有落到实处的检查督促吗,有教他们整理知识"由厚读薄"的具体方法吗? 重要的简单知识我们是否又做到了不断反复。

"三昧",其实是一个佛教说法,指我们心神平静便可得到的奥妙。

其实,有尽心尽力的教学,就有对自己学生语文能力的了解,而认真做一遍他们的高考题,再对照他们的高考得分,无须看他们的试卷,我们便可以得出我们的"得由"和"失因",尽管语文教学是一门充满遗憾的艺术,但在我们心神平静之后,通过试卷分析,我们总会收获一些语文学习的奥妙。

谨以此文献给2012届毕业班的老师,祝他们取得好成绩!

## （二）"阅读与写作"教学

# 照亮高中人生

## ——建构整本书的阅读经验

### 一、本课题的核心概念界定

坚守语文教学本质，帮助学生建构起读整本书的经验，使他们能比较系统地获得阅读、思考、鉴赏、理解和表达的能力，获得各种来自心灵的力量，为语文课程的建设做出一点尝试和探索。

### 二、本课题相关研究文献综述

（1）2008年《小学语文教学》刊登的一篇文章《教师引领"多读整本书"》开始重提自民国时期梁启超、胡适以及后来的夏丏尊、叶圣陶关注到的"读整本书"的话题。

（2）2009年《首都师范大学》刊登的《叶圣陶"读整本书"思想研究》中，作者综述并论证了叶圣陶关于中学语文教科书应该采用整本书或者以整本书为主体，在语文教学的过程中引领学生"读整本书"来获得语文能力、养成学习习惯的观点。论文还提及了"读整本书"与教科书教学之间的关系，认为最好能够建立一个"以整本书为主体"的语文教科书序列。

（3）南京师范大学教育科学学院课程与教学研究所的黄伟老师2013年在《江苏教育》发表论文《读写结合的理论基础》对学生语言能力提升的有效途径及科学性研究有了学理方面的研究综述：告诉了我们从输入到积淀再到内化、最后到输出的原理，从学理上对读整本书的经验建构有了支持。

(4)2015年,苏州市一个"十一五"重点规划课题已经结题,这是一个以"点亮阅读之灯"为课题的师生共读整本书的项目,这个课题的结题让"建构读整本书经验"为我们提供了一些探索的范本和经验教训。

### 三、本选题的背景及研究价值

**1. 是人生观、价值观形成的重要时期的需要**

面对青春期的成长和各种复杂的社会现象扑面而来的措手不及,高中生多了迷茫和无助。那么在这个快餐化和心灵鸡汤盛行的时代,我们的学生还能不能坐下来,安安静静地读完一整本书呢? 如何送给他们成长时期一盏心灵的灯,仅仅靠教材够不够? 这些都值得我们思考。语文教育如果教会学生读整本书,让他们变得更理性更智慧,他们才能去超越自己,才能用那些日渐形成的感受美的能力去抵抗生活中那些日复一日的平淡和各种不堪。

**2. 是语文学科的核心素养观对学生的要求**

语文课程性质的独有特点对语文的核心素养提出了这四个方面的要求:学生的语言建构与应用能力、思维的发展与品质、审美鉴赏与创造力、文化传承与理解力。

语文核心素养观需要语文老师帮助学生建构起读整本书的经验,我们要尝试、要过程、要训练思维的方法。我们要让他们深刻而丰富,只能帮助他们建构起读整本书的经验。

**3. 是继承优秀的中国传统教育的需要**

在课程建设领域,1949年前的语文课程标准对"读整本书"是比较关注的。"读整本书"思想也是著名教育家叶圣陶先生的语文教育思想的重要组成部分,叶圣陶曾经从课程、教材、教学的角度对"读整本书"进行论述。在叶圣陶看来,语文课程需要进行听说读写的能力训练,需要帮助学生养成良好的阅读习惯,培养学生欣赏文字的素养,而"读整本书"是实现语文课程目标的根本途径。在语文教学领域,因为没有以整本书为主体的教科书,所以很多教师并不注重让学生"读整本书"。"读整本书"思想在语文教育领域的影响远没有达到应该达到的程度。当前,随着对传统教育的理性思考逐渐增多,随着国外阅读思想和阅读方式的引入,越来越多的人开始重视优秀作品的整本书阅读。对叶圣陶"读整本书"的思想进行教学探索,就是对传统教育精华的吸收。

**4. 是当今知识和信息大爆炸时代的阅读需要**

这是个信息大爆炸时代,要获得巨大数量的知识就需要很多的时间来搜集,而搜集得太多了,时间太长了,我们就会迷失在信息的海洋之中;如果我们放弃追踪新知识,自己独立思考,慢慢地,就会发现没有目标了:不是闭门造车,就是找不到方向。有自己的思想,用搜集信息作为思考的推动者,把思考和学习融合在一起,才能不迷失在碎片化的信息和知识中。

那么究竟该怎样做才能形成自己的思想呢? 古人早说过:读万卷书,行万里路。所以在我们还不能每天行走于世界时,唯有阅读才能带给我们这样的力量。人类真的有很多超越了时空的永恒的话题,比如苦难、理想、爱情等。带领学生去读这些整本的文学名著,他们有限的生命也会因此获得对生活的无限感受。

5. 是新课程理念对教学设计的需要

在新课程理念中,教师的角色已经由传道授业解惑向学习活动的设计者过渡,由教材忠实执行者向语文资源开发者过渡,教师需要具备把知识呈现和能力训练设计成让学生去主动发现的技能,教师要学会开发学习资源,从教材到一篇文章、一组文章、一本书。

所以"读整本书"意义重大,引领学生"读整本书"是建设语文课程、实施语文教学的重要途径。

**四、本课题的研究目标、研究内容、研究重点**

(1)建立师生之间的共同语言,形成"你读,他读,我也读"的一种阅读氛围,在此氛围中,让学生把安静读书当成每天必修的功课。

(2)培养学生阅读兴趣,养成比如圈点勾画等良好的阅读习惯,形成学习能力的核心——阅读能力。

(3)提高学生的文化修养和审美情趣,感受读书人的风骨,促进其个体精神成长。

(4)在古今中外的书中感受各种文化的丰富与交流碰撞。

(5)在读书交流中学习比较阅读、批判性地阅读,学习表达感悟,促进思维品质的发展。

(6)掌握泛读、精读和深度阅读的要领,建构起读整本书的经验。

**五、本课题的研究思路、研究方法、技术路线或研究步骤**

一本书就是一艘船,能带人到远方,到教师和家长带孩子到达不了的地方。书海无涯,舟楫安在? 读书! 读书会给我们带来静心、耐心和习惯,知识会过时,但阅读能力能伴随人求知的一生、思考的一生、探索的一生。读整本书不仅需要我们持久的热情,更需要我们科学理性的思考。

（一）研究思路

（1）回顾读书经历,体验并发现读整本书的真正作用。

（2）认识一些读书人,发现读书人的风骨与承担。

（3）发现自己的读书需要,掌握较有效的阅读方法。

（4）强化阅读与写作的联系,提高口语与书面语表达的主动性。

（5）与同伴一起在读书交流中徜徉书海,增长智慧。

（二）研究方法

（1）通过推荐导读、基础阅读、分析阅读、反刍阅读等方式保证整本书阅读的有效进行,为学生开拓更为广阔的阅读空间。

（2）按照学生的年龄特点、读物特点,或阅读本身的规律进行阅读指导,通过对阅读效果和阅读指导过程的评价使"读整本书"更加富有实效。

（3）快餐式阅读和经典式阅读可以有机结合,但都要能走进深度阅读,鼓励在阅读中思考,在思考中进行书面与口头的语言表达。

（4）处理好"读整本书"与教科书教学之间的关系,尝试建立一个"以整本书为主体"的语文教科书序列。

（5）运用教育调查法了解高中学生阅读与写作的状况和水平,运用教育实验法找到阅读的具体步骤和方法,运用经验总结法总结学生在阅读中发现的问题,不断地在班级推广阅读中发现的经验。

（三）研究步骤

1. 以组织引导看柴静的《看见》为例进行高一年级阅读动员

（1）通读目录:发现读者的思路,了解本书的内容。

（2）阅读序言:了解写作意图。

（3）通读全书:可以勾画批注,可以跳读和反复读。

（4）回忆及推荐:整理我们读到的文字风格、思想光辉和吸引人的原因。

2. 介绍并启动读整本书的阅读程序

推荐书目——假期自读——组内交流读书问题和最大感受——小组推荐人选班级交流——每个同学写作品推荐小论文

（1）分析人物性格:努力解释他们之所以形成此性格的原因,去爱他们、去恨他们都不重要,重要的是去尝试理解他们。

（2）记下感动你的一瞬间或是某个细节：去找类似的感动，渲染它们，给它们一个你想喊出来的标题，让那一刻的世界为你的感动而动容。

（3）鉴赏作品的表现技巧：详略的处理、某个转折的出现、尖锐矛盾的展开、对比手法的力度、首尾呼应的巧妙、语言的个性化、线索的清晰、叙事方式的不一般等，选你感受最深的一点，谈个畅快，切勿面面俱到，平淡到底。

3. 开具高一年级在校期间读书书目

以现当代中国文学为主，以中国故事或信札为主，以吸引兴趣为主，引导学生自选 3 本，在整本书的阅读中捕捉不同的文字风格，在交流中体会不同时期和地区的文化碰撞。

（1）柴静：《看见》

（2）《傅雷给孩子的信》（傅雷家书精编本）21.00

（3）沈从文《边城》15.50

（4）老舍《骆驼祥子》，最新版本 8.70

（5）《张爱玲全集01 倾城之恋》，2012 年全新修订版 15.9

（6）白先勇《台北人》，广西师范大学出版社 28.32

（7）萧红《呼兰河传》，语文新课标必读 12.40

（8）鲁迅的《呐喊》（增订版）/语文新课标必读 6.9

（9）余华作品《世事如烟》（精装）18.60

（10）经典译林：海明威《老人与海》11.80

4. 推荐高一年级寒暑假中外经典或名著的阅读书目

篇幅会有所增长，有更多的外国小说和古典小说，要求学生发现并找到善良背后的信念，找到人生执着与放弃的原因，找到社会与人性带给我们的思考。

（1）《巴金选集第 1 卷 家》13.00

（2）钱钟书《围城》13.60

（3）[美]胡塞尼著，《追风筝的人》李继宏译 16.00

（4）[美]哈珀·李著;《杀死一只知更鸟》高红梅译 19.2

（5）[法]巴尔扎克《高老头》经典译林 15.50

（6）[英]狄更斯《大卫·科波菲尔》（上下）25.00

（7）《平凡的世界》路遥全三册 55.10

（8）《红楼梦》曹雪芹上下共 2 册 31.90

（9）《三国演义》罗贯中 18.20

5. 读书论文指导

(1)《阅读经典 走近经典》老师寄语节选：

也许你更愿意关注你身边的新闻,比如方舟子质疑韩寒的事件。但人类真的有很多超越了时空的永恒的话题,比如苦难、理想、爱情等。

你喜欢穿越剧吗,为什么你不去看看《家》,回到"五·四"前夕,去听听那个时代的和你一样年纪的青春的声音呢？你了解你和你的同胞吗？不,你不了解,因为你得走出国门才能看到自己的血脉和观念里所熟视无睹的东西,看到真正的你。那么,为什么你不看看《巴黎圣母院》或者《大卫·科波菲尔》呢？那样你就可以到达巴黎和伦敦去体验那些上流社会、中产阶级、下层人的生活,看他们是如何被音乐、被绘画、被雕刻、被建筑、被爱情、被他人的付出所感动的,你才能对照出你自己的灵魂。

我们渴求真知,希望变得更理性更智慧。我们珍视善意,将它藏在我们最柔软的心间。我们还希望拥有感受美的能力,用以抵抗那些日复一日的平淡。

去读文学名著吧,我们有限的生命也会因此获得对生活的无限感受。

(2)印发学生读书论文列举：

高一(1)任丽珠:《一座教堂和一本书,长存于天地》——《巴黎圣母院》读后感

高一(18)姚雨松:《你的处于震撼中的读者》——《大卫·科波菲尔》读后感

高二(1)陈煦:给我一把剑——读罗琳的《哈利·波特》

高二(18)姚雨松:《樱花飘落的速度》——读朱光潜《谈美书简》

6. 推荐高二年级在校期间读书书目

以论说与洞见之类的书为主,间有散文,要求学生学会批判性思考,更理性地看待社会和人性,明确道德的高度和底线。

(1)[法]米歇尔·德·蒙田著《论友谊》;10.80

(2)[英]艾伦麦克法兰著《给莉莉的信·关于世界之道》;21.70

(3)[法]阿兰·巴迪欧《爱的多重奏》;18.60

(5)《人间草木》中国纯粹的文人汪曾祺散文集 21.80

(6)《张晓风散文选·只因为年轻啊》张晓风散文 24.80

(7)[法]卢梭著《社会契约论》一部政治哲学著作;13.80

(8)[英]罗素著《幸福之路》;24.6

(9)朱光潜著《谈美》中华书局出版,12.00

7. 推荐高二年级寒假阅读书目

以古文为主,并以《战国四公子列传》为例为学生介绍古代文学的阅读方法,吸取优秀的传统文化。

(1)《战国四公子列传》:原文和注释字数:孟8400、信3300、平4900、春12300

(2)《论语通译》9.10

(3)梁启超著《王安石传》21.00

(4)[明]洪应明著《菜根谭》10.10

a. 个人自主阅读:扫清文字障碍——梳理事件编写年表

b. 小组集体讨论:问题探究

c. 请比较四公子,若你是当时的一名士,你更愿意到谁的名下?

d. 从《战国四公子列传》中你读出了政治、经济、文化、社会等哪些信息?得到了哪些人生启示?

8. 推荐高二年级寒暑假阅读书目

体会读书人的风骨,学习看鸿篇巨制,学习看传记文学和戏剧文学。

寒假:

(1)[法]米歇尔·德·蒙田著《论友谊》10.80

(2)[英]艾伦麦克法兰著《给莉莉的信 ·关于世界之道 》21.70

(3)[法]阿兰·巴迪欧《爱的多重奏》18.60

(5)《人间草木》中国纯粹的文人汪曾祺散文集 21.80

(6)《张晓风散文选·只因为年轻啊》张晓风散文 24.80

(7)[法]卢梭著《社会契约论》一部政治哲学著作 13.80

(8)[英]罗素著《幸福之路》24.6

(9)朱光潜著《谈美》中华书局出版 12.00

暑假:

(1)[英]莎士比亚著《莎士比亚戏剧选》14.60

(2)许纪霖著《读书人站起来》23.90

(3)石原皋著《闲话胡适》21.00

(4)典藏版传记历史徐百柯著《民国风度》16.40

(5)[法]维克多·雨果著《巴黎圣母院》19.40

(6)[美]欧文·斯通著《渴望生活:凡·高传》21.50

(7)《罗曼·罗兰之巨人三传:托尔斯泰传》傅雷经典译注 13.60

9. 高三年级的反刍和分析积累式阅读

翻阅读过的书和自己写的阅读推荐,整理成作文素材。

### 四、本课题具体实施及各阶段总结反思例举

1. 购书清单列举

(1)班级买25本《论语通译》吴明星译;未打折时的参考价:9.10元

(2)买28本《菜根谭》[明]洪应明著;未打折时的参考价: 10.10元

(3)以下书班级各买三本,下面的书价均是未打折时的参考价。

(4)在寒暑假中自己在上面的书中任意购买两本,后面的价格是未打折时的参考书价,建议网上购买,因为有的书书店没有。

2. 老师推荐打印《史记·战国四公子列传》原文与译文,每周学生按阅读稿列举

#### 《春申君列传》简介

春申君是楚国贵族,招揽门客三千余人,为"战国四公子"之一。曾以辩才出使秦国,并上书秦王言秦楚宜相善。时楚太子完入质于秦,被扣留,春申君以命相抵设计将太子送回,随后亦归楚,任为楚相。曾率兵救赵,又率六国诸侯军攻秦,败归。后因贪图富贵中李园圈套被谋杀。

对于春申君其人,司马迁作了大体公允的评述:"春申君之说秦昭王,及出身遣楚太子归,何其智之明也!后制于李园,旄矣"。春申君"以身徇君"是对暴秦以强凌弱的一种抗争,一定程度上维护了楚国的利益,是值得称道的明智之举。但综观他的一生所作所为,惟系于"富贵"二字,即如他"招致宾客,以相倾夺",无非是把宾客当作显示富贵的摆设而已,让宾客"蹑珠履"与赵使竞豪奢即为一例。因此,他不可能得到贤才,即使有朱英那样的人也只能"恐祸及身"远离而去,最后落得悲惨下场。

从行文看,本传可以春申君任相前后分为两个时期,前期重点写其"智",后期重点写其"昏",并各选择一件事情作具体的描述,两件事情又都有首有尾,像是独立成篇的生动故事,而前后两期又形成鲜明的对比,从而突出了春申君由明智而昏聩的性格变化,给人以完整而明晰的印象。

#### 《史记·春申君列传》原文

周一

春申君者,楚人也,名歇,姓黄氏。游学博闻,事楚顷襄王。顷襄王以歇为辩,使于秦。秦昭王使白起攻韩、魏,败之于华阳,禽魏将芒卯,韩、魏服而事秦。秦昭

王方令白起与韩、魏共伐楚,未行,而楚使黄歇适至于秦,闻秦之计。当是之时,秦已前使白起攻楚,取巫、黔中之郡,拔鄢郢,东至竟陵,楚顷襄王东徙治于陈县。黄歇见楚怀王之为秦所诱而入朝,遂见欺,留死于秦。顷襄王,其子也,秦轻之,恐壹举兵而灭楚。

## 《史记·春申君列传》译文

周一

春申君是楚国人,名叫歇,姓黄。曾周游各地从师学习,知识渊博,奉事楚顷襄王。顷襄王认为黄歇有口才,让他出使秦国。当时秦昭王派白起进攻韩、魏两国联军,在华阳战败了他们,捕获了魏国将领芒卯,韩、魏两国向秦国臣服并事奉秦国。秦昭王已命令白起同韩国、魏国一起进攻楚国,但还没出发,这时恰巧楚王派黄歇来到秦国,听到了秦国的这个计划。在这个时候,秦国已经占领了楚国大片领土,因为在这以前秦王曾派白起攻打楚国,夺取了巫郡、黔中郡,攻占了鄢城郢都,向东直打到竟陵,楚顷襄王只好把都城向东迁到陈县。黄歇见到楚怀王被秦国引诱去那里访问,结果上当受骗,扣留并死在秦国。顷襄王是楚怀王的儿子,秦国根本不把他看在眼里,恐怕一旦发兵就会灭掉楚国。

3. 假期"读整本书"的分组讨论

(1)每个同学把自己读的书整理成三分钟左右的发言稿(讨论完后分组交上来)。

(2)主要是写这本书带给自己的最大的震撼或困惑,不求面面俱到。

(3)你的重点是把你的理解讲给大家听,说明推荐或不推荐这本书的原因。

4. 批改同学们的"阅读提要"和"名句、素材"总结反思

(1)你在训练自己阅读的耐心和静心,当你写提要或勾画好句时,你还在训练自己的概括能力和发现美的能力。

(2)当你真的一口气读完了一整本书,都应该获得一次精神的洗礼。例如,《巴黎圣母院》《大卫科波菲尔》《摆渡人》《名人传》《追风筝的人》《围城》《谈美书简》《看见》等。

(3)我们的读书体验是独特的,阅读汇报时大胆说出你的体会。

(4)大家多选故事性强、篇幅短的,不热衷思辨性、哲理性的文字。

(5)我的批改经验能告诉我从应付到认真的各种层次,我相信每一次投入都是一笔财富,它会长成你的骨头和血。

(6)很希望大家献出自己看过的书,好好保管在我们的班上,因为别的同学有可能因为你的推荐去选读它,资源共享,阅读快乐!

# 谈选词、炼句、谋篇

## ——15 学时选修课讲稿

**课程说明**

1. 学校除了备课组统一选定的选修教材外,鼓励本年级的老师根据自己的特长和学生需要开出自己的选修课,每个学期每个老师要开足 15 个课时,学生根据兴趣和需要通过学校网上选课系统来选出自己需要的校本选修课程。可以说,学校跳出应试教学的框框以灵活自由的方式营造出的师生共同选修课程的氛围是课程构思得以实现的客观条件。

2. 高中学生已经有了对社会、对人生、对价值的一定认识,他们如饥似渴地想获取各种信息来不断修正他们的认识,也急于表达内心的一切。这是关于阅读与写作的这门课程得以落实的主观条件。

3. 由于这 15 课时的"选词、炼句、谋篇"课不是高三的复习训练课,不是语文知识的专题课,不是专题内容的学术课,也不是架空的人文课。基于上述考虑,也因为课时的限制、学生的兴趣,在学习目标上注重了有效有用,在专题选择上考虑了自由取舍,在内容安排上抓大放小,制定了本课程章节安排和选材的具体目标:

(1)课程感性、亲切:教学素材关注高二学生的年龄和心理特点。

(2)文本力求丰富多彩、雅俗共赏:学生作文、流行语录、传统国学、哲理故事、笑话歌词,小说或散文、政治或娱乐、天文地理等都可涉及,并力求短小精悍。

(3)信息量适中:努力在高二学生已知和未知的知识领域找到兴奋点,激发他们探索的兴趣。

(4)兼顾赏析和写作的指导:在赏析中领悟写作的真谛。

(5)把握好语文和生活的关系:在生活态度、情感价值方面对学生都应该有指导意义。

4.本课程是基于本校对于人文学科的重视,对"仁爱"情怀的弘扬,当然也基于笔者观察到的中学生在文学中领悟生活智慧的愿望。因此力图在选材上关注引出学生的兴趣;在阅读指导中帮助他们捕捉生活的细微感受;在熟悉常规的文字搭配、欣赏超常规的文字搭配,增强语言文字的运用感觉;帮助他们找到表达自己内心最朴素愿望的灵感和方向。

15课时修完,每个学生可获两个学分。

# 第一节　课程总说:千言万语总关情,淡妆浓抹还相宜

## 一、千言万语发自肺腑

(一)陈欧体为什么风靡一时

你只闻到我的香水,却没看到我的汗水;你有你的规则,我有我的选择;你否定我的现在,我决定我的未来;你嘲笑我一无所有,不配去爱,我可怜你总是等待;你可以轻视我们的年轻,我们会证明这是谁的时代;梦想注定是孤独的旅行;路上少不了质疑和嘲笑;但那又怎样,就算遍体鳞伤,也要活得漂亮。

陈欧体的风靡一时,不是漂亮的言辞有这么大的魅力! 80后创业者在缺阅历、缺经验、缺信任,有艰辛、有自信、有智慧的成长过程中带给我们在就业、创业、事业上的辛酸和喜悦,发自内心,充满正能量。

(二)分享自己在毕业典礼上的讲话:《不要以为我们什么都不知道》

毕业典礼能引起我们情感共鸣的是我们共同的记忆,是那过去了的亲切的回忆,是若干我们熟悉的细节,老师只要用心教书,就能知道学生的好恶,那么只要发自肺腑,一定能受到学生的欢迎。

## 二、读出千言万语的肺腑之言

每个人都有漂泊的情结,因为生活在别处,风景在远方:江南人总会怀想草原;北京人对苗寨有探寻的情结,塞纳河边的人对黄河会有疑惑。但灵魂也会思家,我们总爱回忆童年,爱说起母亲,说起老房子,上海人对"阿拉"的口音始终有执着的记忆。

（一）关于"思乡"的浓淡不一的文字

1. 找真理靠时间,爱靠第一眼

儿郎们

我们走

去向何方

家

家在何方

家在梦乡

诗的作者和题目我都忘了,也无从查找,但这么多年能把它写出来,应该是因为见到第一眼的喜欢:简单的六行诗选择的是对话语体,平常的对话,一咏三叹的起伏,押韵的余音绕梁,诉说了不尽的乡愁。

2. 张籍的《秋思》

洛阳城里见秋风,

欲作家书意万重。

复恐匆匆说不尽,

行人临发又开封。

万重意,说不尽,这四句 28 字因为这六字被渲染成喋喋不休的浓烈的乡愁,而这浓烈的乡愁似乎又只给了我们一双着急的发抖的手在撕开信封想再加上一句话的细节,诗人真是以四两拨了千金。

3. 宋之问的《渡汉江》

岭外音书断,

经冬复立春。

近乡情更怯,

不敢问来人。

好比不敢问成绩,好比不敢吐出初恋的名字,言有尽而意无穷,这是一种反向构思,如张爱玲用遗憾表达爱:一恨鲥鱼多刺,二恨金橘多酸,三恨莼菜性冷,四恨海棠无香,五恨曾子固不能作诗。

（二)关于"珍惜拥有"的浓淡不一的文字

史铁生在生命遭遇肾炎而每隔一天要去医院透析时,怀念瘫痪在床得褥疮的日子,而在得褥疮的那些瘫痪在床的日子,他又在怀念那些还没得褥疮的日子。这样看来,我们常常活在自己或别人的羡慕中,却浑然不觉。

## 提醒幸福

毕淑敏

幸福就是没有痛苦的时刻,它出现的频率并不像我们想象的那样少。幸福是一种心灵的震颤,它像会倾听音乐的耳朵一样,需要不断地训练。人们只喜爱回味幸福的标本,却忽略了幸福披着露水散发清香的时刻,他们常常只是在幸福的金马车已经驶过去很远,捡起地上的金鬃毛说,原来我见过它。

我们真的只会提醒灾难,真的会对身边的幸福视而不见,清新形象的比喻,让我们理解了一些平淡的幸福,比如:闷热天气里的一场雨,等候已久的一个电话,周六下午的最后一节课的钟声,一本自己喜欢的书,一个猜对了的选择题。

### 美国大学毕业典礼的讲话

有两条小鱼在一起游泳,一天,他们碰巧遇到了一条老鱼。老鱼向他们点头,并说:早上好,孩子们,水怎么样? 这两条小鱼继续往前游,其中一条小鱼实在忍不住了,问另一条小鱼:水是什么东西?

生活中那些如此真实、如此必不可少、无处不在、无时不在的事物的意识,需要我们一遍一遍地提醒自己:这是水,这是水。

朴素的文字,简单的比方,理性的思考,让我们同样也意识到了身边的幸福。

(三)关于“精神追求”的浓淡不一的文字

1. 北大纪念品中的宣传语赏析

如传世的青花瓷,自顾自美丽。

新鲜的比喻、形象的语言写出了色彩的单调、图案的简单,以寂寞却经典的形象象征了无论社会如何向前、人心如何不古,北大“自由独立,兼容并蓄”的传统“自顾自美丽”,文字散发着动人的人文情怀。

2. 悉尼大学校训

繁星纵变,智慧永恒。

工整的对比:星星和智慧的类比,纵变和永恒的反比带来的力量感,传达了一种谨严的科学精神。

人类的情感是相通的,不同地区不同民族有不同的文化习俗,但人性和心理特征大同小异:喜新厌旧、好逸恶劳、得不到的最好。所以写发自肺腑的文字才会与读者情投意合,超越时空的文字能令人拍案叫绝也是是因为生命心意的相通。

我们渴求真知,希望变得更理性更智慧;我们珍视善意,愿意藏它在最柔软的心间;我们还希望拥有感受美的能力用以抵抗那些日复一日的平淡。所以我们得学会读书,学会透过不同的文字,让有限的生命获得对生活的无限感受。

### 三、师生发自肺腑的文字赏析

(一)《因为热爱》

(二)高二(17)姚雨松:《城里人》

#### 城里人

爷爷奶奶原来是农民。

因为爸爸的原因,他们搬进了城,成了城里人。

"儿子接你进城了?"

"是喽,看孙子享福去喽!"

爷爷骄傲的回答好像还在我的耳边,他就开始阴沉着个脸了,老家搬来的东西太多,城里的房间太小,爸爸"扔了扔了"地指挥着帮忙的人,也顾不上看爷爷的脸色。

城里的房子在一楼,直到看到楼前窗外那片废弃的杂草坪,爷爷才摸着我的小脑袋,呵呵地开了笑脸,烟袋子吸得叭叭的欢。

爷爷死抱着不肯扔的三麻袋种子也欢了!

除草、刨地、撒种、浇水、搭豆架子瓜架子辣椒架子,爷爷像侍弄他的亲孙子。

奶奶说,你爷爷哪里像城里人?

爷爷奶奶的老家在一个小镇上,离城远,城里人都叫那儿边城。

在老家,吃,是不用花钱的,屋后的园子里、堂屋的屋梁上、厨房的大坛子小坛子里、铺了楼板的谷仓里到处都是。

爷爷奶奶的老家,每年放假我都会去,想吃肉的时候,我会推着拽着爷爷出去,嚷着要买,爷爷说,不叫买肉,叫割肉。爷爷用刀在火塘上头挂的黑乎乎的一堆东西里割下一块,往淘米水里一扔,就让我注意听大灶上米饭的动静。"饭香了,爷爷!""馋猫!"奶奶骂人的眼睛里都是笑,她用丝瓜瓤子把泡着的黑东西一搓,我就看见油亮鲜红的腊肉在奶奶的刀下成了薄片儿,然后,锅里冒了烟,有了葱香,油亮的腊肉片儿四角卷起,红红绿绿的一大盘就放在了我的面前。"吃!"爷爷的口气里满是自豪。

边城的人家也吃零嘴儿,妈妈在城里的家里给我炒来下饭吃的青豆,他们叫毛豆,从土里拔出来还是一枝一枝的,连泥带根地就往河边扔,快手的婶子们帮忙搓搓泥,我就和伙伴们抱起往奶奶家跑了,奶奶的大灶膛里火苗旺旺的,水翻开的,不过一袋烟的工夫,院子里的歪脖子桃树下,暖暖的风里,我和伙伴们就吃上了盐水毛豆。

树上的桃还是青的,还涩,桃树的叶在那些夏天的风里摇得倒欢。

爷爷栽在城里的辣椒红了。

奶奶开始摘栽在城里的丝瓜做汤了。

孙子的放学时间是他们的开饭时间,爷爷奶奶开始像城里人一样,吃了早夜饭散步,只是仍习惯一前一后的,仍习惯和熟人扯着嗓门招呼“吃了?”“吃了!”

他们开始谈菜价上涨,开始为新闻里的事争得脸红脖子粗。每到这个时候,爸爸就会自豪地说,你爷爷奶奶越来越像城里人了。可我看不像。

“我不晓得矿泉水有哪样好喝的,一股子石灰味!”爷爷看到我放学扔在桌上的“北极熊”就会生气,奶奶知道爷爷是心疼钱,拿过空瓶子说:“拿来做酸豇豆,有用!”

爷爷想油炸的粑了,奶奶想吃豆腐渣了,舍不得花钱买,他们就开始想老家的石磨了。石磨当然不能搬来城里,和老屋一起留在了边城,想得很了,奶奶就学会了用城里家家都有的豆浆机打米浆、打黄豆浆。

“早点回来,今天给你炸粑粑!”十天半个月的,爷爷会这样对我喊上一嗓子。

“油炸粑!只有我奶奶会在家做!”放学饿了的我鼻子格外灵,离老远,我就没命地往那栋门前有瓜秧子、豆角子、红辣椒的楼房跑。

进城的爷爷奶奶,其实不是城里人,我知道。

自己的爷爷奶奶进了城,是不是成了城里人,看来,只有每天与其朝夕相处的孙儿最有发言权。这篇作文因为是作者真挚情感的流露,也因为围绕题目对生活中的素材取舍得当、构思精巧,获当年全国“圣陶杯”作文高中组一等奖。

## 第二节 对比:不变的构思,永远的风景

### 一、选词的风景

1. 繁星纵变,智慧永恒

市政大厅,19世纪维多利亚时代的建筑下的一个小广场喷泉旁边的地上铭刻着金属字:“永恒”。

悉尼人像我们喜欢"到此一游"一样,喜欢这两个字?原来是当年一个人,连续 30 年在地上用粉笔写"永恒"这两个字。每天准时来到喷泉旁,写完就走。有细心的人曾给他掐过表,发现误差不超过 30 秒。时间一天天过去,慢慢地,他的举动打动了悉尼人,人们开始小心翼翼地绕着这两个字走,如果这两个字不小心被人踩着了,还会有人立即用粉笔将模糊的部分描清。终于,30 年过去了,他的执着征服了悉尼人,人们索性将这两个字刻到了地上。

每当人们走过这两个金属字旁,便会不经意地想起那个传奇般的陌生人,慢慢品味出:"永恒"即代表一切,在它面前,任何修饰、注解都显得多余。

严谨、理性的大学看重的是"执着的精神",而"执着的精神"以"繁星"和"智慧"、以"纵变"和"永恒"这些对举的词语呈现出言语的力量。

2. 秋是第二个春

这是一篇文章的题目,坦率地说,标题吸引了我,文章写的是漫山的枫叶,顺便让我想到了遍野的春花,所以秋是第二个春啊!而知秋的一叶坠地,之后却不是繁茂的夏,是静寂的冬啊,内心是否被一种历经沧桑的圆融之美充盈?

我还想到了"流萤"这个词,萤是短暂生命的代名词,它整个夏天的寿命只有 5 天,何况再冠以"流"这个表短暂的修饰语。死亡之前的美丽,是人对于生命的热爱,对于美丽的珍惜,对比的手法营造了强烈的视觉冲击的效果。

3. 我不能给你全世界,但我的世界全部给你

这是一句网络表白,足以让人对爱人生出豪情壮志,句子对比和反复的手法突出哪怕山穷水尽,也要倾其所有,爱得荡气回肠!

4. 民主不是一种制度,而是一种素质

我们呼唤民主,但民主更呼唤素质,句子以对比手法强调民主社会对于人的要求。

5. 听的人当真了,叫谎言,说的人当真了,叫誓言

对比突出了言语的两种本质和人性的弱点,幽默的语言一针见血。


**二、炼句的风景**

1. 画家吴冠中

他丰满而瘦小,富有而简朴,平易而固执,谦逊而倔强,誉满全球却像个苦行僧。他一心想学鲁迅,称鲁迅是自己"精神的父亲",回顾他坎坷万状的人生经历,读读他最满意的油画《野草》,凝神注视在杂花野草中呐喊和彷徨的鲁迅——他的

那颗瘦削却坚韧的头颅,这一切也许会变得容易理解。

这段文字以有意的对比突出了一个伟人不经意间流露的美德。

2. 优雅的白银时代

一个民族的优雅,需要几代人的坚持,而摧毁它,可能只需数年。然而有信仰的民族是不死的,无论如何蹉跎,时光终将澄清一切。

文字选自一篇纪念俄罗斯文学的散文,作者以对比的手法强调了一个优雅的白银时代,一个读书人的时代,一个非黄金时代。

3. 作家江南回忆大学

十年后回想,那时候我其实富有得像个皇帝。那时候通往食堂的路上银杏明黄如金,女生们走在落叶中裙裾起落,男生们冲她们敲打饭盆。我拥有无数时光和可能,热血上涌的时候我相信自己能征伐世界,在战马背上带着窈窕的姑娘归来。

男生与女生、征伐和归来的对比突出了每一个少年都曾一无所有,每一个少年也都曾拥有世界、拥有理想和无数可能。

4. 狄更斯《双城记》开头

那是最美好的时代,那是最糟糕的时代;那是智慧的年头,那是愚昧的年头;那是信仰的时期,那是怀疑的时期;那是光明的季节,那是黑暗的季节;那是希望的春天,那是失望的冬天;我们前面什么都有,我们前面一无所有;我们全都在直奔天堂,我们全都在直奔相反方向。

单是看题记,就足以让我对书中的时代和世界心生向往,为什么? 对比手法的运用! 果然,全书在失望中藏了希望,在怀疑中装着信仰。

### 三、谋篇的风景

1. 柯锡杰与《盲母》

看过一幅摄影作品,名为"盲母",也得知这幅作品在展出前才由"最美的刹那"被更名。我还知道摄影家的摄影理念,他在拍摄人物时要让他们自然入镜,这样方可呈现出最"美"的刹那。

但几个小孩一直在闹,拍摄始终无法进行。盲女人把最小的孩子抱在怀里,在一个小凳上坐下,轻轻地抚摸着他的头,孩子像被施了魔法,很快便闭上了眼睛。这温馨的一幕让他有所触动,但他还是劝那位盲母,如果从孩子的前途考虑,应该将他们送进孤儿院。盲女人迟疑了一下,但瞬间她就仰起脸,用异常坚定的口吻说:"不,先生,谢谢,孩子只有在妈妈怀里才是最幸福的。"就在女人仰起脸的一刹那,柯锡杰发现,她竟是如此的美,那是凤凰涅槃、化蛹为蝶般的美……他的手颤抖着,按下了快门。

故事的感人是材料本身的冷静的对比:一个自理不便的盲母和几个活泼好动的孩子。

2. 邹荻帆的《无题》

我们将仆倒在这大风雪里吗

是的,我们将

而我们温暖的血

将随着雪而溶化

被吸收到大树的根里去

吸收到小草的须里去

吸收到五月的河里去

而这雪后的平原

会袒露出来

那时候

天青

水绿

鸟飞

鱼游

风将吹拂着我们的墓碑……

这是写法的力量:战士们似乎把生死想得透彻了,对比的写法让我们只看到他们坚定的信仰和悲壮的情怀。

3.《6 万年前,鲜花盛开》

<u>100 年前,自德国的尼安德山谷被发现以来,尼安德特人便被认为是野蛮、残忍、愚蠢、冷漠的种群。</u>

在这九具尼安德特人遗骨中,最先引起科学家注意的是一具扭曲的骨架,仅仅根据目测,就可以判定这是一个严重残疾的人,随后的研究果然证实了最初的判断:我们这位可怜的祖先右臂萎缩,<u>生来就是残疾</u>,左脸上大量疤痕组织,则证明他的左眼失明。

一个重度残疾的人,在如此恶劣的环境中,是不可能像我们现在这样,只要努力就可以养活自己的。那是一个残酷到我们无法想象的年代,弱者是没有自强不息的权利的,这个残疾人没有他伙伴的照料,根本不可能存活下来。

科学家对这具骨骼进行了观察,发现此人大约在 40 岁左右,这在那个年代是相当长寿的。而他的长寿并非出于基因优异,而是由于他没有经历过沉重的劳作,更不必冒生命的危险前去捕猎。

要不是因为自然灾害,这位幸运的人还将会存活下去,并向我们现代人的寿命靠拢。这个奇迹没有持续下去的原因是发生了地震,他所居住的房屋——山洞轰然坍塌,这回,他没有躲过劫难。

这个被灾难凝固下来的场景,证明了早在 6 万年前的旧石器时代中期,人类就已经拥有了同情、仁慈和爱……

而另一具尼安德特人的骨骼,则向我们展示了远古时期的浪漫,以及 6 万年前的人类对美的崇尚和向往。

这是洞穴深处的一具遗骨,一个极为隐蔽的地方,很显然,是被他的同类很隆重地埋葬的。科学家对坟堆周围的土壤加以分析化验后发现,土壤中竟含有八种鲜艳花木的花粉。大自然不可能把这么多植物的花粉混合在一起,然后弄到这么深的洞中并恰巧安放在死者身上。也就是说,只存在一种可能:有很多人在山坡上采集各种鲜花,然后把花朵编到灌木枝条上,做成花环,安放到死者的身上。

沧海桑田,世事无常,人类得以在无尽的悲苦中沐浴着芬芳前行,并一直走到了今天,是因为 6 万年前,就已经鲜花盛开。

一个春暖花开的日子里,我想起了一个孩子随口的一句:"天空中开满了花朵,我的眼中全是蜜糖。"

六万年,在我的字典中叫"永恒",而鲜花,无疑是短暂的代名词。文章像划线句子这样的每段都有的充满视觉冲击的鲜明的对比,直击人心,直击我们对诚实守信的良心。

4. 在毕业十年聚会上的讲话:《十年》

5. 学生作文赏析

### 青红

事物的外化,远不及内里的深度。

——题记

喜欢辣椒的色泽,青红紫黄,拿到手上,都有其独到的韵味。

喜欢辣椒的味道,辛辣刺口,一边为之泪流满面,一边逼近内心的深渊。

辣椒的色泽、味道各异,而经典的味道却不表现在富有光泽的色彩上。

红辣椒光彩夺目,一身妖娆,让人一眼就想到印度的魔鬼椒,舌尖触及便让你立刻瘫倒在地,连滚带爬。

红辣椒生长在硕果累累的秋季,金黄的麦穗微风下一波接一波地翻滚,血红高粱伸长了脖子舔食傍晚残余的夕阳,满脸通红的柿子睡在青葱枝头,做着无比丰足富裕的梦,一切的圆圆满满都让人联想到清甜可口、美味十足,让人欢欣鼓舞。

红辣椒就生长在这样的秋季里,它鼓足劲,憋得满脸通红,它无须再用真正的干劲儿从土里吸取营养,它以为那一身灼眼的红足以引诱农人的目光,足以让败落枝头的黄叶钦美,足以让上帝肯定它虚无的努力和成功。

但那只是徒有其表的红,内里,都是些干瘪瘦弱的皱纹。

因此,我更喜欢那生长在炎炎夏日的青辣椒。

夏日是生长的季节,是茂盛的季节,青辣椒就在这里。

它狠狠地扎根在泥土里,像一只只鼓足干劲的脚踩踏在地留下深深印迹。它一身的青让人想到不成熟的稚嫩,想到放在嘴里挥之不去的苦涩味道,想到那浓稠到化不开的腥。

可青辣椒是旺盛的,它充足的水分和饱满的身体,还有那内里青色的纵横,深深地写着它隐而不露的努力和付出。

青辣椒的口感清脆而动人,如一支遥远的歌曲,朦胧且美好,在全身之水榨出的那一刻,你在唇舌间感到的,是它绿意盎然的努力。

人亦如此,不必虚张声势扮那虚假的红,努力与实在就深烙在纵横饱满的青色里,好比沙滩上那些看得见的深深脚印。

青而非红,诚然最好。

青辣椒和红辣椒各有各的市场,各有各的魅力,作者也许无意褒贬,却在它们生长的环境、各自的面容和不同的口感对比中,轻而易举地流露了自己的情趣与选择。

# 第三节　联想：为你打开世界的大门

**一、联想为你打开世界的大门**

道理不能翻来覆去地说,好故事不能讲多遍,别人没兴趣也不好打断,别人完全可以不耐烦看下去,你又没有素材,怎么办? 让联想来为我们打开写作的大门。

尝试对老师拿到讲台的这个包进行联想:

料:皮——干涸的湖,鳄鱼的眼泪。

形:坚硬的石头——三十年在刻"永恒"二字的陌生人的故事。

色:黑——黑着脸不吭一声——一条沉默的鱼——一只沥血歌唱的鸟。

主人:可有丰饶的故事,在银杏如金的下午,可曾裙裾起落。

用:装一本语文书,装一个关于"云可以飞"的故事。

缺点:张开的嘴,两根细细的胳膊,我该如何满足你。

香奈儿:也有这样一个女人,她有苦难的人生,她有坚持的故事。

上述联想义可以升华的主题:

(1)敞开你的心扉:刻出信念、沥血歌唱、裙裾起落、张开的嘴。

(2)世界很精彩:鳄鱼的眼泪,沉默的鱼。沥血歌唱的鸟,不悲也不喜的井。

(3)在行走中成长:看到云可以飞,井是沉默的,秋是第二个春。

(4)坚持的故事:坚持保护自然、坚持对永恒的信念、坚持最后的美丽。

**二、联想的作用**

先赏析两个广告语:

(1)人类失去联想,世界将会怎样?

(2)联想,汇聚世界的力量。

你最多通过六个人就能够认识任何一个陌生人,这是一个小世界理论,叫六度空间理论,这也是联想作用的现实实践。

(一)俗处的联想成就生活的智慧

传说金圣叹临刑前曾写家信,托狱卒寄给妻子,信中说:

"字付大儿看:盐菜与黄豆同吃,有胡桃滋味。此法一传,我无遗憾矣。"

胡桃的产地是欧洲,在长江以南极少,金圣叹幼年生活优裕,后来家道中落,这个文人把自己揣摩联想出来的法子当作生活的智慧给了儿子,让我们不得不对他乐观的生死态度击节赞赏。

(二)雅处的联想成就诗

## 教我如何不想她

*刘半农*

天上飘着些微云,地上吹着些微风。啊!微风吹动了我头发,教我如何不想她?

月光恋爱着海洋,海洋恋爱着月光。啊!这般蜜也似的银夜,教我如何不想她?

水面落花慢慢流,水底鱼儿慢慢游。啊!燕子你说些什么话?教我如何不想她?


### 三、怎样联想

(一)用你的爱心、童心、坏心往后多想一点,可以成就联想

普通心理学中有这样一个例子,当我们路过一个钟表店时,人们一般会从实用的角度想:

我的表慢了:该修了。

五点了:得快回家了。

我住的那边没有钟表店。

当我们再坏一点、爱一点、童心一点:

(1)我的表慢了:该修了——你还跑得动吗,你累了吗?(爱心)

(2)五点了:得快回家了——让我的眼睛留下来看漂亮的橱窗,叫钟表匠把妈妈的表拨慢一小时。(童心)

(3)我住的那边没有钟表——一夜之间它消失不见,邻居们该有多惊讶!(坏心)

(二)朝相关、想反的方向想,也叫联想

(1)红了樱桃,绿了芭蕉,流光容易把人抛。

(2)我就是千年的狐狸,你和我玩聊斋?打败你的不是天真,是无邪。

(3)"春天到了,可我什么也看不见"法国诗人让·彼浩勒。

(4)辣不会与它味相混,不易亲近,是王者气象,所以用辣宜猛,否则便是昏庸

君主,人人可欺。甜,如秋月春风,最解辣,最宜人,是后妃之味,所以用甜尚淡,才有后妃之德,过则是露骨的谄媚。

櫻桃、芭蕉和流光,狐狸和聊斋,春天和眼睛,甜和辣,好句原来是因为人类可爱的联想而产生的。

5. 王潮歌《开讲了:那么,我是谁》

现在到了我人生的第四个十年了,这个第四个十年没过完,所以还没法总结。但是现在,此时此刻我站在大家面前的时候,我正在努力地想:我是谁? 我该往哪里走? 大家知道,有一个叫短板的理论说,如果你是短板的话,你的水就会流出去。我站在这儿告诉大家:我就是那长板理论! 所有板都短,我有一根长,就是我的作文写得非常之好。因为我写得好,文学带给我的光荣,带给我的荣誉,足以消解我在物理、数学上的缺陷,所以我现在并不扭曲,因为我有一个长板。因为这个长板,致使我的性格长得是完美的,致使我今天的生活,依然因为这个长板带给我名也好、利也好、生活的饭碗也好。

那么,为什么要求所有人都去把那个短板垒起来,把长板压下去呢? 我说这个理论,会有很多年轻人反对我,说:“你这样做是不对的。”老师们更多地反对,说:“你这样说是不对的。”可是,我就用一个最简单的例子告诉你,我如果今天说:“我非常想当一个歌唱家,我热爱音乐,我天天去练音乐,我可以唱歌吗? 我不可以! 因为什么? 我的声带没有长成那个样子,我就是苦死累死,也不能成为一个歌唱家,这是我的短板,我为什么要练? 所以,要知道自己是谁。”

知道自己是谁,才能够把自己的长板做得更长。短板,就暂且短着吧。

作者从我们熟悉的短板理论,反向联想到长板理论,思路打开了,也就洋洋洒洒,滔滔不绝。

(三)多问两个为什么和怎么样也叫联想,这叫由表及里

(1)南极考察人员在南极生存的最大威胁是什么,冰川、寒冷、食物还是极昼? 答案是极昼。

为什么? 原来人们也会渴求黑暗,黑暗有时候会成为生命的急需,人生的坎坷和甜蜜构成生命的昼夜,它们缺一不可。

怎么做? 在挫折到来的时候,我们不妨泰然处之。

(2)黄永玉有副对联:六根不能清净,五味常在胸中。

为什么? 人生本在尘世,所以我们不要苦涩孤寂的生活方式,需要安适的群居生活。

（3）一个只有十张座位的寿司店。

为什么？追求职业的精益求精。

## 四、联想成文

**不欺**

李浅予

（略）

三个故事是同类相关故事，只是三个关于"不欺"的故事，一个发生在英国，一个发生在美国，一个是犹太人的故事，同类相关联想真的可以很容易成文。

**今生的五百次回眸**

毕淑敏

（略）

毕淑敏对这个世界的敬畏和珍惜之情以自己对于一座高山、一片绿色和万物中的人类的怀想展示出来，这里有同类相关联想的成文奥秘。


## 五、学生作文赏析

给出四个《世说新语》小故事，要求学生以"发现"为题，联想成文：

1. 枕流漱石

孙子荆年少时想要隐居，他对王济说要"枕石漱流"，却错说成"枕流漱石"。王济说："流水可以做枕头，但石头可以漱口吗？"孙子荆说："之所以要以流水为枕头，是要用它来清洗耳朵，之所以用石头来漱口，是想用它来磨砺牙齿。"

2. 雪夜访戴

王子猷居住在山阴，一次夜下大雪，他从睡眠中醒来，打开窗户，命仆人斟上酒。四处望去，一片洁白银亮，于是起身，慢步徘徊，吟诵着左思的《招隐诗》。忽然间想到了戴逵，当时戴逵远在曹娥江上游的剡县，即刻连夜乘小船前往。经过一夜才到，到了戴逵家门前却又转身返回。有人问他为何这样，王子猷说："我本来是乘着兴致前往，兴致已尽，自然返回，为何一定要见戴逵呢？"

3. 徐孺子

徐孺子（徐稚）九岁的时候，曾在月光下玩耍，有人对他说："如果月亮中没有什么东西，是不是会更亮呢？"徐回答："不对。这就像人眼中有瞳仁一样，没有它眼睛一定不会亮的。"

### 4. 郗太傅招婿

郗太傅派遣门生给王丞相送去书信，打算在王家子弟当中挑一个做女婿。王丞相对信使说："你到东厢房随便挑选吧！"信使回去禀报郗太傅："王家的小伙子都不错。只是一听说您来招女婿，就都拘谨起来，唯独有一个袒露肚皮躺在床上，没听到似的。"郗太傅捋着胡须说："这个人才是我的贤婿啊！"于是又派人去探访，得知是王羲之，遂将女儿许配给他。

# 发　现
## 高三(17)陶璇

从你第一次睁开眼到发现这个世界，你尝试过怎样的方式？

在你发现一滴无意中掉落到纸上的墨水可以开出一朵花时；在你发现一株长歪了的新绿的幼芽可以窥见另一片天空时；在你发现一个在森林中迷路的人可以到达一处世外桃源时。

是否，你才知道，我们原来可以在一个个美丽的错误和精致的巧合中发现这个世界。

《世说新语》中有这样一则故事。

孙子荆年少时想要隐居，他对王济说要"枕石漱流"，却错说成"枕流漱石"。王济说："流水可以做枕头，但石头可以漱口吗？"孙子荆说："之所以要以流水为枕头，是要用它来清洗耳朵，之所以用石头来漱口，是想用它来磨砺牙齿。"

其实，我们的脑海里总会有一个精灵在驱使着我们的思维、我们的双眼，使我们在一个个细微的错误与巧合中跟随真理的脚步，聆听世界的声音。

这个世界时常假借上帝之手遮住你的双眼，别怕，用心灵去感受，换一种方式，或许还会发现别人用眼睛看不见的东西。

这是《世说新语》的另一则故事。

徐孺子九岁的时候，曾在月光下玩耍，有人对他说："如果月亮中没有什么东西，是不是会更亮呢？"徐回答："不对。这就像人眼中有瞳仁一样，没有它眼睛一定不会亮的。"

我无法遮住双眼去看见彩虹，但我可以被遮住双眼去猜测它有着怎样美丽的光晕，怎样优美的弧度。

你尝试过用这样的方式去发现吗？

从细微之处去发现种子长成了参天大树。

从心灵深处去发现那些令人咂舌的优美抑或独特。

其实,在发现的路上,我们从未停止过探索的脚步。

那么,什么是你的发现?

它会从你看见石缝中的新绿那发光的双眼中流出;它会从你仰望星空,月亮依旧明亮你却震撼不已的灵魂中流出;它会从你画错的几个符号组成一幅图画时你颤抖的双手中流出。

从此真理与你拥抱。

发现,真的从未有人刻意去做。

分析:作者以我们给的《世说新语》的小故事写自己在一个个美丽的错误和精致的巧合中发现这个世界,然后以为什么能发现和怎样去发现写从心灵深处发现的别人看不到的世界。

## 发现

高三(1) 李皿淳

看到商店橱窗里美得过分的花时,你不要惊奇——走进去,触摸一下叶,你会发现它只是塑料而已。

是的,你的眼睛会欺骗你。

草原上的蒙古人前瞻的时候总是眯着眼睛,他们并非想看清天地间的哪一样东西,而是想在眼里填充一下那苍茫。真的,蒙古人是睿智的,他们发现,如果睁大眼睛看草原,只会为那辽阔所困惑,他们说,草原不可看,只可感受。

的确,目光所及远不能发现世界的本质。

而古人也早就这么认为了。王羲之之所以能成为郗太傅的女婿,一方面是他为人的直率,在太傅挑女婿时仍旧平常模样,袒露肚皮躺在床上。另一方面,如果太傅只是从表面观察,那么王羲之首先就会被否定,但太傅却从他看似不敬不妥的表现上发现了他的率真,才让羲之抱得美人归。

用心灵当判官,而不是用眼睛,你会发现,世界每天都不一样。

你每天回家路上都要经过一颗桑树,如果你只是简单注意到它春繁夏茂秋凋冬秃,那对不起,我只能说你冷漠了些。桑是凡品,但其一举枝、一抽芽皆有中国民间的无限贵气。

浮躁的夏日,走过去,安静地深吸几口气,你一定会闻到树汁和树叶所散发的馨香,你的浮躁便可以得到安放,坐下来,再听一听风吹叶动,那细细沙沙的声响,是否会让你想起那些肥白的蚕进食的模样。置身此境,你,是否也就生出了安静祥和的美好？

　　或许是我们太过匆忙，顾不上去发现，或许我们有所发现，但很快被我们摒弃了，因为高高在上的大理论和大发现实在是太权威了，相比之下，我们的小发现太过肤浅。

　　白天永远不懂夜的黑。

　　早上消失的露水不会知道中午的阳光是怎样热烈。

　　这些发现，其实我们都可以叫它们真理。我们的每一个渺小的发现都可能是个未知秘密的缩影。

　　所以啊，我说，这个大世界，正等着你用心去发现。

　　作者以生活的小体验引出"用心去发现"，亲切自然；以太傅挑王羲之的材料和产生的看桑树的相关联想构成文章的主题部分，最后以为什么要"用心去发现"的进一步思考结束全文。

## 发现

高三(1)何英

　　脚下的硬石永远锃得发亮，炫炫地反射出檐壁上铁皮街灯的光亮。惨淡的目光充满着整个夜空，巷子越来越窄，人们的脚步越加变快又悄悄地放轻，像是怕惊扰到谁，又像是怕惊醒那个早已沉睡的中世纪。

　　这时，我才发现，佛罗伦萨像是个老人，深沉而又纯粹。

　　但丁，一个不朽的诗人，正是从这里走出。

　　他沉稳的脚步跨在晨昏线上，使早醒的人们都能够朦胧记起，这里有他一生钟爱却早逝的比阿特丽，更有他一生所信仰的新兴共和政权。然而，但丁的一生并不是那么平顺，甚至可以说是命途多舛：有谁经历过被判两次死刑？有谁能在半个世纪的流亡生活中意志不屈？但丁做到了。

　　《世说新语》中有一则小故事，徐孺子九岁的时候，曾在月光下玩耍，有人对他说："如果月亮中没有什么东西，是不是会更亮呢？"徐回答："不对。这就像人眼中有瞳仁一样，没有它眼睛一定不会亮的。"

　　的确，若是但丁没有经历过流亡，那么《飨食》《论俗语》《帝制论》就不会出现，也不会有伟大史诗《神曲》的诞生，更不会有十字架上那个历史的巨人。

　　佛罗伦萨圣十字教堂安放着很多本地重要人物的灵柩与灵位，但人们发现，大门口却只有一座雕塑压阵，那，便是但丁。

　　这时，我才发现，但丁正如屹立在欧洲大地上的埃菲尔铁塔，停驻在时光深处,看落花飞雨,又见明月中天,始终静若琉璃,千里澄辉。他就像一个太阳,照亮了人们内心迷茫的地方。

我才发现,无论年华的道路多么坎坷,也要一路歌唱,一路挥洒方向,总会有一朵浸满了奋斗的雪莲含苞开放。

和伟大的佛罗伦萨大诗人一样,我跋涉三千里路,只为花开的那一刻。

于是,我发现,一双有瞳仁的眼睛是那样明亮。

徐孺子那双明亮的眼睛让作者想起了以磨难造就的光彩照人的有着一双智慧眼睛的诗人但丁,然后联想到自己该选择怎样的人生,这也是联想成文的范例。

## 第四节　想象:去,喊醒你的读者

### 一、想象力

1. 看图

展示《拼图游戏》,你看见了什么?

没有标准答案,因为这不是知识,这是一个人的想象。爱因斯坦有家喻户晓的一句话:"想象力比知识更重要"。为什么,知识是有限的,想象是无穷的。

2. 日常生活中

(1)撒过谎吗? 撒谎时是不是有时自己都会相信?

(2)幻想过没发生的事吗? 是不是经常有故事情节?

(3)当你向别人讲起自己的某个经历时,会不会故意夸大其词,以便吸引别人的注意力?

如果答案是肯定,那么,恭喜你,你是一个富有想象力的人。

3. 总结

每个人都是有想象力的,儿子们钟情于把自己当作奥特曼,女儿们也都会想象自己是白雪公主,最后和王子幸福地生活在一起。

但可不可以做,能不能做,真的假的的担心让我们失去了想象力。但谁也不能剥夺我们想象的权利,爱时,你可以在想象中和她一起走出校门;恨时,你可以在想象中让他脸上在一拳中开花。

二、文字的想象力:用语言唤醒读者的想象力

(一)还原当时的情景

1. 顾城《门前》改编的歌词

草在结它的籽

风在摇它的叶

我们站着什么都不说

就十分美好

门是矮矮的

有阳光照进来

我们靠着什么都不说

就十分美好

草的形象,风的姿态,矮矮的门,暖暖的阳光,我们的沉默和知足,一切尽在对当时情景的还原中。

2. 像梭罗一样活着

他要用锄头给他的菜豆松土,趁休息的时间闭一闭眼睛,在无边无际的幻想里进进出出。

他要忙着将家具搬到门外草地上,好让黑莓藤顺着桌角缠绕,狗尾草在他的桌子底下摇尾巴。

他还要在冬天来临之前加固他的木仓,每一块地板他都要打磨平整。

他还要炖今天的那只肥松鸡,他的玉米要翻晒,他的松子酒也还没酿好。

他还要趁着月光前往湖边钓鱼,要倾听猫头鹰在深夜的歌唱。

这是学生写《瓦尔登湖》的读书笔记,梭罗以随性、自然和平静的生活方式去对抗充实、高效率和快节奏的现代社会,而疲于学习的学生以还原情景的方式把梦寐以求的自然放松的生活状态放在了我们面前。

3. 什么是医生呢? 孩子们

有时候,也许你只需为病人擦一点红药水,开几颗阿司匹林,但也有时候,你必须为病人切开肌肤,拉开肋骨,拨开肺叶,将手术刀伸入一颗深藏在胸腔中的鲜红心脏。

你倾听垂死者最后的一声呼吸,探察他的最后一次心跳。你开列出生证明书,你在死亡证明书上签字,你的脸写在婴儿初闪的瞳仁中,也写在垂死者最后的

凝望里。

这是一篇给医学院毕业生的寄语,医生又怎样的神圣,作者只是还原了无影灯下的一个镜头,就让我们对这个职业有了足够的想象。

4. 菩提树下

周梦蝶

谁是心里藏着镜子的人

谁肯赤着脚踏过他的一生

所有的眼都给眼蒙住了

谁能于雪中取火,且铸火为雪?

谁也不是,谁也不肯,谁也不能,因为雪与火的矛盾不可调和!诗人看透的今生以心里藏着镜子、赤脚踏过一生、把眼蒙住这些富有情景感的句子表达出来。

(二)比拟你心中的形象

1. 接写《围城》的比喻句

(1)写方鸿渐对苏小姐的一吻。请暗示:迫于情面、心一软轻轻一吻:

只仿佛清朝官场端茶送客时把嘴唇抹一抹茶碗边。

(2)写忠厚老实人的恶毒。请暗示:没料到、触不及防。

像饭里的沙粒或者出骨鱼片里未净的刺,给人一种不期待的伤痛。

2. 冯至的《蛇》片段赏析

我的寂寞是一条长蛇

静静地没有言语

它是我忠诚的侣伴

心里害着热烈的相思

它想那茂密的草原——你头上的、浓郁的乌丝

什么叫相思的挥之不去、排遣不了、斩不断、理还乱?"一条长蛇""一片茂密草原"的比喻,给了我们展开想象的可能性。

3. 张爱玲的《茉莉香片》片段赏析

"关于碧落嫁后的生涯,传庆可不敢揣想。她不是笼子里的鸟。笼子里的鸟,开了笼,还会飞出来。她是绣在屏风上的鸟,年深月久了,羽毛暗了,霉了,给虫蛀了,死也还死在屏风上。"

《茉莉香片》这个温馨典雅的名字背后,是生命的苦味。张爱玲是世俗的,但是世俗却精致。这段文字中精致而刻薄的比喻让我们对碧落嫁后的生活有了足

够的想象空间。

（三）猜测人物的内心、前世来生

1. 巴西里，你是否后悔过你的选择

如果，你不是游击队的领袖，也许你能看见你的孩子抱着他的母亲用力吸吮，眼睛闭着，睫毛长长地翘起；当他长成15岁的少年时，你会看到他棱角分明的脸就是你的翻版，他会眼睛清亮地追问你世界从哪里开始。

这是学生读书笔记的一个片段，书中的游击队队长为了镇上人的安宁幸福拿起了枪，镇上的人却为了自己却出卖了他，他永远离开了自己的妻子和孩子。作者以对人物内心的大胆猜测流淌出了自己的惋惜之情。

2. 向日葵

即使被按着，无法正对世界，你，竟也狠狠地挤出了那触手，那不甘埋葬在屈辱里的触手。嚣张的黄色，是你对世界的挑战，那是你心中即将爆发的沉寂了几亿年的火山，然后，然后你就要燃烧整个世界。

这是学生的一个看图作文的片段，我出示的是凡·高的《向日葵》，作者大胆地赋予画面形象以生命，对其中一朵向日葵的形态有了充满激情的猜测。

### 三、三种手法的综合运用赏析

#### 狼行成双

他们在风雪中慢慢走着。他和她，他们是两只狼。他的个子很大，很结实，刀条耳，目光炯炯有神，牙齿坚硬有力。她则完全不一样，她个子小巧，鼻头黑黑的，眼睛始终潮润着，有一种小南风般朦胧的雾气，在一潭秋水之上悬浮着似的。他的风格是山的样子，她的风格是水的样子。

她趴在井台上，不断给他鼓劲儿，呼唤他，鼓励他，一次又一次地催促他跳起。隔着井里那段可恶的距离，她伸出双爪的姿势在渐渐明亮起来的天空的背景中始终是那么坚定，这让井底的他一直热泪盈眶，有一种高高地跃上去用力拥抱她的强烈欲望。

我们是否能知晓两只狼的模样、姿态和心理的变化？如果可以，那就让我们感谢作者充满想象力的文笔吧！

#### 卵 石

从山谷地上捡起一块卵石，就会看到一丝一丝细如发丝的苔类植物紧紧地贴附在卵石的表面。这生命实在是太微小了，似有若无，淡淡的，像是石头的纹理。

如果你多捡几块卵石，会发现这些贴在石面上的苔类植物种类极为丰富，虽然全都卑微得不易察觉，但都以各自的姿态，显示着生命的存在：有的状如柏叶，有的类如海藻，有的则形似地衣。

非洲纳米比亚的沙漠深处，有一处被火山岩包围着的山谷，看不到任何生物。

卵石的特性是：不吸水！在沙漠里，只有在夜间才会有一点湿气，当湿气碰到卵石表面时，因为它不吸水的特性，可以让湿气多停留一会儿，于是苔类植物就牢牢地抓住了这点时间，在太阳升起前，靠着这点湿气生息、繁衍。

生命就是如此奇妙。

你能透过文字去感知这些卵石的模样吗？如果能，那么就让我们好好体悟一下还原的情景、比拟的形象和大胆的猜测吧！

## 四、学生作文赏析

作文题目：生命中的_____

审题：生命中的那些……值得我、值得他、值得某一类人坚信、追求、铭刻、探索的东西，那些或轻飘飘、或沉甸甸或看似无法理解的东西。

要求：有两到三处想象描写的片段，那是你专注于想象，去还原情景、去猜测内心、去比拟形象的结果，这样的文字也一定能调动读者的体验，叫有想象力的文字，叫文学的语言。

### 生命中的碎玉琉璃
高二（1）赖林卉

他说，琉璃比玉贵重。

我不信，便宜卑贱的琉璃哪能比得上光鲜润滑的玉。

光斑在玉的表面深深浅浅地浮动，投射出明晰的亮影，他握起一只琉璃瓶，瓶面打磨得很圆滑，光照上去，却始终罩有一层浓郁浑浊的雾霭。他小心地将瓶放下，"总有一天，你会明白的"。

夜更浓了，我放下书，抬头间望见了那只琉璃瓶，我把它握在手心里，感受着每一个握过它的人的体温，这只琉璃瓶是和几个同学去外面玩时买的，当时我们一人买了一个，兴冲冲地戴在脖子上，好像还拍了照的……

我翻出相册，先是快速搜寻，可越看越入神，动作也不由得慢了下来。这是小时候的我吗？我有这么小的时候啊，那是幼儿园的同学吧，还有些印象……往事的碎片像受到召唤一般聚集起来，我沉浸在回忆中，找照片的事早已忘了，什么时候长这么大了呢？什么时候小学毕业的呢？学校门口买零食的老人还在吧，林荫道旁的那只大狗还在向来往的学生吠叫吗？过去的一切浮现在眼前，却又不明晰，隔了层雾一样的迷离。手中的琉璃充满了回忆的温度，刺眼的灯光打在上面，却墨一样的晕开。

学校里，同学们谈起未来永远是激情澎湃的，以后要考某某大学，以后要从事某某工作，以后要过什么样的生活等。16岁的我们还总沉迷于动漫中的一切，幻想着自己也能变成柯蓝或者是怪盗基德，然后过着梦一般奇幻精彩的生活。心理课上老师曾要求我们用几何图形来画出过去、现在和未来，我把未来画得很大很大。老师看过后说我们还是爱做梦的孩子，梦乡光鲜亮丽，永远那么明亮清晰，却如同星辰一样遥不可及。

我们还是一群孩子，爱做梦是本性，向往明晰漂亮的玉却不喜欢浑浊厚重的琉璃。

一天早上起来，戴上玉的那一瞬间，感到一阵触心的冰凉，我摩挲着它华润的表面，想起他那天说的话。

他说："琉璃比玉贵重。"

他说："玉里藏的是幻想，琉璃里装的是回忆。"

"你可以用一生的时间去幻想，却只有一次储存回忆的机会。"

我想，现在，我懂了。

作者写生命中的那些回忆和梦想，好比琉璃之于玉石，前者真实浑浊而厚重，后者遥远光鲜而亮丽。作者比喻了回忆和梦、描摹了琉璃和玉石的形象、还原了童年的情景，(见文中划线的句子)构思精巧，富有理趣。

## 生命中的奔跑

高一(18)李昊

自从，飞翔的翅膀被那场暴风雨折断，我就开始用蹄掌扬起信念，开始了我的自由奔跑。

——题记

我笑蜚蠊。

它明明可以展翅飞翔，却愚蠢地选择了奔跑，它奔跑着，无畏地，枯燥地奔跑着……我无法理解，为何，它只愿穿梭于阴暗肮脏的角落，也不选择拥抱无瑕的天际。乏味的奔跑，哪比得上飞翔？

我羡慕鲲鹏。

羡慕它展翅时的傲视大地,雄姿英发! 它领略过江山如画,它识得大江东去,无限风光尽收它的眼底,是的,我不敢想象小小的蜚蠊能接受这种视觉的震撼。

不知过了多久,我的脊背上孵出了翅膀,梦想成了真:我,终于也能飞翔。

我兴奋地抖动翅膀,扎入云堆,直插云霄……干净的风抚过我身上的每一寸肌肤,我贪婪地享受,大口地呼吸。向下看去,我正飞过那一块块熟悉的土地,我从未俯视过高高的屋顶,那些只懂得奔跑的人们啊!

夕阳西下,远方的落霞正向我挥手,我铆足了劲儿,开始追赶太阳。

天色暗了下来,慢慢地,我被黑暗包裹。云层也越积越厚,闪电开始从我眼前划过,我只能拼命地扇动翅膀,乱挥一气。又一道惊雷,震耳欲聋,我,闭上了眼睛。

我醒来,去摸索脊背上的翅膀,一阵针刺的痛!

当我习惯了各种生物从我身边路过以后,奔跑的想法就开始不时地从我脑中闪过:我哪儿还能跑啊!

可当奔跑的信念越积越浓,我就开始用手掌撑起身躯,用双脚支起躯干,我保持着清醒,迈出了紧张的第一步! 每一根脚趾都贴在了地面,我开始感觉到了自己的存在,这种感觉真实得过了头,大地上每一种信息都交错地从我的脚心流往全身,仿佛一位老人在讲述他的身世,我读到了他史前的繁盛,读到了他身上的每一种生物所流露出的情感……

这种感受驱使着我迈出了另一只脚,这一次的接触,让我的全身涌出了力量,于是,我两只脚飞快地交替,我奔跑起来,眼前的景色并不枯燥,一切都是那样的贴近,一切也都那样真实。

我尽情地奔跑,与角马竞速,与鸵鸟齐奔。累了,我在林间小憩,渴了,我就在溪边畅饮,原来,奔跑可以这样令人愉悦。

我开始领略生命的奥义——生命的奔跑,奔跑的生命。

想象力还真是人们固有的能力,作者不过就把自己想象成一只鸟,以鸟的视觉展开了面前的情景,他比方眼前所见,他抚摸自己的内心,一个逐日的夸父有了生命的意义。

## 第五节 柳暗花明又一村——也谈结尾

**一、结尾的出人意料**

1.《我愿意》

这是一对相爱男女的故事。

男人因为车祸断了腿,怕拖累了女人,便坚决不见女人,让她离开自己。两个多月后的一天,女人比画着手势找来了,她拿着声带坏了的诊断书,两个残疾人决定相互搀扶,共同生活。15年后的一天,在男人差点跌在地上的一次危急状态中,女人喊出了他的名字,男人这才知道女人没有失语,但15年没说话,却让她几乎失语,男人问女人为什么这样? 女人说:我愿意。

整个故事的结尾只有从嘴里轻轻出来的三个字:我愿意。戛然而止,却意犹已尽。

2. 劳拉·伊丽莎白·理查兹的《观察能力》

一个男人在抱怨他的邻居:"我从未在这个村子里见到过这样一群卑鄙的人,"他说,"他们吝啬、自私、贪得无厌,根本不顾他人的感受,最糟糕的是,他们总是在相互毁谤。""真的是这样吗?"一位碰巧与他同路的天使问。

"千真万确!"这个男人说,"哎哟,只要看看朝我们走过来的那个人就知道了。我认识他,尽管我无法告诉你他的名字。看他那锋利残忍的小眼睛在那东张西望的,还有他那张贪婪的嘴! 他那下垂得很厉害的肩膀说明他吝啬且谄媚,还有,他看上去鬼鬼祟祟的。"

"你很聪明,可以看到这一切,"天使说,"但是,有一件东西你没有察觉到。"

"那是什么?"男人问。

"我们正朝着一块镜子走过去!"天使说。

故事也是戛然而止,却意味深长:还是苏轼的话说得好,参禅的悟性最讲究是什么? 是见心见性,你心中有,眼中就有。

3. 格林童话

德国格林兄弟收集整理的《格林童话》有童话的常规结尾:真诚纯洁的心灵战胜了虚假复杂的社会,善良勤劳的人才能收获最珍贵的东西。

### 一块头那么大的金子

罕斯给财主做了七年工，想回家探望母亲。主人觉得罕斯工作诚实，给了他一块头那么大的金子。

在回家的路上汉斯顶着这块头那么大的金子，汗流浃背，发现一匹马比一块金子要强得多，骑马是何等快乐的一件事，用金子换了一匹马。骑马的罕斯被马摔了一跤，于是用马换了奶牛，满意地认为从此每天早晨有牛奶下他的干粮面包。罕斯又不会挤奶，加上想到猪肉可以做香肠，奶牛换了一头猪，猪要赶着走，看到一个人抱着一只大白鹅，又肥又嫩，想到鹅油、鹅肝，又换了烤鹅。最后碰见一个快乐的磨刀匠，用烤鹅换了一块磨刀石。

罕斯背着一块沉重的磨刀石往回走了，他想自己多么幸福呀，有了这块磨刀石，以后可以靠磨刀为生，不用愁了。但这块磨刀石实在是太重了，罕斯累得受不了啦，来到井边喝水休息，一不小心，磨刀石掉到井里去啦。

这下罕斯摆脱了唯一的累赘。普天之下还有比他更幸福的人吗？他全身轻松，无比幸福地往母亲家走，离家七年了，他太想母亲了，罕斯跑了起来。

如果是你，是否想赤手空拳头弄一块石头，然后想方设法地换一只鹅，再换一头猪，一头牛，一匹马，最后再把它换成一块头那么大的金子。我们一生都在这么想这么做。我们为此不惜一切，东奔西跑，气喘吁吁，用一生的时光为代价！终于，我们达到了目的。但是且慢，等我们抬起头来，却发现我们和罕斯都来到了死神的屋檐下，我们都将不得不老死。不同的是，我们留下了一块头那么大的金子和充满烦恼的一生，而本文的结尾，罕斯却留下了幸福和快乐的一生。

一句最朴素的回答，一个最绝妙的讽刺，一个最快乐的汉斯，这样的结尾，怎么才能打造成？

## 二、结尾是人生阅历形成的智慧

16岁的少年去拜访一位年长智者，我怎样才能变成一个自己愉快，也能够给别人愉快的人呢？智者说：很简单，用一生的时间和精力。观察下面各句的最后一句话，都是作者一生的智慧：

（1）忘记一个人并非不再想起，而是偶然想起，心中却不再有波澜。

（2）河南诗人王海桑：你呀，就别关心灵魂了，那是神明的事/你所能做的是些小事情/诸如热爱时间、思念母亲/静悄悄地做人，像早晨一样清白。

（3）史玉柱：企业最高的成本不是给合格的员工发高工资，而是还在给大量不合格的员工发低工资。

(4)一位法国科学家说,告诉我你吃的是什么东西,我就能告诉你是个什么东西,但对人无效,因为他通吃一切。

### 三、结尾是发自内心的情感

齐白石的画为什么越老越好? 越到晚年,越依恋生活,越爱惜身边的一切,如初遇,如诀别。观察下面作为文章结尾的句子:

1. 这个女人不可原谅地独立了

这是一篇关于德国两个哲学家半个世纪爱恨情仇的文章结尾。

阿伦特卑微地不可抑制地爱上了她的老师海德格尔,但是因为名声、地位、妻子儿女,海德格尔最终抛弃了阿伦特。阿伦特的作品《人的条件》名声越来越大,她近乎同情地谅解了海德格尔,一个曾经带给她甜蜜、屈辱和痛苦的男子。她四处奔走,拍卖他《存在与时间》的手稿,甚至亲自到大学讲解他的哲学思想,为他辩护。

结尾一句"这个女人不可原谅地独立了!"四两拨千斤,情感强烈的修饰语,为全文情感的收束画了一个完美的句号。

2.《尊严》结尾赏析

活着的珊瑚,它生活在幽深无比的海底。在海水的怀抱里,它是柔软的,是柔若无骨的那种柔软,像是一个沐浴在爱情之中的女子,每一丝每一缕都是生命,每一分每一寸都是光彩。——珊瑚就会变得无比的坚硬。在远离大海的灿烂的阳光下,珊瑚只是一具惨白僵硬的骨骼。

有一种水獭,阳光下,是深紫色的,像缎子一样,闪烁着华美、神秘而又高贵的光泽,如果你看到它静静地栖息在水边的岩石上,你会惊诧,造物主竟然造出这样完美的有生命的宝石。——枪响过后,水獭死了,水獭的美丽也消失了,躺在岩石上的只是一只平凡的水獭,它的皮毛干涩粗糙,毫无光泽。

麝香,雄麝脐下的分泌物,那是名贵的药材,也是珍贵的香料,雄麝生活在密林深处,身手矫健,来去如风,找到了雄麝,取得麝香也是极困难的事。有经验的老猎手说:"靠近雄麝时,千万要屏息凝神,不能让雄麝感觉到你的存在,否则,它会转过头来,在你射杀它之前,咬破自己的香囊。"

在自然界里,有一些生物比人类还要有尊严。

当生命遭到无情的践踏时,它们会用改变、会用放弃、会用死亡捍卫自己的

<u>尊严</u>。

那么深情细腻的描写却在结尾以强有力的语言收拾,想起另一个经典结尾:真想大哭一场,趁着眼睛还有泪水的时候。

### 四、结尾对于谋篇的意义

#### 北纬 61 度的苹果树

李浅予

(略)

一个关于回归本性的最美的画面给这两个朴素的伟人做了最美的结束语。

#### 寻石记

迟子建

(略)

结尾诗化般的点题让这篇小小的叙事散文荡漾出率性的人生智慧。在叙事的高潮之后,也许人们呼唤的是一个小小的白苹洲,两三点星星雨,而人生阅历形成的智慧和发自内心的情感应该能够帮助我们抵达文章结尾的最佳境界。

### 五、学生作文赏析

#### 生命中的那些叶脉

高一(18)郝琪

打我一出生,我的身旁就有一个女人,不知从什么时候起,我开始叫这个人"奶奶"。

她有一双标准的劳动妇女的人,手上的纹路被岁月的荆绳勒得深刻醒目,粗、厚、干、硬的特点被那些清晰的纹路凸显得淋漓尽致。

这双手,摸过胭脂,挽过发髻,遮过发红的脸蛋儿。

这双手,养过猪羊,插过稻秧,捅过炉窖扬过场。

这双手,接过子女的喜酒杯,这双手,抱过可爱的肥胖的孙儿。

这双手,笑过,也哭过。

不得不承认,她是一个刚强的女人,少女的柔情和愁懑都在年代的反复锤炼下,在她的血液里,凝成了一股股锐气,在这股由里到外透出的锐气里,家人们都没有兴趣去追溯这片枯叶少女时的情怀,自然,我也同样没那份闲情。

直到——

几年前的一个冬天，奶奶的丈夫，我的爷爷带着一家人的挽留和浓重的忧愁，静静地离去——一颗星陨落在冬天寒冷的夜里。

那时，我远远地躲在那个灵魂消失处的门口，穿过风声的嘈杂，我听见了女人们嘶喊着的声音，也远远地看着她，她无力地跪在他躺着的床前，握着他的手，倔强地似乎还想抓住那仅存的一点温度，嘴里念叨着什么，泪流不止。那些泪水仿佛在眼睛里积蓄得太久，就等着这一刻，奔涌而出。

看着她那被泪水腐蚀得更显憔悴苍老的面容，那一刻，我才知道，原来这片久经蹉跎的枯叶，她叶脉的脉流竟是如此的脆弱！也是在那一刻，我才明白，一个生命表面的灰土永远也无法盖住灵魂深处那些脉动的呐喊！

原以为，人老并不可怕，只要心年轻就好，但现实的爪牙早已偷袭了梦想的机翼，一个生命的老去，原来，除了撕心裂肺，还有的就是这样无力回天的轰鸣和加速度约为十的坠落。

望着这个曾和我一样拥有过同样年华的女人，心里不禁荡起阵阵酸楚。

<u>是的，即使这片叶子周围氤氲的只是一层朦胧的薄雾，我也仍旧无法触摸得到，因为，我永远也不能看清它复杂的脉络，永远。</u>

奶奶一生的故事是一片枯叶上看不清楚的复杂的脉络，"我"是用了满怀的悲伤写出的，我尝试以文字去穷尽她的一生，悲伤的怀念在全文的篇末水到渠成地被酝酿出来了，篇末点题，卒章显志。

## 等一株花开

高一（2）杨娜娜

近了，近了，离它开花的日子更近了。

看着它，看着满眼的血红色，我发现，我还是喜欢蓝色的东西，即便如此，在过去的这八个月里，我还是倾注了全部的心血去照料它。现在看来它的确很美——火红的充满诱惑的花瓣，还有青翠欲滴的嫩叶陪衬。

谁能想到当初它可怜的模样呢？

母亲走得决绝，只留下好长好深的背影和这盆没有精力照料的快死的花——母亲嫌它太煞风景会毁了心情，让我把它扔掉。我抱着它，悠悠踱到垃圾堆，看到那些醉生梦死的苍蝇，鄙夷之际，一股恶臭扑进鼻子，够了，太脏了！

我抱着更加病态的花奔回家中，母亲还没走，正与父亲争执着什么。我蹑手蹑脚地把花抱进了我的房间，轻轻地想将它推进我的床下，看着它身上圈圈黑印，我觉得它应该喝水,以前吃了父亲那么多的烟头!

我往门外瞄了两眼,她走了!我便大方地走出去倒水浇花,喝了那么多水和营养液,想想都滋润,可它,竟还是蔫蔫的,毫无生气可言。

她先给我打了电话——我毕竟是她的孩子:"入秋了,多加点衣服。寒假要上来玩吗?要不,还是我回来看看你吧!"我总是无话可说,对于她。忽又想起入秋了,难怪那花一直不显生机呢:"有空再说,到时候你再回来!"学她的口气,毫不犹豫地,我挂了电话。

叛逆的青春就要来了吗?不,不是的,我只是想证实离开她,我也能够生活得好好的,那就先从养好这盆花做起吧——我俩像一棵藤上的蚂蚱。

冬天来得很快,那花的叶子几乎在一夜间全掉光了,好害怕,它会死掉吗?

春天来得好慢,不过它终于还是熬过了腊月。

在我焦急的目光浴中,它迟迟不肯吐芽,好不容易发芽了,开花的时间却延迟了这么久,我每天唯一的娱乐就是搜索如何照料它。灿烂的血红终于开在我眼前!一脱身上枯干的模样,它,画上了美美的妆容!

我拨打起那个熟悉又陌生的号码,抱着它,站在了她的门前。

一阵刺耳的刹车声后,高跟鞋噔噔噔地上了楼,我抱着它,骄傲地看着它,最后一刻——在她的惊讶中,它完全绽放了!

本次作文以"等待"为题,作者在铺叙了父母离婚的背景,在渲染了自己的无助与倔强之后,以一株花傲娇的开放,完成了一个关于成长路上必须努力适应的话题,结尾戛然而止,意味深长。

## 第六节　荡气回肠 喊"阿里"——也谈反复

**一、释题**

(1)你听过自己的回声吗?

(2)你知道如何表达"好远"的程度吗?

(3)你看过韩剧在主人公情感最激烈的时候那些反复涌上心头的画面吗?

反复一定有渲染情感的效果,十多年前毕淑敏的成名作《阿里 阿里》就是以文中反复的呼唤给我留下了深刻印象。

小说开头：

阿里。阿里是一座高原——在我们这颗星球上最辽阔最高远的地方。

小说结尾：

在很久很久以前，这里是一片未定国界。有一天，要正式勘定边界了，也就是说，在高原上打下第一道篱笆。中国的代表骑着骏马在高原上飞驰，告诉游牧的人们：明天若是有外国人问起这片土地的名字，就告诉他，这里叫作"阿里"。消息在高原上以风暴一样的速度传开。第二天，正式勘界，游牧的牧民们一边打马放牧，一边异口同声地一遍遍呼唤：阿里！阿里！

阿里的意思就是"我的""我们的"。

"阿里，阿里"的反复呼喊让人觉得荡气回肠，毕淑敏说，小说的标题只能用反复来表达对自己青春的怀念，对这片曾经工作过、奉献过的土地的热爱。

淘宝阿里旺旺和阿里巴巴集团的淘宝支付宝名称的灵感来历想必也与此有关吧！


**二、常规与反复**

（一）词

1. 常规构词

（1）道路、领导、买卖（并列）

（2）火红、瓜分、冰箱（偏正）

（3）地震、肉麻、心酸（主谓）

（4）美容、管家、司机（动宾）

（5）提高、说服、合成（补充）

2. 超常规的反复

（1）蒹葭、遥远、秋千、黄昏、流离

这叫声母的重复美，古人喻之：双声。

（2）望乡、缠绵、逍遥、呜呼哀哉

这叫叠韵的反复美，有规律的重复我们谓之乐音，古人称之：叠韵。

（3）我是个村郎，只合守篷窗、茅屋、梅花帐

董桥偶于世上得闲章，质地不敢恭维，印文是绝妙好辞，那么读读这枚印章的文字，你会觉得他是胸无大志、不求上进，还是他对于生命的一种主动的选择？押韵的美应给予我们最好的回答。

（4）庭有枇杷树，吾妻死之年所手植也，今已亭亭如盖矣。

这叫叠音的美,亭美,亭亭更有玉立之美。

(5)楚楚动人

"楚"其实是一种落叶的灌木,鲜叶可入药。枝干坚劲,可以做杖。所以我们的词义从"捶楚"到"杖楚"再到"苦楚"便发展到惹人怜爱的意思,而一叠音,更显悲楚动人。

(6)蓬蓬勃勃、咔咔、毛毛雨、水灵灵、赤裸裸

这是叠音带来的拟声效果,诉诸我们的触觉、听觉和视觉更是仿佛玉石之声击中了我们的内心。

(7)甜甜的、高高的、试试、靠靠

大家可以关注一下,汉语形容词的叠音和动词的叠音可是有不同的效果:一个让状态得以强化,一个让动作具备了小心翼翼的试探和短暂的意味。

(二)短语

1. 常规短语

规章制度、调查研究、形象准确(并列)

迫切希望、美丽人生、传统文化(偏正)

中国制造、地位平等、阳光灿烂(主谓)

制造飞机、喜欢清静、上馆子(动宾)

唱起来、来得猛、走向深渊(补充)

2. 超常规的反复

(1)只要学不死,就往死里学

分析划线短语结构。中国教育,确实病得不轻啊!

(2)把酒送春/春不语/黄昏却下潇潇雨

分析划线句子结构,押韵的、晓畅的语言是调皮的南宋女词人朱淑真的作品。

(3)标题:春天的春,晴天的晴

2011年3月,日本东北部海域,发生九级地震,海啸席卷了一个叫三陆汀的小城。全城1.7万人,有1300余人死于海啸。命运有力的大手,在几分钟里,将小城人们的生命轨迹轻易地改写,地残忍得不留一丝生机,又奇妙地漏下一缕温情。

31岁的佐藤一家也生活在这里,他在护理院工作。

地震当天,佐藤原本应该在护理院,照顾生病的老人们。凌晨四点,他的小儿子突然提前出生,足足提前了一个月。情急之下,佐藤离开工作岗位,满怀幸福和期待,开车去医院看儿子。仅仅在他离开两小时后,十米海啸轰然而至,护理院被

摧毁。70多名住户全部丧生。

当佐藤重新回到这儿，在满目疮痍里辨认尸体时，他希望这是一场马上就会醒来的噩梦；他也庆幸，最终幸运地逃离了这场噩梦。

佐藤家的房子在山上，一家四口全部生还。家庭经济支柱佐藤健司，也因为儿子的早产免于难。他给这个救了爸爸一命的小儿子，取名叫"春晴"。

春天的春，晴天的晴。

春晴笑起来梨涡甜甜，比天使更天使。大家都说，春晴是个能带来好运的孩子。

可在一次健康检查中，春晴，被确认患有唐氏综合征。孩子长大后，是个傻瓜啊。——所有懂得生活压力的人都知道"一定会拖累家人的"，可春晴的祖母却坚信："无论怎么样，春晴这孩子一出生，就是为了救我们一家人的。"他们决定像对待正常的孩子那样，让春晴快乐地长大。

只有曾与幸福失之交臂，只有体会过人生无常，只有见过生离死别，才会这样满怀感恩地接受每一点仅有的温暖，抱紧它，珍惜它。

标题反复的语言片段，让我们感知了孩子来世带给这家人的欣喜，当然，家人对待春晴的不离不弃也就不难想象了，这是反复的魅力。

3. 反复的效果描摹

(1)这歌是用顶精粹的言语，在顶纯洁的一颗心中摇着，从一个顶甜蜜的口中唱出，成为顶热情的音调。

这是形容苗族美男子龙朱的歌，令山动容、令鸟绝迹。四个叠加的"顶"，再上四个柔性形容词，温暖，庄严又节制的感觉出来了。

(2)希望是附丽于存在的，有存在，便有希望，有希望，便有光明。

这是鲁迅《在北京女师大的讲演》，议论因为反复而产生顶真，所以有力度。

(3)船停了。停了船，不上岸不成。停到十八湾，十八湾是长长的一条平潭。

这是沈从文小说的选段，用反复手法打造的顶真让脉络清晰、自然流畅。

(三)句子

1. 常规句子

(1)正义不是一座很远的桥。

(2)世界上最恒久也最打动人心的，是那份不经意的美德。

(3)看啊，恩典时代，我的帐篷里有平安。

(4)在佛家的用语里，"一会儿"快到你根本不知道早已过去，来不及悲哀。

**2. 超常规的反复:句子的反复,成就作品的构思**

(1)鲜花到哪里去了

鲜花都到哪里去了

鲜花被姑娘们摘去了

姑娘们到哪里去了

姑娘们嫁给年轻的士兵了

年轻的士兵到哪里去了

年轻的士兵到哪里去了

年轻的士兵到坟墓里去了

坟墓到哪里去了

坟墓被鲜花覆盖了。

这也是用反复打造的顶真,一遍就可以背下来,这便是反复的魅力,诗作流传甚远。俄罗斯人说,这是他们纪念卫国战争的英雄民谣。美国人说,这是他们的反战民谣,他们以此呼唤和平。

(2)长大后我就成了你

小时候我以为你很美丽, 领着一群小鸟飞来飞去。

小时候我以为你很神气, 说上一句话也惊天动地。

长大后我就成了你, 才知道那间教室, 放飞的是希望, 守巢的总是你。

长大后我就成了你, 才知道那块黑板, 写下的是真理,擦去的是功利。

长大后我就成了你, 才知道那个讲台, 举起的是别人, 奉献的是自己。

"长大后我就成了你"

同韵的美,同句的美,反复渲染与反复对比让这首歌有了传唱的魅力。

(3)情人眼

王鼎钧

到那条泥径上,向每一个水汪中找你。到那座大楼前,向每一片玻璃中找你。到人群中,向每一双瞳孔中找你。到山上,向每一片树荫中找你。向每一寸空间找你。向每一本诗集找你。向音乐会的弦上找你。向摄影师的显影药水中找你。向剪影人的剪刀边缘找你。

恨我不是资本家,盖一座宏伟的大楼,用你的名字。恨我不是探险家,发现一座荒岛,用你的名字。恨我不是科学家,发现一种蝶,用你的名字。

甘愿长寿,为了再见。甘愿空闲,为了回忆。甘愿献身革命,为了给你一个更好的现实世界。甘愿信教,因为你可能有一个天堂。

　　想你,恨你。你将一切弄乱,将一切打碎,将一切点着燃光,将花香弄得如此浊,将菜味弄得如此淡,将人生弄得如此短而夜如此长。

　　可是有什么理由恨你?因为你将一个宝藏打开?因为你有一万次微笑?因为你低声说童年的故事?因为你使星期天成为上帝降福的日子?

　　记得明月,记得你,记得能照亮生命的光,只要有,不嫌短。

　　每段有不同的抒情线索,对各自抒情线索的反复成就了段、篇。

　　(4)两岸

张晓风

　　我们总是聚少离多,<u>如两岸</u>。

　　<u>如两岸</u>——只因我们之间恒流着一条莽莽苍苍的河。我们太爱那条河,太爱太爱,以致竟然把自己站成了岸。

　　春天的时候,河中有萍,河中有藻,河中有云影天光,仍是《国风·关雎》篇的河啊,而我,<u>一径向你泅去</u>。

　　<u>我向你泅去</u>,我正遇见你,向我泅来——以同样柔和的柳条。我们在河心相遇,我们的千丝万缕秘密地牵起手来,<u>在河底</u>。

　　<u>在河底</u>,在温柔得令人心疼的三月,我们忍不住伸出手臂,秘密地挽起手来。

　　上段的结尾语拈来做下段的开头语,反复之间好像只是顺理成章的事,不料诗意也顿出。


### 三、学生作文赏析

**星星藏在大山上**

高三(3)　李文芮

　　一个人的生命里,若是没有山,那便少了几分羁望。

　　一个人的生命里,若是没有山,那便少了几分幻想。

　　一个人的生命里,若是没有山,那便少了几分快乐与惆怅。

　　那黄澄澄的菊花开遍的南山,那白皑皑的大雪覆满的太行,那浑沉沉的浊酒洒向的关山,那或巍峨,或秀丽,或绵延的造化不是我的,不是我的山啊!

　　思绪早已抽离,记忆却依旧清晰。

　　三月三百花艳,山上的孩子会打燕,而我,恰是那山上的少年。

　　顽皮的山风总爱满山跑,晃一晃竹林里新生的嫩叶,沙沙作响;摸一摸溪水边卷起的浪花,啪啪清亮;生气的时候猛吹口岚气,谷子打着旋,桃儿到处跑!

小小的少年还不懂什么叫烦恼,叫上三五好友,见四周空荡,便蹑手蹑脚地钻进竹林往鸡窝里摸走两个鸡蛋,被愤怒的老母鸡追得上蹿下跳。

山上的少年找吃的可是一把好手。

春雨后不知从哪儿冒出来的竹笋,趁老母鸡不在刚摸来的鸡蛋,再加上那小溪里的跳尾的鱼,稍一收拾便是一顿美味。

冬月里的阳桃黄甸甸地压在枝头,春天里的李子青亮亮地挤在一起。夏季中的西瓜一个赛一个大,最爱的还是那秋初的"地萝卜",扛一把小锄头,背上爷爷刚编的竹篓,下山的时候不用说,满满的一筐还不算肚里的呢!

山上的少年玩乐上也个个是行家。

拣几根大人伐树时落下的枝丫,嘿,"七月初七"华山论剑,床单做披风,枝丫作宝剑,还一定得戴一条鲜艳的红绸带。奈何英雄气短,往往大战还没开始,"剑客们"却又不得不回家做活了!

央爷爷用老竹做个骨架,糊上几层报纸系上鱼线,大风天,轻轻一扯风筝便起舞,那山风正是温柔!

缠叔叔拿新竹做把简易的弓箭,十米开外射不了一个准,可少年还是带着"狩猎大军"满山疯跑追些兔子狍子,谁家年少无那精忠报国梦?何处少年不想倚马待箭发?

小小的少年也有惆怅的时候。爬上几百阶石梯,坐在果园的田埂上,听旁边池水里的细碎蛙鸣,看夜空中闪烁的天星。

后来,后来,小小少年离开了大山,住进了钢铁巨兽般的高楼。

后来,后来,小小的少年在阳台上眺望,可总觉得,那些星星好像抹上了一层灰,黯淡无光。

后来,后来,小小的少年终于发现,那座记忆里的山,那座藏着星河的山,就是他生命中的根,是他忘不了、舍不下的根。

开头结尾的呼应和反复感叹,让全文形散而神不散,作者的选词造句在叠音、双声、叠韵的有意无意地使用中表现了特别的音韵美,当然,生动的细节让文字富有想象力。

# 第七节 暗香袭人话"白描"

## 一、"袭人"名字来历:缓缓道来的白描

宝玉之乳母李嬷嬷并大丫鬟名唤袭人者,陪侍在外大床上。原来这袭人亦是贾母之婢,本名珍珠。贾母因溺爱宝玉,生恐宝玉之婢无竭力尽忠之人,素喜袭人心地纯良,肯尽职任遂与了宝玉。

袭人细挑身子,容长脸儿,长得也是美人一个。按照王夫人的描述,样貌虽比晴雯略次一等,收在房中也算一二等。

袭人原来出身贫苦,卖给贾府当了丫头,没有得到过正常的父爱母爱,对一个生性温顺的女孩子而言,贾府是她从小长大的地方,比起狠心将她卖入贾府的父母来,她服侍过的贾母、宝玉对她都还不错,这自然使她对贾府产生一种归属感,加上在复杂的成长环境中学会的小心谨慎,温顺谦恭。

宝玉因知他本姓花,又曾见旧人诗句上有"花气袭人"之句,遂回明贾母,即更名袭人。这袭人亦有些痴处,服侍贾母时,心中眼中只有一个贾母,今与了宝玉,心中眼中又只有一个宝玉。她虽然既不会像晴雯那样做出撕扇子、绞指甲、换红绫小袄之类的大胆行动,也不可能像鸳鸯那样横了心发誓说"我这一辈子,莫说是宝玉,便是宝金、宝银、宝天王、宝皇帝,我也横竖不嫁人就完了。若是老太太逼着我,我一刀抹死了也不能从命!"

似桂如兰,花气袭人,暗香阵阵,花袭人是贾宝玉视为愿意同生共死的除黛玉外的另一个女性,她的一生以默默、淡淡的姿态被曹雪芹以白描的手法勾勒。

## 二、暗香:白描在艺术创作中的普遍运用

白描是一种绘画技法:突出主体,不求细致,不尚华丽。

### 《逢雪宿芙蓉山主人》

刘长卿

日暮苍山远,天寒白屋贫。

柴门闻犬吠,风雪夜归人。

(1)读题目:明确写什么? 主人。旅客暮夜投宿,山家主人风雪夜归。

（2）夜宿对这家对主人的感受？白屋：白茅覆盖。清静、天寒、山里人家。

（3）唐玄宗天宝进士，生平坎坷，第二次迁谪的旅途中，风格清雅，一股隐逸之情扑面而来。

（4）夜归人作为主体形象却在山里白屋中得到了突出，没有细致的表情、心情、环境，更无华丽的辞藻，白描手法流畅谐美。

# 土

### 王鼎钧

怎么能不找？那是我家乡的土啊！

那时一块上等的旱田，它上面有祖父和父亲的汗，有母亲的脚印。我母亲有胃病，长年吃中西大药房的胃药，她亲手把土装在空玻璃瓶里。在我的家乡，玻璃瓶也是好东西。母亲把土摊在白纸上，戴好老花镜看过、拣过，弄得干干净净，才往瓶子里装。我带着这个瓶子走过七个省，最后越过台湾海峡。

非找不可，我不要住院。

这是一个刻骨铭心的思乡者，他把一个装着故乡土的玻璃瓶弄丢了，他的魂魄也丢了，他住在医院里，什么样的医术也治疗不了他思乡的疼痛。他从大陆到台湾，从台湾到美国，他由思乡到梦中还乡，然后却在现实中拒绝还乡。

划线句子是白描手法的运用，是中国人对土有一种神秘的景仰。女娲用土造人，我们有和黄土一样的肤色；我们是农耕民族，是从土里刨食的民族，所以最后我们入土为安。


## 电影《赎罪》的白描片段放映：敦刻尔克大撤退

《赎罪》是20世纪三四十年代英格兰的一个关于爱情、战争、阶级、忏悔和宽恕的故事。

塔利斯，一个富有丰富想象力的富家年轻小姐，由于爱上管家的儿子罗比，更嫉妒他与姐姐相恋，由爱生炉、盲目推论、坚定指正，使罗比蒙冤入狱，姐姐伤心欲绝。罗比出狱后，恰逢"二战"爆发，无情的战火最终将参军的罗比和为寻找等待他而做了随军护士的姐姐相继吞没。

从此，伴随塔利斯一生的是写作、无法平息的罪孽和悔恨，她用一生的时间弥补自己童年时犯下的过错，用她的书展现了一个充满遗憾却最终获得救赎的人生。

英法联军35万士兵在等待撤退。西面的英吉利海峡成为联军绝处逢生的唯一希望。

英国政府紧急调集了所有军舰和民船,无数业余水手和私人船主货轮、渔船,甚至花花绿绿的游艇参加进来,保证了反攻的主要力量。

海风,阴天,沙滩,远处的旋转木马,是模糊简略的背景。

紧随男主角的走动,海滩上枪杀军马、焚烧文件、捣毁车辆、遗弃伤员的镜头客观冷静地表现着战争的残忍。

当镜头从斗殴的军人、旋转的摩天轮、成箱成箱的子弹、演唱中的合唱团、木马上喧闹的士兵、看着远处抽烟的伤员一一掠过时,我们看到了一种焦躁的期待,一股绝望和希望交织的情绪,而男主角此时此刻的悲惨命运、贯穿影片始终的赎罪情结也得到了朴素的展现。

有人说这个长镜头就好像维纳斯接上去的胳膊,破坏了原有的美丽,没有这个长镜头,《赎罪》就是一部爱情片,也许导演真正的意图就是想大致勾勒这个宏大的场面,击碎观众们在前面刚刚建立起来的小资情调的爱情感受,让观众从大的背景中思考整整一代人的爱情所遭受的苦难和折磨,思考人类的祈祷:啊,安静,听那些风平浪静的低语。

### 三、白描与渲染的比较

1. 渲染

渲染是一种华丽的绘画风格,重烘托、重形容、重夸大。与突出主体、不求细致、不尚华丽的白描恰好相反。

2. 读下面最朴素的语言

(1)怎么还不睡觉,都几点了。(爸妈口头禅第一位)

(2)一九四二年,因为一场旱灾,我的故乡河南,发生了吃的问题。与此同时,世界上还发生着这样一些事:斯大林格勒战役、甘地绝食、宋美龄访美和丘吉尔感冒。(电影《一九四二》)

3. 词语的渲染:细腻华丽的辞藻

A. 鹅黄、葱绿、墨绿、桃红、苍白、乌黑、紫薇、紫苏、紫罗兰

B. 暗香、秋波、仲夏、暮春、清秋、残荷、过客、浮生、羽觞、

C. 香芹、香油、香菜、精盐、青蒜、蒜苗、红椒、陈皮、姜丝

D. 灼灼其华、擦肩而过、号啕大哭、嫣然一笑、浩然正气

E. 变态、坑爹、鄙视、搞笑、养眼、爆料、扯淡、顶、汗(不细细腻、不华丽)

4. 句子的渲染:《安娜·卡列尼娜》中华丽的宫廷舞会

上流社会的贵妇安娜,拥有所有人梦寐以求的生活,却爱上一个年轻军官,两人都不能自拔,安娜以私奔揭穿了上流社会的虚伪、混乱与压抑,却被上流社会抛弃,最后为惩罚不信任她离她而去的情人,卧轨自杀。

电影有一场关于宫廷舞会的描写。从一个贵妇人下车、进门脱掉大衣交给侍者开始:

高高的门厅,长长的走廊,帷幔重重,曲拱繁复。

女人急促的脚步、优雅的背影与名贵的走廊花交错出现。

高悬的水晶吊灯、施特劳斯的华丽音乐、令人眼花缭乱的礼服把我们带进了华美的舞池,上流社会的繁文缛节和由此而带给我们的奢华之感在绅士风度的邀请、高贵优雅的答谢和庄重而娴熟的队列式舞步中被表现得淋漓尽致。

贵妇安娜与他的年轻军官就在这样奢华无度的上流社会的社交圈中相识了。


**四、从白描与渲染中看偏正结构的作用**

(一)描摹细腻

1. 二妹妹的胆子最大,冬天的虫蛹掰开,虫们被惊扰了美梦,蠕动了白身子,我和三妹会怪叫一声跑开,拿着它的二妹妹俨然就是我家的英雄了。(描摹对象)

2. 无聊的我们可以一朵一朵地去吹开夜来香!对,是去吹开,像春风吹开绿杨,对准它蓬蓬张开的苞顶吹上一口,就能听见花开的清脆的"啪"声。沁人心脾!当我学到这个词的时候,我想,那天的语文课堂我一定走了神,因为直到现在,我的眼前都还是三妹妹撅屁股嗅花的样子。(描摹神态)

3. 其实,苦丁茶也是一种百姓的茶,因为茶味的先苦后甜,喝茶的人便会涌出对生命或释然或庄严的感悟。可我还是愿意在长长的午后,在夏天有风的傍晚,捧一杯茉莉花茶,怀念那些温暖而平静的岁月。(描摹心情)

(二)个性斐然

(1)你夜的叹息似的渐近的足音/麋鹿驰过苔径的细碎的蹄声

修饰尽显细腻绵长。

(2)在庭院中有一棵桂花树——庭院中有一棵桂花树——一个有桂花的院子

使用偏正结构,文字顿时清淡随和起来。

(3)宁做沥血歌唱的鸟/不做沉默无声的鱼

修饰对举,简洁深刻。

（三）魅力长句

（1）当镜头从斗殴的军人、旋转的摩天轮、成箱成箱的子弹、演唱中的合唱团、木马上喧闹的士兵、看着远处抽烟的伤员——掠过时，我们看到了一种焦躁的期待，一股绝望和希望交织的情绪。

长句才足以表达复杂客观的情绪。

（2）高悬的水晶吊灯、施特劳斯的华丽音乐、令人眼花缭乱的礼服把我们带进了华美的舞池，上流社会的繁文缛节和由此而带给我们的奢华之感在绅士风度的邀请、高贵优雅的答谢和庄重而娴熟的队列式舞步中被表现得淋漓尽致。

长句尽显整齐华丽的铺陈。

（四）魅力移就

1. 移就的修辞效果：简洁而富有想象力

（1）他留着浓黑的胡须，目光明亮，满头是倔强得一簇簇直竖起来的头发，仿佛处处在告白他对现实社会的不调和。

选自唐弢的《琐忆》，用人物的性格来形容"头发"，错位移用简洁深刻地表现了先生的民族魂。刀山火海，血流成河，有躲进小楼，我自风花雪月的；也有拍案而起，喊醒众人的人，鲁迅就是这样的人。中国的骄傲是有了一个鲁迅，中国的悲哀是只有一个鲁迅。

（2）将最初的叹息／最后的悲伤／一齐投入生命的熔炉／铸炼成金色的希望

选自诗人陈敬容的《铸炼》，用"生命"来修饰"熔炉"，用"金色"来修饰"希望"，简洁形象，意味深长。

（3）懒洋洋的筷子　浅浅的虫鸣　沉默的绿意　美丽的欲望

选自学生作文，"心情"形象而简洁地出来了！

（4）歇斯底里的太阳光　粗糙的微笑　善良的牙齿

选自学生作文，写沙漠里的一匹骆驼的形象，一匹坚强的骆驼！

2. 移就的运用

（1）收割的繁华

写丰收，当繁华收割完毕，"我"仍在泥土中，并将长眠于此。

（2）明媚的白杨

光彩照人，白杨都不能存活的沙漠，生长着一种叫骆驼刺的草本植物，它比白杨更明媚。

（3）缠绵的植物

柔情似水,缠绕的根系使我想起另一种缠绵的植物,那就是蒲草。

(4)信仰的底部

写的是根!如果可以,愿做岩层里的根,扑倒在大地母亲怀抱的根,流着人类血液的根,扎根于信仰底部的根。

(5)单纯的心事

写的是极地植物心事的简单、微小、可爱!极地也能有生命,它们的心事就这么单纯。

(6)青春的华美精致

让人想起了需小心维护的瓷器,想起了锋利的时间镰刀,有人说,时间会刺破青春的华美精致,会把平行线刻上美人的额头,谁也躲不开它横扫的镰刀。

(7)坚毅的河床

写勇敢的不悲不喜的一段河床,他们也是山坡上雷打不倒的半棵树,是夹缝间踩不死、晒不倒的瓦菲。

(8)暗河的诱惑

反正我想到了美女,因为有美女般暗河的诱惑,水没有走,在绵长的旱季,水也没有走。

语言运用有自己的习惯,我们可能被习惯打倒,也可能对坏习惯熟视无睹,视坏习惯为理所当然,那么颠覆我们的习惯,大胆反复,大胆使用偏正关系,学写长句,大胆移就。有时,让我们害怕的也许不是我们的无知,而是我们对谬论的坚信。


### 五、师生作文赏析

1.《茉莉的夏天》(略)分析:老师对童年时候夏天傍晚的记忆,对父亲引而不发的怀念,对那样缓慢平和的岁月的缅怀,以或白描或渲染的语言文字娓娓道来,倒也极尽其意。

2. 学生作文赏析

### 根

高三(3)严易琳

今天天气好得出奇,阳光灿烂,白云朵朵开在碧蓝的天空里。

政府宣传办的小王,这天起了个大早,赶了两趟车,走了十多里山路,翻了一座大山,七拐八绕得快头晕时才在晌午时分找到了白山村。

白山村，一穷二白，名副其实。你说他费这么大劲到这山沟沟里来做什么？嘿，原来政府打算建个城中村，把零星散落在大山深处的人移走。白山村大部分的人都搬走了，只剩下一家钉子户，死活赖着不走。这不，小王动员来了嘛！

钉子户人称张老汉，他唯一的一个孩子八岁那年夭折了，老伴前年也去了，剩张老汉一个，自己捣鼓了一群羊，整天领着羊专往水草丰沃处钻。

正是晌午，暑气正盛，日光烤得人心惶惶的，小王架着玻璃片儿的鼻梁沁出了豆大的汗珠儿。

小王把手搭在眼睛上，站在高坡上眺望，只见茫茫一片绿油油的小草，咦？白云怎么跑地上来了？走近一看，哦，原来是羊群啊，却不见张老汉的身影。

"张大爷——"

"干啥？"

张老汉方才蹲着，小王没看见，这下张老汉猛的直起腰板，唬了小王一大跳。

小王打量着张老汉：黑黝黝的脸上布满沟壑，光着脚踩在泥里，乍一看，都要和土地黑成一体了，怪不得起初没看到。

小王清清嗓子，把事先准备好的说辞拿出来："为了响应……"

张老汉眉头拧成了麻花，摸出一个果子扔进小王嘴里，笑道："看我塞住你的嘴！"

小王也不心急，见张老汉踩在泥里，手上尽是黑黑的土，问道："您这是做什么？"

张老汉极轻缓地拨开泥土，将放在一旁的草秧扶正，又一点一点地用土填好。

"前几天的暴雨把土冲垮了，这些草也怪造孽的，能帮就帮点吧。"

这一刻，小王眼中的张老汉，已经幻化成山里善良的妖精，他从土里孕育而出，因此皮肤黑如泥，他的脚趾就是他的根系。

时间一分分过去，张老汉一根一根小心地植着草，汗水顺着他的脸颊落到地里，仿佛手中握着的是价值连城的珠宝，他的动作温柔而平稳。

小王不忘来的目的："张大爷，到了城里，也有花草，条件也好，您就走呗。"

张老汉宣誓般说道："金窝银窝，不如我的草窝！"他把"窝"念成了"吭"，像狼啸，小王扑哧一声，乐了。

日渐西沉，夕阳西下。

张老汉赶着羊群回家去，小王跟着，夕阳的余晖将二人的影子拉得长长的。

远处依稀可见一大一小两个坟冢，张老汉冲坟冢挥挥手，喊着："回家咯～"晚风轻拂着坟前的野草,像在回应,又像微笑。

小王恍然大悟,心情酸涩,眼睛胀得厉害。

张老汉唱起了嘹亮的号子,羞红了天边半壁云彩。

这儿,是张老汉的家。

这儿,有张老汉的根。

羊群迈着优哉游哉的步调,"回家咯~!"暮色四分,张老汉仿若仙人,乘着白云,消失在天边。

分析:文章写的是政府动员群众搬家的一件事,简洁的记叙完成了基本的交代,细节处的白描手法引出了情节的合理转折,让全文荡漾着一种和谐的静美,看似漫不经心的对白也以白描的手法勾勒了风趣的特色。

# 第八节　香菱学诗 我学语文——代课程结语

"香菱学诗"是《红楼梦》中的一个插曲,但联系香菱的一生遭际来看,这个插曲的描写是作者颇具匠心的安排。

她十二三岁时,被薛蟠强买为妾,改名香菱。她生得袅娜纤巧,做人行事又温柔安静,却是小说中出场最早的薄命女。自幼被拐,十几岁时被霸王薛蟠强买为妾。后来正妻夏金桂一来,她的命运就更为不堪,很快就被折磨致死了。作者写她学诗,也是为了抬高她的身份,增加读者对她的好感。这样,当她被无情的命运折磨致死时,小说的悲剧性就更为强烈了。

而我们,能否通过她这次学诗,在感受香菱的聪慧灵秀、极富悟性和虚心好学的同时,也悟出一点点学习语文的奥秘呢?

**一、要有学习的需求**

香菱道:"我原要和奶奶说的,大爷去了,我和姑娘做伴儿去。又恐怕奶奶多心,说我贪着园里来顽,谁知你竟说了。"宝钗笑道:"我知道你心里羡慕这园子不是一日两日了,只是没个空儿。就每日来一趟,慌慌张张的,也没趣儿。所以趁着机会,越性住上一年,我也多个做伴的,你也遂了心。"<u>香菱笑道:"好姑娘,你趁着这个工夫,教给我作诗罢。"</u>

宝钗笑道:"我说你得陇望蜀呢。我劝你今儿头一日进来,先出园东角门,从老太太起，各处各人你都瞧瞧，问候一声儿，也不必特意告诉他们说搬进园来。若有提起因由，你只带口说我带了你进来做伴儿就完了。回来进了园，再到各姑娘房里走走。"

且说香菱见过众人之后，吃过晚饭，宝钗等都往贾母处去了，自己便往潇湘馆中来。此时黛玉已好了大半，见香菱也进园来住，自是欢喜。香菱因笑道："<u>我这一进来了，也得了空儿，好歹教给我作诗，就是我的造化了！</u>"黛玉笑道："既要作诗，你就拜我作师。我虽不通，大略也还教得起你。"香菱笑道："<u>果然这样，我就拜你作师。你可不许腻烦的。</u>"

从划线句子来看，香菱有学习写诗的强烈的需求。她虽然只是丫头出身，但有作为人的愿望，当然，曹雪芹借写香菱学诗，还表达了自己对诗艺的一些看法，从中我们也许可以感悟到一些遣词、造句、谋篇的精髓。

## 二、要有自由的思想

黛玉道："什么难事，也值得去学！不过是起承转合，当中承转是两副对子，平声对仄声，虚的对实的，实的对虚的，<u>若是果有了奇句，连平仄虚实不对都使得的。</u>"香菱笑道："怪道我常弄一本旧诗偷空儿看一两首，又有对的极工的，又有不对的，又听见说'一三五不论，二四六分明'。看古人的诗上亦有顺的，亦有二四六上错了的，所以天天疑惑。如今听你一说，<u>原来这些格调规矩竟是末事，只要词句新奇为上。</u>"黛玉道："正是这个道理，词句究竟还是末事，第一立意要紧。若意趣真了，连词句不用修饰，自是好的，这叫作'不以词害意'。"

这是黛玉第一次和香菱说到诗，看来语文还真是活的，所谓的遣词造句谋篇的规律其实还应从属于自己自由的思想，所谓"千言万语总关情，淡妆浓抹还相宜"。

## 三、要读经典的作品

香菱笑道："我只爱陆放翁的诗，重帘不卷留香久，古砚微凹聚墨多，说的真有趣！"黛玉道："断不可学这样的诗。<u>你们因不知诗，所以见了这浅近的就爱，一入了这个格局，再学不出来的。你只听我说，你若真心要学，我这里有《王摩诘全集》你且把他的五言律读一百首，细心揣摩透熟了，然后再读一二百首老杜的七言律，次再读李青莲的七言绝句读一二百首。肚子里先有了这三个人作了底子，然后再把陶渊明，谢、阮、庾、鲍等人的一看。你又是一个极聪敏伶俐的人，不用一年的工夫，不愁不是诗翁了！</u>"香菱听了，笑道："既这样，好姑娘，你就把这书给我拿出来，我带回去夜里念几首也是好的。"黛玉听说，便命紫鹃将王右丞的五言律拿来，递与香菱，又道："你只看有红圈的都是我选的，有一首念一首。不明白的问你姑娘，或者遇见我，我讲与你就是了。"

香菱拿了诗，回至蘅芜苑中，诸事不顾，只向灯下一首一首的读起来。宝钗连催他数次睡觉，他也不睡。宝钗见他这般苦心，只得随他去了。

看来，读什么也是很重要的事，它将决定你意趣的起点和痴迷的方向。

### 四、要用心体悟

一日，黛玉方梳洗完了，只见香菱笑吟吟的送了书来，又要换杜律。黛玉笑道："共记得多少首？"香菱笑道："凡红圈选的我尽读了。"黛玉道："可领略了些滋味没有？"香菱笑道："领略了些滋味，不知可是不是，说与你听听。"黛玉笑道："正要讲究讨论，方能长进。你且说来我听。"香菱笑道："据我看来，诗的好处，有口里说不出来的意思，想去却是逼真的。有似乎无理的，想去竟是有理有情的。"黛玉笑道："这话有了些意思，但不知你从何处见得？"香菱笑道："我看他《塞上》一首，那一联云：大漠孤烟直，长河落日圆。想来烟如何直？日自然是圆的：这'直'字似无理，'圆'字似太俗。合上书一想，倒像是见了这景的。若说再找两个字换这两个，竟再找不出两个字来。再还有：日落江湖白，潮来天地青。这'白''青'两个字也似无理。想来，必得这两个字才形容得尽，念在嘴里倒像有几千斤重的一个橄榄。还有"渡头余落日，墟里上孤烟"：这'余'字和'上'字，难为他怎么想来！我们那年上京来，那日下晚便湾住船，岸上又没有人，只有几棵树，远远的几家人家做晚饭，那个烟竟是碧青，连云直上．谁知我昨日晚上读了这两句，倒像我又到了那个地方去了。

用心，才能领悟各种滋味，那些诗意的滋味。

### 五、会心之处不在多

正说着，宝玉和探春也来了，也都入座听他讲诗。宝玉笑道："既是这样，也不用看诗。"会心处不在多，听你说了这两句，可知"三昧"你已得了。

黛玉笑道："你说他这'上孤烟'好，你还不知他这一句还是套了前人的来。我给你这一句瞧瞧，更比这个淡而现成。"说着便把陶渊明的"暧暧远人村，依依墟里烟"翻了出来，递与香菱。香菱瞧了，点头叹赏，笑道："原来'上'字是从'依依'两个字上化出来的。"宝玉大笑道："你已得了，不用再讲，越发倒学杂了。你就作起来,必是好的。"探春笑道:"明儿我补一个柬来,请你入社。"香菱笑道:"姑娘何苦打趣我,我不过是心里羡慕,才学着玩罢了。"

香菱又逼着黛玉换出杜律来,又央黛玉探春二人:"出个题目,让我诌去,诌了来,替我改正。"黛玉道:"昨夜的月最好,我正要诌一首,竟未诌成,你竟作一首来。十四寒的韵,由你爱用那几个字去。"

会心之处不在多,其实,感动你的一个瞬间或是一个细节都会是你诗意的源泉。

### 六、要有一双仁爱多情的眼睛

#### (一)

香菱听了,喜的拿回诗来,又苦思一回作两句诗,又舍不得杜诗,又读两首。如此茶饭无心,坐卧不定。宝钗道:"何苦自寻烦恼。都是颦儿引的你,我和他算账去。你本来呆头呆脑的,再添上这个,越发弄成个呆子了。"香菱笑道:"好姑娘,别混我。"一面说,一面作了一首,先与宝钗看。宝钗看了笑道:"这个不好,不是这个作法。你别怕臊,只管拿了给他瞧去,看他是怎么说。"香菱听了,便拿了诗找黛玉。黛玉看时,只见写道是:

月挂中天夜色寒,清光皎皎影团团。

诗人助兴常思玩,野客添愁不忍观。

翡翠楼边悬玉镜,珍珠帘外挂冰盘。

良宵何用烧银烛,晴彩辉煌映画栏。

黛玉笑道:"意思却有,只是措辞不雅。皆因你看的诗少,被他缚住了。把这首丢开,再作一首,只管放开胆子去作。"

香菱听了,默默地回来,越性连房也不入,只在池边树下,或坐在山石上出神,或蹲在地下抠土,来往的人都诧异。李纨、宝钗、探春、宝玉等听得此信,都远远地站在山坡上瞧看他,只见他皱一回眉,又自己含笑一回。宝钗笑道:"这个人定要疯了!昨夜嘟嘟哝哝直闹到五更天才睡下,没一顿饭的工夫天就亮了,我就听见他起来了,忙忙碌碌梳了头就找颦儿去。一回来了,呆了一日,作了一首又不好,这会子自然另作呢。"宝玉笑道:"这正是地灵人杰,老天生人再不虚赋情性的。我们成日叹说可惜他这么个人竟俗了,谁知到底有今日。可见天地至公。"宝钗笑道:"你能够像他这苦心就好了,学什么有个不成的。"宝玉不答。

#### (二)

只见香菱兴兴头头地又往黛玉那边去了。探春笑道:"咱们跟了去,看他有些意思没有。"说着,一齐都往潇湘馆来。只见黛玉正拿着诗和他讲究。众人因问黛玉作的如何。黛玉道:"自然算难为他了,只是还不好。这一首过于穿凿了,还得另作。"众人因要诗看时,只见作道:

非银非水映窗寒,拭看晴空护玉盘。

淡淡梅花香欲染,丝丝柳带露初干。

只疑残粉涂金砌,恍若轻霜抹玉栏。

梦醒西楼人迹绝,余容犹可隔帘看。

宝钗笑道:"不像吟月了,月字底下添一个'色'字倒还使得,你看句句倒是月色。这也罢了,原来诗从胡说来,再迟几天就好了。"

香菱自为这首妙绝,听如此说,自己扫了兴,不肯丢开手,便要思索起来。因见他姊妹们说笑,便自己走至阶前竹下闲步,挖心搜胆,耳不旁听,目不别视。一时探春隔窗笑说道:"菱姑娘,你闲闲罢。"香菱怔怔答道:"'闲'字是十五删的,你错了韵了。"众人听了,不觉大笑起来。宝钗道:"可真是诗魔了。都是颦儿引的他!"黛玉道:"圣人说,'诲人不倦',他又来问我,我岂有不说之理。"李纨笑道:"咱们拉了他往四姑娘房里去,引他瞧瞧画儿,叫他醒一醒才好。"

说着,真个出来拉了他过藕香榭,至暖香坞中。惜春正乏倦,在床上歪着睡午觉,画缯立在壁间,用纱罩着。众人唤醒了惜春,揭纱看时,十停方有了三停。香菱见画上有几个美人,因指着笑道:"这一个是我们姑娘,那一个是林姑娘。"探春笑道:"凡会作诗的都画在上头,快学罢。"说着,顽笑了一回。

各自散后,香菱满心中还是想诗。至晚间对灯出了一回神,至三更以后上床卧下,两眼鳏鳏,直到五更方才朦胧睡去了。一时天亮,宝钗醒了,听了一听,他安稳睡了,心下想:"他翻腾了一夜,不知可作成了?这会子乏了,且别叫他。"正想着,只听香菱从梦中笑道:"可是有了,难道这一首还不好?"宝钗听了,又是可叹,又是可笑,连忙唤醒了他,问他:"得了什么?你这诚心都通了仙了。学不成诗,还弄出病来呢。"一面说,一面梳洗了,会同姊妹往贾母处来。原来香菱苦志学诗,精血诚聚,日间做不出,忽于梦中得了八句。梳洗已毕,便忙碌出来,自己并不知好歹,便拿来又找黛玉。刚到沁芳亭,只见李纨与众姊妹方从王夫人处回来,宝钗正告诉他们说他梦中作诗说梦话。众人正笑,抬头见他来了,便都争着要诗看,且听下回分解。

## (三)

话说香菱见众人正说笑,他便迎上去笑道:"你们看这一首。若使得,我便还学,

若还不好,我就死了这作诗的心了。"说着,把诗递与黛玉及众人看时,只见写道是:

精华欲掩料应难,影自娟娟魄自寒。

一片砧敲千里白,半轮鸡唱五更残。

绿蓑江上秋闻笛,红袖楼头夜倚栏。

博得嫦娥应自问,何缘不使永团圆?

众人看了笑道:"这首不但好,而且新巧有意趣。可知俗语说'天下无难事,只怕有心人。'社里一定请你了。"香菱听了心下不信,料着是他们瞒哄自己的话,还只管问黛玉宝钗等。

最后这首诗意境优美:月光璀璨,光华难掩,可是,她美丽优雅的外表下,又是那般孤单冷清,不胜其寒;一泻千里的月光下,捣衣声不绝于耳,月半残,鸡鸣早,五更将尽,已是黎明,泛舟江上的旅人啊,在秋月的照映下一定听到笛声想起了故乡,倚栏望月的楼上女子啊,你眼前是望不尽的夜;嫦娥看到人间的悲欢离合,也不禁自问,"为什么不能使得人们团团圆圆,永不分离呢?"

小说以"天下无难事,只怕有心人"来结束了香菱的学诗,这个有心人,我想应该是我们满怀仁爱之人。

带了一颗仁爱之心去看我们眼前千姿百态的生命,我们的生活自然诗意盎然。

那么这样看来,只要有真诚痴迷的态度,只要你在生活中用人的情怀去感受生命千姿百态的美,持之以恒,不断感悟,呆香菱能成为诗人,你也一样能学好语文。

# 阅读与表达

**阅读与表达（一）：**

我们有那么多热烈的憧憬，我们也有好多不能实现的梦想，如果让你大胆假设，请仿照海伦.凯勒的《假如给我三天光明》的写法，说出你的愿望。

**阅读与表达（二）**

没有爱，风景不会绚丽，但爱也能最深地刺痛你；孩子是你的，但又不是你的。请你仿照纪伯伦的《先知》中的两章：《爱》和《孩子》，另选两个话题，每个话题也写几个段落，以这种散文化的语言给你的两个话题一点儿辩证的思考。

**阅读与表达（三）**

读"感动中国"十大人物中的丁晓兵和李剑英的事迹及颁奖辞，给汶川地震中的英雄写颁奖词，学习用隽永深刻的语言评价人物或事件的意义，可以写群体，也可以写个人。

**阅读与表达（四）**

读一读《钱这个东西》，也写一个让你困惑的事物，尝试从困惑的两面表现、原因探寻和解决办法这三个方面去安排你的结构。

**阅读与表达（五）**

读《飘舞一次，美丽一次》，该文抓住了蝴蝶与生俱来的美丽、飘忽不定的姿态和短暂而奔放的生命这三个特点，表达了生命愿望。划横线的地方是联想和还原情景的段落,让文章有了情感的震撼力。请选择一个事物,抓住特点,运用联想和想象表达你生命的愿望。

### 阅读与表达(六)

读巴金的《做一个战士》,你可以知道,每个人都可以成为战士,战士是这个时代最需要的,战士是永远追求光明的,是永远年轻的,是不犹豫不休息的,是不知道畏缩灰心与绝望的,是平凡的。请以《做一个……》为题,表达你将怎样去对待生活。为了成文,当然可以并列构思,每段可以还原情景。

### 阅读与表达(七)

读《你无趣,是因为少了一些仪式感》,尝试反向立意,并自拟标题写一篇500字以上的小文章来否定上面这篇文章的观点。温馨提示:好好问问自己的内心,没有那么多的仪式,自己为什么也挺好。

### 阅读与表达(八))

"为了寻找你,我躲进了鸟的眼睛,盯着路过的风"这是富有想象力的诗的语言,试写一篇文艺评论《奇特的想象源自真实的灵魂》,从《现当代诗歌散文选》第一单元的五首诗中找有想象力的语言来作为评论的例证。

### 阅读与表达(九)

阅读杨绛的《记比邻双鹊》和《论语趣》以"读杨绛"为副标题,自拟正标题写一篇文章。

### 阅读与表达(十)

读《浅谈古典诗歌的起承转合》,写一篇文艺评论性小短文,从起承转合四个方面赏析《中国古代诗歌散文欣赏》的《旅夜书怀》的,标题自拟。

### 阅读与表达(十一)

阅读下面关于"老虎吃人"事件的不同观点的两篇文章《比老虎更可怕的是什么》和《老虎又吃人了》,再阅读《过去的怎能让它过去 》,以《过去的就让它过去》为题写一篇文章。

**阅读与表达（十二）**

根据下面所给资料,写一篇文艺小评论《从古诗词中看"月"的暗示性》

月:象形文字,象半月形,本义:月亮 。

1）人闲桂花落,夜静春山空。月出惊山鸟,时鸣春涧中。——王维《鸟鸣涧》

2）空山新雨后,天气晚来秋。明月松间照,清泉石上流。——王维《山居秋暝》

2）戍鼓断人行,边秋一雁声。露从今夜白,月是故乡明。——杜甫《月夜忆舍弟》

3）今宵酒醒何处,杨柳岸、晓风残月。——柳永《雨霖铃》

4）月落乌啼霜满天,江枫渔火对愁眠。——张继《枫桥夜泊》

5）江畔何人初见月?江月何年初照人?人生代代无穷已,江月年年望相似。——张若虚《春江花月夜》

6）盈虚者如彼,而卒莫消长也。——苏轼《赤壁赋》

**阅读与表达（十三）**

一、读《现代诗歌散文选》第一单元,根据《也许》和《秋歌》中的意境,仿句续写:

1）不许阳光拨你的眼帘,

不许清风刷上你的眉

不许＿＿＿＿＿＿＿＿

不许＿＿＿＿＿＿＿＿

2）落叶完成了最后的颤抖

荻花在湖沼的蓝睛里消失

＿＿＿＿＿＿＿＿＿＿＿＿＿

＿＿＿＿＿＿＿＿＿＿＿＿＿

二、读《现代诗歌散文选》第一单元,以"她"开头来分别描述《一个小农家的暮》《妈妈》《生日》这三首诗歌中的"母亲"的形象:

**阅读与表达（十四）**

读绘本故事《活了一百万次的猫》,观察绘本故事的语言特点,续写下面的绘本故事。

### 阅读与表达（十五）

课文《祝福》在拍成电影后,电影有祥林嫂怒砍土地庙门槛的情节,你认为增加这个情节妥当吗? 以《此时无声胜有声》或《平地一声惊风云》为题写一篇200字以上的短文。

### 阅读与表达（十六）

读叶嘉莹讲晏殊的词《浣溪沙》,平淡无奇的句子也可以有味道;读《也谈豪放与婉约》,了解豪放与婉约的区别。然后请拟题欣赏纳兰容若的《长相思》

### 阅读与表达（十七）

读鲍鹏山《庄子:在我们无路可走的时候》,请以"天下无道,我且逍遥"或"天下无道我亮剑"为题,写300字的思考或联想。

# 习作与评讲

一、每一篇读书笔记都可以是一篇有立意的文章,只要你愿意:《大江大海1949》读书笔记评讲

## 你是我五百年前失落的莲子

——读《大江大海1949》有感

高一(1)吴苗

"于是妖童媛女,荡舟心许",不知是哪一阕精美的宋词,让你走进了我的记忆,我努力从回忆中找寻你最初的模样:24岁的女子,烫着短短的时髦的俏皮的鬈发,穿着好走路的平底鞋和修身的旗袍……可曾是眼前这个穿着宽松衬衣裙母亲模样的女子?我不知,只记得我曾从一片泛着涟漪的碧塘里拾起一颗泛黄的莲子,它包含沧桑,用无尽的泪光,等待我这个听故事听它说起"夏始春余,叶嫩花初"……

遇见你,是在最美的淳安。

不经事的少女,总是难掩内心的新芽,在泛布阳春的三月骊歌,在火辣的七月里掌船采莲。舟子划过,激起岸边锤衣女子的笑骂声。但淳安不是江南,那里没有碧绿的池塘,只有透明的新安江,第一层覆盖的是清清细细的白沙,第二层是胖胖的鹅卵石。"噗通",几个少年从岸边高地扎进这片宁静。你,一个稚气未褪的少女,仍然目光灼灼地望向那水底浮动的小鱼,见到少年紧握的战利品,你低了头笑。

再见你,是那五月的高雄。

阳光,总是逼迫我们承受那本不该属于我们的无奈。二米四乘二米四的菜摊子,一个妇女,一个婴儿,两个不谙世事的少年。一个个穿着制服的港警,看着那无助的女人如何如何地骑着男用脚踏车,倚在那仓库门口,望着潮起潮落、缘生缘

灭,他们都说你是个纤弱的南方女子,我摇头:你没见她孤单的坚强。

终见你,是在水朦雾漫的千岛湖畔。

"我在台湾遥祭了五十年!"你再也无法忍受归来却望不到故乡的无望了。我们真的可以理解,就如那再美好的天空也有崩溃的时候! 一个女人飘在外边,似无根的花,无脚的鸟,眼前全是茫茫天涯。你面前的千岛湖啊,能让你想到老宅的庭院深深,石街的马蹄哒哒,却给不了一块安放回忆的地方。

你是我五百年前失落的莲子,一生都渴望被我收藏和安置,我却在1949将你置于风雨中,你飘过大海,路过大浪……

一株清丽的莲花从新安江畔一直柔弱地高挺着,终于盛开在了五月的高雄。

## 我 信
### ——读《大江大海1949》有感
### 高一(1)谭尧尧

在土壤里积蓄已久的力量,在暴雨中呻吟着生命拔节的声音,只为精彩一瞬——我信,我信它顽强的生命力,我信它必须走下去的信仰。

我信世间有这样的一位奇女子——美君。

内战爆发,作为国民党士兵的妻子,她不得不背井离乡,追随丈夫,去了台湾。然而她与丈夫失散了,一个战乱中的弱女子,抱着一个婴儿,居然没有沦落为街头乞丐,在陌生的环境里,她独闯码头,做起了生意。

我信故乡无论多远都是我们的根。

生活在台湾的美君,60年里"游"字的乡音从未改变,60年的梦里新安江的水依旧清澈,终于,在时隔60年后,她终究还是踏上了生她养她的地方。

我信朝代可以起灭,家国可以兴亡,连城都可以抹掉,不留一点痕迹。

老宅、石街、新安江水,就这样,随着1959年建水坝,淳安,一个跨越千年的历史古城沉入千岛湖底。当美君回到那个是又不是的故乡,我想到了消失已久的楼兰、罗布泊……

落日余晖,映射着某些似乎不可能却实在存在的投影。

飘飘落叶,我想捡起最枯的一片,向它致以岁月的敬礼。

池塘里,荷花在淤泥中保持着它的冰清玉洁,我却捧起其中的一摊污泥放在我的门前,不要问我为什么这么做?

因为,我信。

## 她

——读《大江大海1949》有感

高一（1）杨海霞

一身细腰的旗袍，烫着短短的时髦俏皮的卷发，穿着好走路的平底鞋的江南女子站在军舰的甲板上，怀抱着熟睡的婴孩，身后，是一道浅浅的海域，风吹起，带起丝丝涟漪，吹散了她的头发，模糊了她的影像。

那时，她还是颇有一番风韵的女人，有一个丈夫，住在一个庭院深深的小宅，住在那条总有嗒嗒马蹄声的石街，住在一弯清澈见底的新安江水所环绕的淳安。

1949，她的人生从此颠沛流离。

为寻丈夫，她安慰放心不下的母亲，她说："很快回来啦！"可她未曾想过，这"很快"便是60年。

随着人潮人流，她下了甲板，哪里有丈夫的影子，她只有一个尚在襁褓中的孩子。

她做起了对她来说这世间最普通也最困难的事：她开了小摊，起早贪黑，岌岌营生，在混乱不堪的码头占住了一席之地，她和她的孩子，在乱世中有了一个家。

她想等一等那不知何时归来的人，在一个巨大的仓库大门前，她踮了脚，望向人潮涌入的码头，汽笛声回旋在海港上头，缭绕不绝。

60年后，女儿已经长大，她也终于得以踏上归途，只不过这里早已是物是人非：父母死了，家没了，古城也被淹了，而她一意孤行，仍要去寻那遥拜了半个多世纪的父亲的坟，去千山中寻一山，去千岛中寻一岛，想去看一看，去祭一祭，去说声："爸爸，我来了！"

辗转多年，她还是终于又回到了新安江。

只不过，她早已脱下那细腰的旗袍，没有了从前娇羞的模样。

## 明天在哪里

——读《大江大海1949》有感

高一（1）罗淇

是谁掌管黄昏与白昼，摆布命运和我们？

很容易任思想生长出去，想得多了，脑里就曲折，也会感到文字的浅薄，那么接下来脑子里的那些方块的仓颉汉字，我要怎样去组合呢？不很清楚，我只尽量使我的语言去准确表达。

先不讲美君,我想讲其他人。

有时读书,会很讨厌书中人物的做法,会觉得他们的行为无稽幼稚,可当我仔细思考,如果我是大卫·科波菲尔,是祥林嫂、是梅瀛子、白草,是孙光林、三毛——或者是美君,我的选择又将如何? 我的情节和生命又会同作者的设定有多少分别呢?

其实在一个个不同的社会背景下,我自认为的洒脱并不大会实现——这一个个悲剧的背景,是一个又一个社会大悲剧! 就像看《道士塔》的感觉:我可以双手做出阻拦的动作,站在无知的人面前,但对整个世界的荒唐,我无力。诚然,一个人物的性格和命运必定要和时代挂钩,那么,关于美君的种种,关于1949年的情怀,还得追溯到那个特殊的时代,他们都只能被那滚滚红尘裹挟,一路颠沛流离。

那么,我所在的当下,是否可任由我们果断前行?

我看到人性闪光大爱无疆,可我也见龌龊与繁乱纷杂;我看到无尽黑暗,也似乎光明无限;我看到声色犬马,也似有雪月笙歌;我看到了野草,也看到了阳光。

不堪是它,而美好,也是它。

那么,可以断定,这仍是一个矛盾的社会了,我呢,自然也是一个矛盾的个体了!

但此刻的我却比较清醒——我无法透过红尘,望见这个世界的一点点依稀的轮廓,我只想对天空喊:明天在哪里?

**二、多角度审题立意与构思成文之四步骤:"老师为防舞弊想新招"之作文讲评**

(一)多角度审题立意

1. 指责师者、师道

(1)谁人来世不是捧着一颗善心,他们本无差异,可后天为何会同时出现偷鸡摸狗之徒和脚踏实地之人? 就我观之,是我们的教育出了问题……

——高三(2)王慰杨

(2)世上有两样东西能震撼心灵:一样是头顶上灿烂的星空,另一样是师者身上特有的圣心。

——高三(1)李兰

(3)这世界上有两种人被寄予厚望,一种是医生,他们救治身体;另一种是教师,他们救治灵魂。医生被匆忙的时代所影响,医疗乱象丛生,让人失去信任;教师该救治时代,却生出了种种怪招,让人近乎绝望。

我不知道倒退10年、20年,在那个传媒滞后的时代,是否会有同样或更甚的事情发生。但我知道,50年前,那些被批判被打倒的知识分子,一百年前,那个三味书屋的老先生,甚至千年以前那个"师道之不存"的年代都不会为滁州老师这样的"高招"点赞。

——高三(1)傅学海

2. 倡导真诚、信任、尊重

世界要我努力求取功名,可真诚才是我最大本领……

大人们常常无法抑制"我知道""我懂""我经历过""我是为你好"的啰唆,他们不会提供安静的空间和自我管理的模式,把孩子统统看成了仅需蛮力就可以控制的物体。

我们面临的竞争很残酷,我们的学习生活很紧张,若是有珍贵的东西可以给予,那便是,我的真诚。

——高三(2)郑渊云《真诚是一生的功课》

3. 直指我们对教育的理解

(1)有人说,每个人都会有邪念,善者不过及时掐灭了那一团妖媚的焰火,恶者却对它防不胜防,放纵了那星星之火,把道德灼烧得噼啪作响。

也有人说,没有作过弊的学生没有完整的青春。于是,当我在考场四顾,冷不丁地,总会发现一些露出狐狸尾巴的猫……

作弊现象方兴未艾,老师的"妙招"解不了渴,归根结底,这是教育的纰漏。

教育是一只猫,一只露出了狐狸尾巴的猫。

——高三(1)叶海丽《露出狐狸尾巴的猫》

(2)终究我们都会成长,我们总是在相互救赎。

一如《麦田里的守望者》,我们是一群在麦田里狂奔却又不知道朝哪个方向的孩子,而师长则是麦田里的守望者,想捉住我们,并为我们指向。我们解救了他们的不成熟,让他们变得善解人意,他们指导我们穷尽这一片麦田而不至于迷失方向。

——高三(1)杨秀洪《我们在相互救赎》

(二)构思成文之四步骤

1. 用一句话提炼材料带给自己的第一感觉,并为之挖掘一个升华后的词。

老师这样晒妙招,有侮辱学生之嫌——师德、师爱。

老师让学生头顶报纸,太不尊重学生了——尊重。

老师为什么采用这样极端的方式,师生之间太缺乏信任——信任。

学生作弊迫使老师使出妙招——唯分数论的教育体制。

2. 根据第一感觉和挖掘的深意,以词语的方式随手写下自己联想到的生活和素材,下面是举例:

(1)宫崎骏:你简单,世界便是天堂;你复杂,世界便是迷宫。

(2)政治家:信任是降低社会复杂度的一种看不见的机制。

(3)泰戈尔:权利对世界说:你是我的,世界把权力禁锢在他的宝座上。

爱对世界说:我是你的,世界让爱在他的世界里走来走去。

(4)名言:野蛮是一口吐向天空的痰,迟早会落到自己头上。

(5)《肖申克的救赎》:有些鸟儿是关不住的,因为它们的每一片羽毛都泛着自由的光辉。

(6)《摆渡者》:如果我真的存在,那也是因为你需要我。

(7)成语:高山仰止,景行行止

(8)这样的揣测与在脸上刻下"舞弊"两字所受的羞辱何异? 这让我想起来了中国古代的墨刑……

(9)前天有逃票男子蔑视规则、违背诚信被老虎咬死,今日又有滁州老师防范学生舞弊想出的高招,我们不禁要问,中国人已经失去诚信了吗?

(10)可是,走捷径的人多了,捷径也会变得拥堵,所以,诚信才是唯一的捷径。

(11)鲍鹏山《庄子:在我们无路可走的时候》:在我们无路可走的时候。

(12)《愿世以诚相待》:20 世纪二三十年代的北欧,挪威画家蒙克的一幅《呐喊》把那个丑陋变形的工业社会摆在了世人眼前。而今天,一张"防舞弊出妙招"的照片也把人与人之间最大的问题呈现。

(13)王国维认为做学问有三种境界,只有一层一层渐进,才能达到学问技能的巅峰。那么,我认为,这第一层,当是对学问的尊重,不做虚假的学问来欺骗众人或是自欺欺人。

(14)佛曰:这是一个婆娑的世界。"婆娑"即遗憾,没有遗憾,给你再多的幸福你也不会体会快乐。是啊,世界虽然时暗,人心也多有丑恶,但这不正反衬出那些诚信与尊重共存的美好吗?

(15)在古时,有一个叫尾生的人,与人相约于桥下,适逢大水,人们劝他赶快离开,他弗肯。因为他坚信对方一定也会来桥下与他相见,这个抱柱而死的尾生以生命阐释了什么叫信任。由此反观那名滁州老师,我们会不禁发出感慨:尾生已去,信任安在!

(16)诗人仓央嘉措有问佛:"为何不给所有女子美丽的容颜?"佛曰:"那只是昙花一现,用来蒙蔽世人的眼,没有什么美可以抵得上一颗纯净仁爱的心。"到此,我唯有感慨,滁州老师当自省啊!

(17)我在为社会担忧着。有几样东西可以毁灭我们,一是没有责任的享乐,二是不劳而获的财富,三是没有人性的科学,四是没有牺牲的崇拜。就今天的种种社会现象来看,我们的社会已接近毁灭了,但有没有人想过,社会的无望正是教育的腐败。

(18)曾读过一本书,书名为《摆渡人》,是一个关于如何摆渡灵魂的故事,书中的每一个灵魂的摆渡人都有一颗澄澈的心,他们头顶一轮红日,所以能驱散黑暗,净化天空,他们的使命便是渡己渡人。愿尘世多一些摆渡人,愿老师们有纯净仁爱的灵魂。

(19)王蓉:老师,是你教会了我们要信任,待人要真诚,可也是你让我们怀疑一切。于是,我们不相信天是蓝的,我们不相信雷的回声,我们不相信梦是假的。我们多么渴望在考试前您能对我们说一句,老师相信你,而不是冰冷地警告我们不要作弊。

老师,你可知道当你无视我们真诚的目光、欲言又止的希望,你冷漠地走过,在你的身后落了一地的,老师啊,你可知,那不是花瓣,那是破碎了的我们彼此的信任。

(20)王慰杨:考试需要监考老师,需要监控器,是因为规则需要一个执行者,就像一个完备的社会体制需要警察,这也是给考生一个暗示:作弊是违反规则的行为,不可随意而为。规则的执行者如警察,也只能在有确实证据之后才能抓捕、问罪。而不是看见一群人走在街上,就给一股脑儿地全铐回去啊!

3. 铺排这些生活和素材,有意识地拟题、开头结尾,明确段落详略、并列递进、对比排比。

高三(1)舒秀丽

我自有感慨:如此守望,不减其害,反添其乱。

何以见得?

首先,道高一尺,魔高一丈。你遮与不遮,不过一张薄纸,念头既在心底,总不会自动消匿。相反,大纸一盖,我自桌下神器偷瞄或臂袖小抄……

其次,这不是赤裸裸的侮辱吗?学生们又不是老师圈养的小狗,一个项圈就顶事了吗?外表的服帖下或许是被压制的隐忍,谁敢揣测这样的后果啊……

真正的守望,我想应该恪守中庸之道,陟罚臧否各有所安,刚柔恩威各有所尽。

高三(2)杨娜娜

有些东西在改变,于是学生做题带的不是脑袋,而是小猿搜题。有些东西在改变,学生学会了用手机作弊,而老师还在用传统的方法应对。有些东西在改变,老师发明了新招,即使关于作弊,也能发照片进空间求赞。

于是乎,滁州某中学的老师QQ里的照片火了。

高三(2)冉进伟

开头:报下的人沉默着。

他们的心,像一颗沾满灰尘的珍珠,已无法焕发光彩。

这事还得从长说起……

结尾:"看到那边的报纸了吗?哎,别动,报下有人。他们在考试!"这是有人在窃窃私语。

报下的人,沉默不语。

4. 每个层次放开写,但都要记着点回来,以完成任务。

## 让我们如何信任

高三(2)李卓然

一个人对另一个人的信任,是构成社会契约的基础。

——让·雅克·卢梭

当我们注目于那一个个从报纸上露出来的头颅和那自诩"高明"的老师写下的"怎么以前没想到这个妙招"的时候,心中恐怕早已是五味杂陈——一次普通的测试,何至于用此种歪招来防学生胜于水火,何至于弃学生尊严不顾,弃师生信任于无物?

诚然,作为无数求学者的一员,我亦深谙当今作弊成风之现状:为了使自己试卷上的红色数字变得赏心悦目,以此满足父母的攀比欲,使自我陶醉于不配拥有的荣誉之中,一些品性缺失的学生上演了无数妙招:夹带小纸条、手心藏字、裤裆藏手机……也难怪,老师们对学生的不信任日益加剧。

只是,我们能把"失信"的帽子就此扣在万千学子的头上吗?

也许答案是肯定的,作弊的施行者在学生,作弊的动机也似乎来自学生本身,防作弊的老师站在道德的至高点上,看似如此无可非议。但我们决不能忘记,学生三观的塑造者本身就是我们的老师、家庭和社会。这正如一勺清水,放入污水池,亦会成为污水。难道说,中国学生有什么特殊之处,在三观的建立上不需要任何老师引导,能自觉抵御污水横流?

答案显然是否定的。

如果没有师长威压下唯分数论的教育指向,如果没有父母望子成龙的心理下被扭曲的价值观,如果没有整个社会大环境下不良风气在学府中的蔓延。我绝不相信任何一个可称为"人"的学生会昧着良心去达到自己的目的。

层出不穷的防作弊方法,本身就是对本末倒置的教育思维的一个讽刺。

好比澳洲动物园以不断加高的栏杆来防止袋鼠跳出笼子的徒劳,如果管理者不去把笼子的门关上,哪怕把栏杆加得比天还高也是无用的。这"加高栏杆"是我们对学生作弊的防范,而"把门关上"才是我们对学生价值观的正向引导。为人师长,不从根本上想办法,反而沾沾自喜地想歪招,晒歪招,一步步地加剧这种人与人之间不信任之惨剧,可悲啊!

如果这种现象依旧持续,我们还能有何信任可言?

是时候了,我们都需要停下茫然的脚步,去思考这一切,勿待恶习成风,悔之已晚!

# 期　盼

### 高三(1)舒娇娇

这是最好的时代,这是最坏的时代;这是智慧的时代,这是愚蠢的时代;这是信仰的时期,这是怀疑的时期;这是光明的季节,这是黑暗的季节;这是希望之春,这是失望之冬。

在这样的一个时代里,我生活在不被信任的孤独的煎熬中。

那报纸在笔杆起舞时,发出窸窸窣窣的响声,仿佛魔鬼的咒语,将内心的弦骨,一根根折断。空气压抑着,不让心魔释放。报纸下的一颗颗心在依依低诉着潮水般涌动的悲伤。

三尺花木讲台,无数断截残笔,我知道从那里流出的是知识的清泉,是师长们最衷心的祝愿,是一个生命对另一个生命的殷殷期盼。

然而,金无足赤,人无完人,这最美妙的乐声中,仍掺杂了不少杂音,这是来自那个德高望重的师者内心最深的无奈。

窸窣的报纸再一次扰乱了我的思绪,我蜷伏在书桌上,如一只受伤的小猫,舔着未愈的伤口。

老师,我明白您作为师长的期待,却不理解自己为什么会被冠以无名之罪;我明白您对考试作弊的厌恶,却不能承受被迫戴上报纸后的伤心;我明白您初心尚真,却不知道裸露在报纸下的尊严为何如小草那般柔弱。

如果可以,我希望你可以给我一个独自答题的空间,到树林里也可以,这样或许不需要一张报纸的监督。

如果可以,我希望你可以投给我信任的目光,我可以把诚信的行为之美,涂满试卷的每一个角落。

如果可以,我希望你可以为每一个孩子摘下这顶沉重的头冠,让他们从内心去懂得诚信与尊严,知道可以怎样与人平起平坐。

万物皆有裂痕,那是阳光照进来的地方,这样一想,我已心静如水。其实,此时的我只是想要一个改变,我想用我纯真稚嫩的心灵去换取老师您的信任!老师,您放心,我知道这个报纸做的帽子一定不是世界上最好的帽子,却应该是我们最值得去反思最值得我们珍藏的一份回忆。

希望是有的,失望倒可不必。因为我们一定会诚待考试,最终抵达智慧的时代,那个有信仰的希望之春。

## 恒以诚信之温
### 高三(1)姚田小洁

雪小禅的《惜君如常》里有这样一句话:在成为一粒坚果的过程中,要保持柔软的内心和恰当的温度。而在诚信这座笔直的独木桥上,要保持"柔软的内心"和"恰当的温度",谈何容易,退一步,则可坠入冰窖;偏一丝,则会如处火炉,其险自见。

近来,滁州某老师让学生头戴报纸以防作弊的事件,惊见我们的视野。在众多的评论中,我也不想做个点赞党,该老师与其说是在追求诚信,倒不如说玷污了我们所说的言传身教,以诚待人。

这让我想起西方有个极其盛大的节日。

这个节日有个不成文的规定,不准用手拿水果吃。大人们不吃,在匆忙备节的同时,也不忘把所有的水果藏起来,以免贪吃的孩子闯祸。可是一些孩子打起了后园果树的主意。他们一个叠一个往树上攀爬。只见最上面的那个孩子伸手向一个苹果探去,未及,犹豫了一下,缩手,仰头,向它咬去:他知道自己应该像大人一样信守不用手拿水果吃的承诺!

不懂事的孩子尚且如此,我坚信,上了学的他们一定更会懂得自我约束,坚守诚信。

其实,学生若是有心作弊,一张报纸能拦得住吗?报纸之下,除了杜绝相互抄袭,我实在想不出它还有什么用!作弊方法数不胜数,一张报纸,包不住"火"。

所以根源还是在学生本身。

书上曾教《送东阳马生序》,文中"不敢稍逾约"实是从古至今的诚信之范。若是老师能除了传授知识,还能时时教以诚信,怕是也不会出现让学生头戴报纸这啼笑皆非的一出闹剧了。

当然,学生自己,若不想再受帽刑之屈辱,亦宜自谋,不要去装老实人,背地里再干出"坏事",这会给人不期待的伤痛,像饭里的沙砾、剔骨鱼片里未净的刺。我们随口的承诺丝毫不逊于打印盖章的合约,千万不要让承诺像泛黄的照片失了真,像利刀伤了人。

试着,去当一粒坚果,一粒守住诚信的坚果。

也许前面是一座独木桥,你会孤单,你会害怕,你会动摇,但你不能退却,因为稍有差池,你的灵魂将坠入冰窖,或者,被灼于烈火之上。

其实,也不难,恃以诚,必能恒以温。诚信路上将有很多人与你同行。温度既定,何惧水火!

一颗柔软的心,恒以诚信之温。


**三、富有想象力的语言:命题作文《如果可以》《我听说的大千世界》之作文讲评**

(一)比较下面的 A 和 B

A. 在闲暇之余,逛街、唱歌,活动精彩。(不具体,没有具体场景,文字没有想象力)

B. 刘豪的第三个联想段:她可以坐在一个阳光暖暖的院子里纳鞋底,我会告诉她我年轻时摸田螺是多么厉害,追兔子是多么灵活,爬树打板栗又是几多敏捷,

她就会在红彤彤的夕阳中白我一眼,笑上几声。(具体了,文字能让人想起什么,这就叫有想象力的文字)

A. 你一定来自南方,那里是不是也和我们这儿一样,有春风,也有燕子。(不具体)

B. 你一定来自温郁的南方,告诉我那儿的月色,那儿的日光,告诉我春风是怎样吹开百花,燕子是怎样痴恋着绿杨。(具体了,能让人想起文字带给我们的场景,是有想象力的文字)

A. 请停下你的脚步,不要离开我。(只是请求或者眼泪,对"你"没有吸引力)

B. 请停下来,停下你长途的奔波,进来,这儿有虎皮的褥子坐,让我烧起每一个秋天拾来的落叶,听我低唱起我自己的歌。那歌声将火光一样沉郁又高扬,火光将落叶的一生诉说。(文字有温暖的场景,极具诱惑力)

(二)写有想象力的文字的方法:给出具体的场景,去还原当时的情景、去比拟你心中的形象、去猜测过去和未知

写"大树",不如写铜中的香樟、樱桃、柏树。

写"一块冰",不如写唐古拉山上的一块冰。

### 老师成不忧《如果可以》

前面的路坎坷泥泞,如果可以,我要发起一个人的冲锋,哪怕只剩下一根骨头,我也得把它插在峰顶,我要在那里和全世界所有向往和平的人会师,如果可以,我要在那里长成一棵树,我的身上将开满洁白的鸽子花。

我到底做不成一棵树,如果可以,我也要把我的灵魂埋葬在山头,等待一场浩大的春风,把洁白的鸽子从我身上放飞,让它们飞越千山万水,把和平的种子播撒。

高二(17)张杨《我听说的大千世界》

那些听说的,远驰于我的双眼。

我听见墙角喁喁,说着那些未知的广阔的远方。

我听说,巴黎并不是你眼里的浪漫之都。我听说,巴黎的街头并没有人会为你送上一束带着晨露的玫瑰,也没有人会在你失意沮丧的时候领着你满城狂奔高飞;我听说,那里的夏夜不仅会有繁星,也会有轰隆隆的雷,那里的枫丹白露宫已掉落了细碎的石灰。

而那桂林山水如诗的阳朔啊,从旅者那儿听来已不是最初的宁静旷远,它的竹筏等的不再是虔诚的隐士而是满船的游客,它的河山回荡的不再是空灵的笙笛

而是新谱的迎曲。

高二(17)任海歌《如果可以》

梦中的我,曾经是一只猫,如果可以,我真想变成一只猫。在十月的晴和之日,压在枯菊上酣然入睡,午后的阳光将透明的光线洒在我的身上,能感觉得到,茸毛中燃起了看不见的火焰,暖暖的,很惬意。

梦中的我,曾经的一片雪,如果可以,我真想变成一片雪。在无人留意的时候,我从天空悄然飘落。

在神秘的夜里,在北方的天空下游荡,无声无息,飞向那寒冷的大地,没有人知道我的到来,孩子们在睡梦中翻身,玻璃窗上结出了窗花,壁炉里的柴瓣啪作响,而我,将填满他们的冬日。

高二(17)龙佳《如果可以》

如果可以,我想前往那个离天最近的地方,去看一看那个痴等了丈夫多年的女人。她一直在等,等到格桑花开满山崖,等到候鸟来去又过了几个春夏,也没有等到他。海风一直眷恋着沙,她却错过了她最美的年华,错过了她新长的枝丫和她的黑发。

如果可以,我想去那遥远的土耳其,寻一家屋顶有海鸥的旅馆住下,看海鸥在风中来来去去,看那亘古不变的风景,看海鸥的冥想,看无所事事的它们到底在等什么:等待一阵海风,等待下一次饱餐,等待一场睡眠,或者是……等待死亡。

(三)本周作文布置

(1)联想两个场景来表达一个共同的话题:出发。

(2)要有简洁的开头和结尾,自拟一个形象生动的题目,500 字以上。

(3)两个联想的场景,文字都要富有想象力,所突出的东西都应该为你的主题服务:有想象力的文字:去描摹,才会写细;去比拟,才写得形象;去猜测,才写得有情感。

**四、联想成篇:命题作文《如果可以》《我听说的大千世界》之作文评讲**

1. 高二(17)姚雨松《我听说的大千世界》

开头:楚门从小到大都生活在一个巨大的电影棚里,他的生活被人们在电视中收看。

联想一:周一早上的刮胡子系领带……

联想二:下班回家的拥挤的公交车……

联想三:沙滩上决绝地乘上帆船寻找自己的世界……

结尾:自由不能被剥夺,尊严不能被剥夺。什么都不能摧毁楚门的世界。

2. 高二(17)张熙雯:《如果可以》

开头:如果可以,我希望我是被天宫派下凡间寻找三滴泪的透明人。

联想一:我来到边城,寻找翠翠的身影……我望着翠翠的墓碑,落下了我的第一滴泪,它叫感动。

联想二:我漫无边际地走着,不知不觉来到了老师的窗前……我尝到嘴角有咸咸的味道,这是我的第二滴泪,它叫感恩。

联想三:离开了老师的窗前,我找了个树林睡下,明天我要去游乐园……突然,天宫的人把我招了回去,我落下了第三滴泪,我想它叫爱情。

3. 高二(1)廖禹伦《我听说的大千世界》

联想一:两亿5000万年前,半人马座的光辉……空间败给了时间,时间败给了光,败给了这绚烂而隐忍的生命。

联想二:500万年前,霸王龙的奔跑,突如其来的泥石流……人类惊异于你强壮的美丽,你的每一块骨头都是生命。

联想三:1万年前,夏威夷的火山,海水怀念着那座郁郁葱葱的小山……然而,什么也不能阻挡生命。

结尾:5年后,地衣长了起来。

10年后,苔藓长了起来。

200年后,灌木长了起来。

1万年后,生机勃勃、郁郁葱葱的夏威夷成了度假天堂。

繁星纵变,沧海桑田,也没有任何东西能够摧毁生命。

4. 高二(17)石嘉敏《如果可以》

联想一:不要做开花的树长在你必经的路边。

联想二:不要做随风飘走的蒲公英没有自己的方向。

联想三:不要做寂寞的不能破茧成蝶的春蚕。

结尾主题:如果可以,我不会在此默默等待,如果可以,我将追逐,我将拼命,我将出发。

5. 高二(17)田仁凤《如果可以》

联想一:做荆棘鸟。

联想二:做一朵落红。

联想三：做一口井。

结尾主题：如果可以，我希望重拾生命的喧闹，把悲伤过尽，把苦涩尝遍，然后，微笑。

6. 高二(17)陈艳《如果可以》

联想一：做墙角的苔。

联想二：做等待翻阅的书。

联想三：做一口不悲不喜的井。

结尾主题：让我坚守的喜欢和热爱，枝繁叶茂，在未来的生活里开得花团锦簇。

7. 高二(17)唐翊翩《我听说的大千世界》

联想一：有菲律宾的蝴蝶刀。

联想二：有丛生有刺的蔷薇。

结尾主题：它们生性纯良，它们有梦，是关于安宁、关于和平的梦，现在，你听到的大千世界有它们的梦破碎的声音。

8. 高二(1)刘曦阳《我听说的大千世界》

联想一：纷繁的世界里有着伟大的生命。你听说过极地冰层下已冻结却仍保持生命力的浮游生物吗？你听说过极热的熔浆旁繁衍生息的虫子吗？你听说过树根需要泡在水里才能生长的红树林吗？是的，它们都是真实的。请静下心来，也许你能听见森林中叶子萌动、百兽欢叫的自然的呼唤。

联想二：空洞的世界也会传承文明。你听说过龙泉镇叮叮当当的铸剑打铁声吗？你听说过日本茶道抹茶过碗的轻响吗？你听说过维也纳乐声袅袅环城的优雅的感动吗？是的，它们是存在的，请擦亮你的双眼，去找寻去剖析那些微小却富有力量的文明。

9. 高二(17)黄婷婷《如果可以》

开头：如果可以有如果，我将还做我自己。

如果可以，我愿意借我的双腿给海迪；如果可以，我愿意借我的春天给樱花；如果可以，我愿意借我长长的青春给夏天的蝉。

联想一：如果真的可以的话，海伦就可以看到这个世界，哪里只能是三天，让她看三个世纪……

联想二：如果真的可以的话，鱼儿怎么仅仅生活在水里，它们早就想跃出水面，做一次飞鱼了……

联想三:如果真的可以的话,我想远走。我知道法国有普罗旺斯,南纬有马尔代夫,太平洋上有夏威夷。薰衣草的花海,马尔代夫的蔚蓝,夏威夷的海滩,它们一直都在。我想背上行囊,抛开一切,像三毛一样,在遥远的异乡有一次完美的邂逅。

### 五、关于"选择"的材料作文:优秀习作及点评

全面理解下面的材料,自拟题目,写一篇不少于800字的文章。

1. 东晋时期的陶渊明、阮籍、王羲之等人,他们有自己对生活的选择。

2. 在西伯利亚雪原上有一种动物叫白貂,白貂十分爱惜自己的一身纯白、漂亮的羽毛,在任何情况下都不愿玷污。于是猎人们抓住白貂这个弱点,在它的巢穴周围撒上一圈煤粉,这样貂往往就束手就擒了;白貂没有因此改变自己的习性,依然年复一年地守护着自己的纯白、漂亮的羽毛。

3. 随着各种自拍神器的横空出世,借助美颜相机、美图秀秀等自拍软件的神效,矮穷矬、黑穷丑能瞬间变为高富帅、白富美,有人认为这是自欺也是欺人,也有人认为将真实的生活美化一下又有何妨。

## 种 子

高二(1)甘兰

我家屋前有一片野地,上面种满了向日葵。每当我在烈日下低头喘息的时候,回望它,它都在仰头和太阳对峙,一天又一天,太阳晒红了它的脸,一个夏季,它都骄傲地,绝不向太阳低头,就这样,炎炎的烈日成就了它作为太阳花的辉煌。

这让我不由地想到一首歌——《追梦赤子心》。

"继续跑,带着赤子的骄傲,生命的闪耀不坚持怎能看到最好,为了心中的美好,不妥协直到变老……"每每唱到这儿,我的心总会有莫名的悸动,仿佛有什么东西破了土,发了芽,我把它一寸寸地剥开,我要找出它来,找到我心动的秘密。

翻出第一层泥土,我看见了一只小白貂。

那是一只多么精致的小东西啊!通体雪白,在西伯利亚春天的草地上它是如此显眼!它的身上,好像有一层光辉,莹白色的,冷清又温暖。不过,此时的它,好像不太友好,晶莹的眼睛里含了坚定的泪水。它究竟怎么了,一动也不动的,任由一个长相温和的猎人把它关进了笼子。我满是不解:为什么它不跑? 不会是认为长相温和的人不会捉它吧! 我无法相信这个推断,睁大了眼睛,努力地想看出一

点什么来。果然,我看到了白貂的窝穴周围有一圈刺眼的黑色的东西,我认识那东西,那东西叫煤粉,能在瞬间毁掉一切洁白,是啊,一切洁白,当然,也包括被白貂视为生命的洁白的皮毛。

西伯利亚的猎人都是用这个方法来捕捉白貂的。

有的人视美如命,所以我们发明了美颜相机;有的人爱钱如子,所以有了向上的熊熊动力;而小白貂,正是深爱自己的通体洁白,至死无悔,所以才在和猎人的较量中败下场来,但在它内心的坚持中,我们看到了那凛然不可侵犯的尊严!

这是白貂的坚持,是它对生活的一种选择。

貂且如此,人应如何?所以它选择守护自己的洁白,我坚持写自己的作文,即使还得不到认可,我也不能放弃。因为只有做自己,我们才会有存在的意义。

那株向日葵啊,它选择了不屈地和太阳抗争,它选择了坚持不放弃。你走近它,你走近它便会发现,它脚下的那片泥土,每抓起一把,都能攥出血来。

直到这一刻,我心中的那片悸动才停了下来,它发芽了,一颗叫坚持自我的种子发芽了。它告诉我,这是我自己选择种下的种子。

我要捧着它,向那未知的前路进发,带着所有的镣铐。

点评:

看文章的开头结尾与题目,是呼应强调!更是一个形象说理:把心中坚持自我的希望比作种子,开头结尾就形象生动了!文章的主体部分用了一个白貂的例子,请关注她切入例子、展开想象和联想议论的段落处理。

亲情提示:

作文题目中的材料最好不这样详用,最好只在抒情、议论中轻描淡写地带过,如下面这篇文章:

## 听　心

高二(1) 舒秀丽

几许清风微掠耳畔,它说,天凉好个秋啊!几阵驼铃悠悠天边,它说,漠广何处是家啊!怦然一声心跳,它说,说与谁人听啊!

但世上还有一种英雄主义,那就是当你认清生活的真相以后,依然热爱生活。

是的,唐吉珂德不是疯子。他放弃安闲的生活,闯荡骑士的旅途,在他人看来,真是荒谬,而于他,是至圣的朝拜。他只是一个浪漫天真的老小孩,把农女当公主,把风车当巨人,一路救弱惩强,这是他的童话,无人能及。他只是在庸凡的生活里,听从了当骑士的热忱的心,便选了孤独的旅途。他虽逝于平凡,但我想,他的心里一定铭刻着那段潇洒的日子。

我敬佩,没有顾虑,兀自悲壮孤歌!噢,他作了一回凡间的英雄。

有人在平凡的世界里活出了不平凡的征途,一如唐吉坷德,也有人在平凡的尘烟里,寻到了真诚勇敢的美丽,正如孙少平。

作为贫家子弟,在那个年代,或许他永远不能如海燕般飞向长空,然而,他也活出了不一般的自己。从家乡到异乡,从揽工到煤矿工,他一直待在平凡的世界里,可是这尘埃里,有他赤热奋斗的绝尘的心,他没有丢失过这样的心,哪怕生活在平寂里,他也有那傲然耸天的自尊与理想。他的心一直在跳动,他也一直在听,从未离去!

谁都听过歌,《倔强》里的"当我和世界不一样,那就让他不一样"又唱出了怎样的心声?生活给了我们选择,无论选什么,只听自己的心,就算丢失多少与得到多少还不能知道,就算结果与预料相比不尽人意,就算自己好像与周遭格格不入,那又何妨?听一听你的心吧,执着寻梦的唐吉坷德和平凡尘世里的孙少平,他们听遂了自己的心,恐怕此生无憾了吧!

鸟儿可以暂歇枝头,也可以畅翔天空;花朵可以并蒂为双,也可以一枝独秀。我们何不也来听一听心呢?看那飞蛾扑火的视死如归,看那白貂护羽的一如既往,看那羲之爱鹅的随心而为,看那尾生抱柱的至死不渝,也许,我们才会明白,我们是有多么怯懦!

听心,听那怦然间的言谈,听那沉寂中的热忱,听自己不变的初衷!

"归去来兮!"听,是谁在呼唤,又是谁在跟随?

点评:

有了个好题目,就有了条好的抒情线索:开头、结尾和唐吉坷德、孙少平的材料后都用"听心"来收,神不散,也有话说。另请关注:文章结束之前排比略举题目中的材料,既显得广博,又让节奏加快,使全文的节奏富有了变化。

亲情推荐:

本文的排比句:(1)在开头是一道永远的风景!(2)长的排比句我们甚至鼓励单独成段,既显气势,又有篇幅!(3)写排比句的意识会让你的描写、抒情、议论有话可说。

### 我们的选择

高二(2)冉慧桢

一个公司高管、前途无限的男人递了辞呈。很多人不解地问他:你为什么这样做? 男人笑了笑,背上行囊便去了远方。

这是他的选择。

你也不要笑他,认为他舍熊掌而取鱼,可能他偏偏就爱吃鱼而不爱熊掌呢? 子非鱼,安知鱼之乐? 纵然你爱熊掌,可也不是所有人都爱熊掌,毕竟众口难调嘛! 吃什么是你的选择,正如做什么是他的选择。你永远也无法从你的角度来理解他,但你也不能否定他,你是你,他是他。每个人都有自己对生活的选择。

古来学子,都以金榜题名为美谈。可就有人愿游历山水,傲然于世外山水之间,不愿沾染那世俗尘气。

陶渊明做了几天官后,便觉心痒难耐,违己交病,急哄哄地闹着要回老家了。赏玩径间松菊,偶尔小酌一两口,那小日子过得,甭提多自由了:写写小诗、作作画……那五柳先生、那南山采菊老人的名号便这样流传下来了,令人艳羡不已。他将贫苦视为无物,寄托情怀于万物自然之中。

这,是他的选择。

你的选择不一定是正确的,但它一定是你最喜欢的,它是你作为一个心思驳杂的人类经过千辛万苦、千挑百拣才选出来的。你以后可能会后悔,但你绝不会将它舍弃。正如那西伯利亚草原上的白貂一样,只因爱惜自己一身漂亮的皮毛便轻而易举被猎人捕住。你可以说他傻,但你也会为他的坚持而感动,只因它一生都在坚持着自己的选择。它的一生,从头到尾,干干净净!

世界已不复盘古开天地时的宁静,它早已升腾起舞乐歌笙,一片繁华,一片喧哗。

你是一个行路的人,但你可能会因为他们的热闹而加入他们,跟着他们唱起来、跳起来。霓虹灯的光打在你的脸上,失了真。行路累吗? 累! 跳舞快乐吗? 快乐! 可你的远方在哪里呢? 你会默默无言,你会觉得一切都索然无味,你会焦躁、踟蹰。激烈的鼓乐随着心跳打起节拍,越来越快,越来越快,正如远方的呼唤越来越急切,你的心,沸腾了,掩盖了那个热闹世界对你的诱惑,只剩下远方那细微而悠长的呼唤!

背起背包,走吧! 不要在意他们的挽留,前面有你追求的远方,去吧!

你有你的、我有我的方向,那是你的选择,这是我的选择,它们或许会有交汇,但终会分离。我会独自走下去,你也将背着斜阳离去,但我们的心仍牵着彼此。

就这样吧,各自前行。

点评:

全文论说有沛然而出的气势,这是论说性散文!

开头用简洁的例子引出观点,短促有力;横线划出的都是论据,但他们都在论证的字里行间被随心拣拾,看上去从容不迫;结尾的祈使呼唤更有一种力量,语气也因此多彩多姿。

亲情提示:

从陶渊明的例子和行路人的例子来看,文字还是富有想象力噢!

## 愿世以宽容相待

高二(1)傅学海

这是一个二元对立的世界,不会有错,不会有对,但会有是非。只因人各有命,本无高下。当然,此处我言之"命",非为释家宿命因果之说,而是君子安身立命之道。

谨举一拙例。

近日俯察世人有美颜之好,我谓不过各有所志,喜好不同,如俗语"青菜萝卜,各有所好",亦如名句"梅兰竹菊,各擅风场"。虽不乏引以为荣、怡然自得其中之人,也免不了昂头吐槽、评头论足,对此嗤之以鼻的人。两种人若是相遇,总不免口舌之争,诉诸网络,自然争论越加鼎沸。其实不过各人各家处世之法有所异也,之所以为此大动干戈,引发轩然大波,实为世人之器小也。

西伯利亚有白貂,爱惜羽毛,而屡为猎人所得。有文人骚客,颂其洁白之志,宁死不玷;亦有雅士墨客,讥以愚钝不化,兽豸无知。但以我愚言,不过是白貂生存之道,有何争辩之理? 不过指桑骂槐,各以己见针锋相对罢了。

这不过是人与人之间的计较罢了!

东晋多名士,但不过是世人附庸风雅,或借古言己之思。想渊明不为五斗米折腰,得天下争议不休并流传千古,实为人之心性有异也:有汲汲名禄者,有好山河者。心性有异,故向言中来,遂成羲之、阮籍之名号也。

若世皆能以宽容相待,则争辩不复起,魏晋陶公之流也可以安息泉下,不再被我们这些不肖子孙搅扰其清闲了罢。

纵观古今,体察东西,凡美谈,无不成于宽容者;凡恶行,皆源始于不宽容。

修女高义,为世人褒扬,此信仰之宽容;军士持节,救异族于水火,此民族之宽容;天灾降临,中资入日,此国家之宽容;子陵无拘,加足帝腹,此权威之宽容。十字三征,信理之争,是宗教的不宽容;毒气毒心,犹太惨剧,是民族的不宽容;细菌试验,母爱测试,是国家的不宽容;上帝之鞭,千里空城,是野蛮的不宽容;印尼华血,千万家哭,是文明的不宽容。

不宽容发生于过去,也发生于现在,但愿不再发生于未来!

但只要这个世界还笼罩在争论之中,谈论美丑易颜,谈论白貂行径,谈论东晋与现代,就纯粹是浪费时间;只要不宽容是我们的自我保护法则,那么我们要求宽容就只能是纸上谈兵。当毒气室、母爱测试这样的不宽容成为虚构,当白貂、东晋不再被提起,宽容的时代就到了。

这可能需要一万年,也可能不止一万年。

但是,这一天一定总会来到,它将承受人类的第一个真正的胜利——人类克服自身恐惧的胜利的到来! 历史将会作证,愿那一天,世以宽容相待,愿那一天,我不苟同你说的话,但我竭力维护你说话的权利。

点评:

这是读书读出来的,文采斐然,广博而富有思想,不容易被模仿,但我们可以读! 勾出自己喜欢的句子、思想、排比段,抄下来为自己所用!

亲情提示:

这是另一角度立意:在不一样的选择面前,愿世以宽容相待! 而且每段必点题,题目成了贯穿全文的抒情线索,真正做到了形散而神不散。

## 六、拟题成篇:读书笔记展示与点评

### 只因为你,我想变成

——高二(17)何淑梅 读《我是一个任性的孩子》

我想在大地上画满窗子,让所有习惯黑暗的眼睛,都习惯光明。

——顾城

我想变成你的画笔,任你勾勒,永不断墨,变成白纸,画你全部纯洁的愿望。

我想变成天空,让漫天的羽毛与叶子为你拥有自由的心纷舞庆贺。

想变成早晨冰莹的水露,映射你年轻的微笑,和你幻想中那些爱情的主角:她有明亮的眼眸,是晴空的颜色;而你,是她永远的晴空,她不会忽然掉头离去,让你无处找寻。

我想变成碧波,荡出你的快乐,让你的快乐汇流成河,流过丘陵,去见证河边青草的相爱,去静静地为小花过生日。即使它们没见过你,但一定会记着你,它们会将那些秋天的风衣和燃烧的枫叶都寄给你,即使,它们会走向死亡,连心也会熄灭,但,你会默默地为它们送上春天的期许。

这些你当然不知道,因为你是任性的孩子,你幻想着涂去生命里的一切不幸,却不知道自己还可以拥有这些幸福的瞬间。

于是,我想变成风,随你爬上一架比一架高的山梁,陪你去山的那一边,看看大海,看看大海是否真的是湛蓝色的,是否真能听见我们的愿望,我要和你一起听大海的声音,是不是无边无际的、愉快的声音?

我想变成维多利亚的丛林,这样你就可以安安静静地坐在树枝上——我的心上。你可以发呆,也可以思绪万千,你也可以把这儿当成你的家,你那不愿远行的心可以得到停息,你可以做很多美美的梦,酱果味的、糖果味的都可以。没有人可以打扰你,因为我在庇护着你。

这些都不是你的幻想,一切的一切都是真实的,画笔是彩色的,画纸是雪白的,你是它们的主人,它们永不会消失,因为它们等着你带它们去寻找蝴蝶。

顾城啊,你真是一个孩子,一个被幻想宠坏了的任性的孩子,一个只看到了黑夜的孩子。

黑夜给了你黑色的眼睛,为什么,你不去寻找光明?

你不是想让所有习惯黑暗的眼睛都习惯光明吗?为什么,你等不到阳光普照大地?

只因为你,顾城,我想为你改变!我想,让你看到天空可以这样蓝,让你,拥有欢颜!

点评:

诗人顾城有很多理想无法实现,也无法融入俗世社会,选择了自杀。作者以<u>第二人称呼告的方式,以极具想象力</u>的语言表达了对诗人的不舍,她告诉诗人,其<u>实生活真的可以很美</u>。

## 像梭罗那样活着

——高二(17)龙佳　读梭罗的《瓦尔登湖》

一直想像梭罗那样活着,远离喧嚣的人世,寻一方依山傍水的净土,在离湖不远的地方用木材建一座小屋,来安放自己那颗已经不耐烦的浮躁的心。

清晨，曙光初露，我就要坐在敞开门窗的小屋内，等待着一只蚊子在房间内做一场无声的旅行；或倚窗望着阳光冲破氤氲缭绕的迷雾，投入碧蓝色的湖水中去映出岸边乔木的倩影。

我要让草莓、黑莓、长生草、狗尾草、矮橡树、野樱桃在我小屋的前院肆意生长；在某个阳光充足的午后，搬一把躺椅放在小院的中央看着野樱桃树干的四周开的一簇簇小伞形的柔美的花朵，幻想它们在秋天结满的黄色的果子像花环一样垂下来；或闭上双眼倾听嫩条儿在无风的午后像扇子一样掉到地上的声音。

你是否禁不住想问，这样的生活，这样一个人寂静的生活，不会孤独无趣吗？不！

他要用锄头给他的菜豆松土，趁休息的时间闭一闭眼睛，在无边无际的幻想里进进出出。

他要忙着将家具搬到门外草地上，好让黑莓藤顺着桌角缠绕，狗尾草在他的桌子底下摇尾巴。

他还要在冬天来临之前加固他的木仓，每一块地板都需要他打磨平整。

他还要炖今天的那只肥松鸡，他的玉米要翻晒，他的松子酒也还没酿好。

他还要趁着月光前往湖边钓鱼，要倾听猫头鹰在深夜的歌唱。

从日出到中午，又从中午到下午，直到太阳射入他的西窗，天色昏暗，他才会意识到时间的流逝，是的，他的每时每刻都过得如此充实，没有一秒钟他是闲着的。

这就是我想要的生活，像梭罗那样活着，跟随着自己内心的节拍做自己想做的事，看四季一点点交替，听风和着雨声轻敲屋子的窗，看雪夹着北风一点点铺满宁静的湖。

可为什么，为什么我们总要那样不顾一切地去冒险进取，总是急不可耐地想达到成功？为什么，我们看不见身边的那颗开花的树，我们总无眼顾及那些微小生命竭尽全力带给我们的感动？为什么我们不可以像梭罗那样活着？

像梭罗那样活着！不管路有多远，不管节奏如何，我只是，不想当光阴随着四季变更不停地流逝时，而我只能留下关于光明的只言片语。

适意为最悦，心宁是故乡，我想，像梭罗那样活着！

点评：

梭罗，这个在现代社会里生活的美国人来到了瓦尔登湖畔隐居。瓦尔登湖人特有的生活节奏和与自然和谐相处的生活方式打动了梭罗，也打动了作者，作者还原了她所喜欢的这一幅幅画面,形象地表达了她对放慢脚步、跟随心的指引去生活的理想。

## 给我一把剑
### ——高二(1)陈煦 读罗琳的《哈利·波特》

就像在梦境中,孤身站在一片白茫茫的雪原,不远的雪崩携着地崩山摧的气势,浩浩荡荡地袭向自己,突然,时间就此停止,世界霎时安静——

时间解冻,记忆掀开,茫茫大雪中我看见了你,拯救了世界也拯救了自己的你——哈利·波特。

风雪交加的夜里,一道绿光划过夜空,孩子的哭泣声响彻山谷,妈妈临死前给你的爱的护身符打到了黑魔头,你奇迹般地活了下来,大难不死的男孩,你,成了一个传奇!

"哈利,该来的总归会来,来了你就得接受它。"

上帝在你出生前就为你设计好了人生方向,而我们仅能做的就是接受它,并想方设法地走好这条路。是的,你接受了命运的安排,勇敢地走进了格兰芬学院。在格兰芬学院,你善良无私的天性使你获得了友情,获得了快乐和力量,这种力量成了你人生里的第一把剑,一把闪耀着爱的光芒的剑。

黑魔头又复活了,恐惧笼罩着世界,在强大的对手面前,哈利迷失了自己,他几乎失去了勇气。

"我们只有团结才会强大,如果分裂,便不堪一击。"

狂风呼啸,黑云密布,哈利在朋友的鼓励下终于勇敢地站在了伏地魔的面前。黑夜里,是红眼睛与黑眼睛的对峙。"哈利,打败他。""哈利,拿出你的勇气!"四围的人群里发出的这些声音格外响亮。

"你赢不了我。"伏地魔冷笑。

"的确,我的技艺没你高超,但我依然能够战胜你!"

"又是依靠你那所谓的爱吗?"

"没错,我拥有爱,这也是你17年前之所以失手的原因。"哈利目光如炬。

喧闹的人群逐渐安静了,无声的愤怒弥漫着整个霍格沃兹,绿光和红光相撞在半空中,彼此相持……"表现我们真正自我的是我们自己的选择,这比我们所具有的能力更重要。"面对挑战,哈利的耳边是朋友这样的忠告。

哈利战胜了伏地魔,他用一把剑,一把用爱和无所畏惧的勇气铸就的剑战胜了死亡。

我们都渴望像哈利一样享受友情,像哈利一样拥有战胜一切的力量,敞开你的心扉,习惯和语言的差异都不会成为障碍,你也可以拥有哈利手中的那把剑。

神啊,请赐予我一把这样的剑吧。

点评:

哈利会很多魔法,可他更有善良无私的天性,它们带给了哈利爱和勇气。作者用高超的叙事技巧让概叙与描写相结合,张弛有度地表现了爱与勇气可以战胜一切的主题。

### 七、散文笔法:《深入灵魂的热爱》之作文评讲

(一)散文形散而神不散的构思

(1)用一个材料写散文:开头——概叙＋联想——某一情节＋联想——人物语言＋联想——结尾。

(2)用两三个材料并列构思:反复主旨用作抒情线索,中间并列两到三个材料,有想象描写。

(3)多个材料用时空架桥法串起同一个主题的不同的联想:舌尖上的中国解说词。

构思分析:

#### 深入灵魂的热爱

杨秀洪

犹记《秋天》一诗所绘之景⋯⋯

我似乎看见一些跳跃的人儿,在林间在田间阡陌之上⋯⋯

不忍卒读,唯记这一段幽远景象,多好!

或许是因为我来自山里林间,走过大多数人不曾踏足的小路,才使我对此记忆深刻,可我想说,这不仅是一种记忆,更是一种热爱。

读这诗的时节,也是秋天,那时是初二,虽说每天都会做作业,也有劳碌,可忙里偷闲,我总会在早读时看看这首诗。那时的年纪是火热的,每天一下课,操场上就会有不少人活跃起来,待到上课时却又不能再静下来,我不常出去,只是坐在窗边,看着太阳一点一点火热起来,从温红变得白而晃眼。这样平平淡淡的,我走过了一个年级。

世界仿佛并不需要我,而我却需要这世界,因此我选择做一个安静的旁观者,

用自己不变的心,观察这百态世界。

《秋天》里还有一句:牧童的短笛何处去了? 那满留着夏夜的香与热的笛孔?

我亦问,伐木丁丁不闻,蝉声悠悠未有,我灵魂里热爱的静谧,如今何处去了?

(二)句式与写句子

1. 有使用多种句式的意识

(1)这是老黑预谋已久的一次行动。(陈述句)

(2)穿过县界长长的隧道,便是雪国。

(3)洛丽塔,我的生命之光,我的灵魂! 洛—丽—塔:舌尖向上,分三步,从上颚往下轻轻落在牙齿上,洛—丽—塔! (感叹句)

(4)如果冬天说:"春天在我的心里",谁会相信冬天呢? (疑问句)

(5)让我们玩捉迷藏吧。你如果藏在我的心里,就不难把你找到。但是如果你藏到你的壳里去,那么任何人也找不到的。(祈使句)

2. 有写短句的意识

长句写不好就变成病句,事实上沈从文、汪曾祺等作家常用短句,十几个字几十个字的长句改成只有三四五个字的短句,文风会显活泼而有节奏:

"高高的绿绿的草散发着诱人的清香。一根一根都看得那么清楚,很挺拔的样子。"改成:"草绿了,高了,散发着清香。一根一根,看得清清楚楚,很挺拔的样子。"

3. 学习充满情感地猜测

表情达意是生命的本能,爱恨情仇的每一个瞬间,我们一定会去猜想,如:他一定是……或许他该在早晨……他是不是也如我……

4. 句子要学会连续使用动词

一个动词:"他发了一个旋转球,让人看得眼花缭乱。"一句话把文章就给写完了。

六七个动词:"只见他高高地将球抛起,眼睛死死盯着,球接触球板的一瞬间,他手腕轻轻一抖,脚一跺,球高速旋转着,向这边飞来,让人看得眼花缭乱。"文字即刻灵动丰富起来。

5. 句子最忌大话连篇

写句子最忌大话:听课认真;他很懒;他很聪明——注定句子不会生动可感。

段落开头最忌大话:当今社会飞速发展;我们高中生——注定段落无话可讲。

(三)段落长短各有分工

短段:开头结尾、观点、抒情、承上启下、引起注意、记叙交代。长段:想象描写、论证。段落开头很重要,往往决定段落的内容走向:

1. 概叙交代

(1)记得　(2)见过　(3)犹记　(4)听过这么一个……

(5)在……生活着这样的　(6)……的故事可谓家喻户晓

2. 想象描写

(1)试想一下,那些……　(2)我似乎看见……

(3)那应该是一个……的季节。　(4)我们不妨回到……

(5)你有没有见过这样的情景?

3. 议论论证

(1)于是,他……　(2)然而　(3)即使　(4)……有言。

(5)有一种……叫……　(6)什么是……　(7)难道……　(8)是的。

4. 抒情联想

(1)感谢　(2)如若没有　(3)我热爱　(4)那是一个……的……呀

(三)赏欣

1. 观察段落及段落开头

高三(1)尹婷

夜空中最亮的星……夜空中最亮的星……夜空中最亮的星,洗涤我灵魂,引我进入热爱的天堂。

初见你,是在樱花盛开的东京。

你手执医书,一身青衫……

我知道,你……

再见你,是在硝烟弥漫的中国。

那时你刚学成归来……

是的,你跟随了自己的心……

一路走来,我目睹了你……

夜空中最亮的星啊,你是我深入灵魂的热爱!哪怕相隔万里,我也要将你追寻。

2. 赏析描写与议论的开头语

高三(1)唐若鹏

因一个人,便恋上一座城,一座紫金荣耀、载满辉煌的城市。这里有……这里

有……这里有……这里是洛杉矶，这里是科比的热爱，这里也是我的热爱。

他在洛杉矶的凌晨四点孤独地上路……

感谢他的偏执，一种对胜利的偏执，一种看似任性而冷血的偏执。佛祖说："放下，才是世界上最难的事。"那么骄傲而偏执的人，怎么能放下？即便他再无驰骋全场、隔人暴扣的能力，即便他再无踏马飞驰的飘逸，即便他再无取得胜利的能力，但他依旧训练，依旧孤独，依旧在凌晨四点的洛杉矶涌动着热血。

3. 赏析开头结尾的短段用来点题与呼应

（1）纵然世界有千万朵娇艳的玫瑰，也不及恋人的红唇诱人；纵然宇宙中有无数星宿闪烁，也不及恋人的双眸耀眼；纵然大地上火山喷发，岩浆如瀑，也不及恋人深入灵魂的爱。（刘艾欣）

（2）我见过许多情侣在黄昏沙滩上拉长的倩影，我见过许多风景在清澈湖面上留下的倒影，但它们都不及朱自清笔下的《背影》。（李兰）

（3）我看过乱石林立、杂草丛生的密林；我喝过甘醇的清泉，那是让生命延续的琼浆；我也嗅到过金秋九月里的桂花香，却只爱过宁谧的令我留恋的黑夜。（鲁红亮）

（4）我给你瘦落的街道、绝望的落日、荒郊的月亮。/我给你一个久久地望着孤月的人的悲哀。/我给你我生活中所能有的男子气概和幽默。/我给你一个从未有过信仰的人的忠诚。（杨骐任）

（5）我把他藏进了我的灵魂，他将我写入了他的史书。

依旧是个春天，花开了，他却不在了。

这便是我与他的故事，他便是我深入灵魂的热爱。（严家辉）

（6）有时候，太热爱某样东西，你会变得不知所措，你无法诉说，你把它安置在幽秘的灵魂的深深的古井里。把一些东西隐匿起来，会发酵出梦幻般的玄妙。

但我打算，小心地拿它们出来晒晒太阳。

灵魂是一片荒芜，深爱给它一个春天。我无法言说我的深爱，正如你不能做我的梦。（姜雨）

（7）他还活着，活在我们灵魂的海洋里，驾一只小舟，睁着他那双比海洋更蓝的眸子，不信，请摸摸你的心，是他在发热。（袁易峰）

（8）未名湖是个海洋/诗人们都藏在海底，/灵魂们都是一条鱼，/也会从水面跃起。（夏雅兰）

### 八、作文要有构思:对"读杨绛"之读后感的点评

(一)"总——分——总"是经典构思;每一处"分写"的文字有画面感,文字量就出来了!

## 人生真善美

### ——读杨绛

### 高一(9)尹婷

曾为灵性良心奋斗的人,看到自己的无能为力会觉得人生是一场无可奈何的空虚;曾为人生百味修炼的人,看到自己的默默无闻会觉得命运是一种无边无际的孤独;而曾为生活如意努力的人,看到自己的贫困潦倒更会觉得生活是一次无归期的旅行。

大千世界,芸芸众生皆在风雨中漂泊。

而她,在生活的泥潭中一步步挣扎着站起,在空暇时关注邻住的鹊儿,在静思时默默诠释《论语》的趣味,用智慧传播着人性的真、善、美。

真,是世间最骄傲的平凡。

日落西山,凋花俯地,一位白发苍苍的老人独自在窗头凝望。她是如此的平和,平和中却有一种令人钦佩的敏锐,她悄悄思考着人生的两大主题——人生的价值与灵魂的去向。她强调人生的意义取决于自己的拼搏,倒也不吝分享心得。她又是如此的诚实,以至于时常陷于灵魂的深渊,面对这些麻烦,她倒也不急,不会一味求神拜佛,乞求上帝怜悯,更没有自暴自弃,坠入恶性循环的漩涡。她只是静静沉思,让肯定与怀疑并存,让精神力量永在。她很真诚,也很普通,个中的不平凡,只因她卑微的骄傲。

善,是世间最美丽的行动。

微风轻拂,秋雨绵绵,她倚着栏杆,眺望病柏上忙碌的鹊儿:衔草、筑巢、铺毛,鹊儿们自顾自地忙碌着,她也不觉无聊,倒搬出一大盘一大盘的可供筑巢的树枝放在窗台上。在经历了秋风噬掠、丧子之痛后,鹊儿无奈地飞走,她亦独自黯然神伤。她喜欢默默望着鹊儿劳动,她习惯探头望向那可喜的小鹊,尽管落花有意,流水无情,倒也此生无悔。

美,是世间最伟大的文字。

阳光亲吻,清风拂面,她手持《论语》,凭窗而立,思绪飘扬,似乎看到了孔子的点点滴滴。她认为《论语》是孔子及其弟子生活经历、精神品质的浓缩。她会调皮地议论孔子及其弟子的为人处世的有趣之处,也会对其不足一笑而过;她会为孔子忧虑烦扰,也会为仲由、颜渊的表现而感叹。

她,是一个普通的人,却在文字中彰显了伟大;她是一个胆怯的人,却在磨难中表现了勇敢;她的经历太苦,却始终坚守内心的信念,她是在用智慧传播人性的真、善、美!

(二)有抒情线索,就有好题目,也就有了开头结尾、有了每一个例子的评价抒情的方向。

## 黄昏夕阳无限好
### ——读杨绛
高一(9)欧玲

有人说,女人是一本书,一本百读不厌的书,而我却要说女人是一首诗,一首可以在夕阳里回味的诗。

海顿对于贝多芬来说,是"一个好的作曲家,但是他并没有教我们什么",在没有读杨绛先生的作品之前,她对于我也是如此,读了她的一些文字后,说不出对我有什么影响,只是我多了些感喟。

### 因物而喜,因物而悲

2003年,她算是已步入了老年人的队列,家住六号楼,卧室窗前有一棵病柏,她目睹了喜鹊筑巢的全过程,多么有趣啊!两只喜鹊选择在病柏上筑巢,许是树真的病了,承受不起一场风雨了,鹊巢被风扫落,先生感叹:幸好没有抱蛋。2004年,两只喜鹊又在病柏上筑巢,它们有了先前的教训,巢穴着实牢固,不出意料的是,喜鹊终于抱蛋了,蛋里的小生命也破壳而出了。不幸的是,食物成了喜鹊们的烦恼,在两只喜鹊出去觅食之时,下起了大雨,巢中幼小的喜鹊还没有躲避风雨的能力。此时先生的内心是纠结的,她定想用手托着鹊巢,把幼鹊呵在怀里,可她却什么也不能做,只是希望两只大鹊赶快回巢,希望大雨骤停。终于,她听不见小鹊的叫声了,接连几天,她只能听见大鹊们的悲凉的哀悼声。

先生为鹊而喜,为鹊而悲,该是一个内心怎样柔软的好人呢?

### 情到深处话自来

《论语》对于我来说是枯燥无味的,讲的都是一些大道理。而对于先生来说,再有趣不过了,其中的人物都好像活灵活现地站在她的面前:听到夫子称赞就喜形于色却也会狠巴巴地护着夫子的子路、一副刚直样子的闵子、和颜悦色的冉有和子贡。而她对于《论语》人物的分析,也让我觉得《论语》是一本好书,是本有趣味的书。喜欢读《论语》,已经着实让我佩服了,而她的其他方面也定有让我佩服的地方,也许这就是大家称她为"先生"的缘故吧,她读《论语》,可真是情到深处画自来。

先生在写这些的时候，早已是古稀之年，她是最美的夕阳，她是最美的黄昏。令人心痛的是，前几天她去世了。

愿你的生命中有多多的云翳，为你造一个美丽的黄昏，愿你被那个世界温柔相待。

（三）下面这篇读书笔记用了两篇文章的内容，一篇用来提出观点，一篇用来印证观点。

## 平生不过梦一场

——读杨绛

高一(9) 罗钰清

这人世的悲欢离合与一花一木的生老病死孰轻孰重？

我不知道。

这世上所爱的所怨的皆烟消云散与徒留下一具具无力挣扎的躯体孰好孰坏？

我不知道。

是谁掌管黄昏与白昼，摆布命运与我们？

杨绛先生认为莫过于"良心灵性"，她告诉我们良心灵性是创世主对人类格外的偏宠，是给人类的一丝特殊的神性，它可以为世间万物与人画出鸿沟，用"灵"引导"魂"，人才能是一个完整的个体。

先生在人生的边上抓住的这一缕人生的真谛，无疑让她成了一个拥有大智慧的人，然而，这生命真谛的捕捉和思考，却是源于她一生的苦难与伤痛。

（提出观点：排比提问又有篇幅又吸引人）

年华渐去，先生开始把目光更多地停留在大自然，停留在鹊鸟的筑巢、再搭、抱卵、雏生、夭亡和鹊去，她专注而尽心于这小生物的一举一动，这其中，当然有她对自然的一见倾心，然而更多的，我认为，是她对往事重现的寄托。

（联想到《比邻双鹊》）

1997年，女儿钱瑗因病去世，1998年，丈夫钱钟书去世，从那时起，她幸福的港湾独留她一人徘徊。鹊鸟和人又有何分别呢？他们都有着关于生离死别的悲欢离合，他们都是这红尘世间一隅的生灵。正如先生说的："过去的悲欢、希望、忧伤，恍如一梦，都成过去了。"世事难料，昨日哪知明日，人生几十年不过惊觉梦一场，造化弄人，还是《牡丹亭》里的句子说得好："原来姹紫嫣红开遍，似这般都付与断井残垣。"

杨绛先生实为奇女子，中国几千年来，被称为"先生"的女子，不过尔尔，然为人熟知的,更是寥寥无几,独有她,从民国的繁辰好景跨至如今的物欲横流,仍坚守本心,寻觅这世间真理。

(联想到生平的苦难与坚持)

世事不过梦一场,"白茫茫一片真干净"!愿先生一路走好。

(呼应开头)

### 九、一周读书之读书笔记评讲

优点:精彩纷呈,摇曳生姿。

缺点:(1)先叙后议,不会复杂的夹叙夹议;(2)点评作品,看不到作者自己;(3)只敢概括主要内容,不敢想象故事画面;(4)只敢就事论事,不敢联想升华。

例文展示:

**笔下的世界**

——一周随笔散记

高二(1)刘曦阳

就像在寂静中展开的《清明上河图》,书本翻开,所见即是别有洞天的鲜活的世界。

似乎眼前还闪现林教头怒视的双目中迸出的寒意,似乎又回到处处是套子的沙皇时代,似乎家乡就是那个民风淳朴的小边城。

一部好的作品总会引发读者的共鸣,带你进入文字的世界,一个用作者心灵编织的世界。于是,那些令你牵肠挂肚的角色逐渐在你的世界成了存在,你以第一人称的视角一遍一遍地经历书中的那些或是奇异或是动人或是惊险的场景。

你是否想亲眼看见林教头在风雪中的英姿?你是否想撕碎别里科夫的套子来打破压抑,你是否想为翠翠和二佬做点什么好快点见到结局?

或许字里行间会有一个与自己情况相仿的家伙,你会借他的身份进行你的阅读——这些散发魅力的文字符号,想你所想,引你踏上纷呈的不同人生。

我喜欢这有故事的跳动的文字,好似流水之光,又如星之光,抑或露珠之光,在我的眼前闪耀,闪耀,折射出作者笔下流动的记忆。

细数几天课外阅读中寻觅到的精彩,也不多,但每每翻阅便很有感触。

我的足迹遍布开去,远远地,我瞭见穿着褴褛、胡渣满脸的家伙,他手捧残损的日记本在上面画着些什么,背靠着一年结两次果的椰子树。他叫鲁滨逊。我绕到他的身后,赫赫写着忏悔的日记本的一页被撕掉丢在一旁。

"我总以为再也不会漂出海面,陷入极度恐惧的我指天发誓……在我有生之年再也不登船出海,我一定听从父亲的忠告……总之,我决心做个幡然醒悟的浪子,回家投入父亲的怀抱。"

他望向天际。

我狠下心把他留在这儿,在等到船只救他前,就由星期五陪他吧。

我又踏入"春残花落,雨声潇潇"的翠竹林。琴声悠悠,我看到了任盈盈轻捻琴弦——百鸟散去,万籁俱寂。相信看过《笑傲江湖》的人不会忘记,也只有金庸笔下,才会出现如此有派头的出场。

跳出课堂课本,去外面,看更精彩的世界。

笔下的世界,一笔成一韵。亲近经典,关键并不是你到底花时间看过什么,而在于你懂动脑筋领悟了什么。

一起去阅读,一起去邂逅笔下流出的绚丽世界。

作文点评:

富有想象力的文字与精到的点评相得益彰。人称的富有变化、入"书"出"书"的随心所欲、回"书"的多样化方式体现了作者对语言文字的驾轻就熟。看来,得引用何凌喜欢的一段文字来呼应作者,帮助我们坚定读书的信念:在精神的世界经历既久,物质世界的豪华实在无足惊异,凡为物质世界的豪华威严所震慑者,必是精神世界的陌路人。(下次可以尝试不写"读书"这个大主题,找一个小角度,写一个感悟)

### 那凋零的花,也是春天
——读席慕蓉《一棵开花的树》
高二(1)彭三三

"我已在佛前,求了五百年,求他让我们结一段尘缘,佛于是把我化作一棵树,长在你必经的路旁。"

口中咀嚼着你的文字,一种淡淡的带着愁绪的丁香花的香气便弥漫了我的心间。是啊,一壶小酒,一碟花生米,酒的醇香便能被我们"咂"出百般滋味。而此时,我却不知道该用怎样的方式,方能与你的心走近,走近,再把它临摹出来。我仅能感觉到你,慕容,你静静绽放着纯净光芒的容颜,你那因等待春天而绽放着纯净光芒的容颜。

一棵树,一年只开一次花;一个人,一生也只有一次美丽。只为能够遇见他,在你最美的时刻,你用了五百年浩瀚无边的等待。

他来了，越来越近，你颤抖着，越发红艳，空气中氤氲着浓郁的花香，那是你五百年的思念，你伸向他，朝他微笑。他还在大步流星，衣角拂过你的花瓣。你长在了他必经的路旁，你等了他五百年。他走过，碾着你的身躯，嘴角勾勒出欢快的音符走过。

他没有听见脚下窸窸窣窣的花碎声，那是你的凋零声，是你心碎的声音。

夕阳，留下了他修长的影子，你颓然俯下了身，跌倒在地面，那些奋力盛开的朵朵浓抹的重彩留下了一地花落的凄凉。那是你突兀的悲伤，是你想随他的脚步而去。

就这样，他带走了你的故事。

难道，真的是五百年才能在佛前求得一段尘缘，一万年才能修得七情六欲，才可以与所爱之人相见，流下第一滴眼泪？慕容啊，我曾想，你要不做一棵为他开花的树，是否，你还能奔跑，牵住他的衣角？

如果，她若是江南采莲的女子，你是否仍是她皓腕下错过的那一朵？

如果，他若是那逃学的顽童，你是否也做他袋中掉落的那颗崭新的弹珠，在路旁的草丛里，目送他毫不知情地远去？

如果，他若是面壁的高僧，你是否要变作殿前的那一炷香，焚烧着，陪伴着他过一段最肃穆的时光？

也许，在生命的岁月里，他永远是你最美的风景，是你来世的借口，是你生的信念。

在种芽等待春天、渴望破土的那一刹那，慕容，你也在等待你的春天吧，他是你的春天，是你生的希望，你润泽的容颜因他而有了前所未有的荣光！

那些凋零的，也曾是你的春天啊！

作文点评：

一棵开花的树，一个伤感哀婉的关于错过的故事，作者却能用细腻的笔触去想象那棵树的无言的渴盼，去想象它坚定绽放的信念，于是，对生命的精彩作者便有了这样的解读：我来过这世上，我开过最美的花，我那凋零的花也有过春天。（当我们倾心去描摹和追求含蓄的同时，如何去兼顾辞意的畅达呢？）

### 回 眸
——读《目送》有感

高二(1)龙腾敏

时间它只负责流动，却不负责与你一起成长。

岁月它只担保回忆，却不担保带你一同回去。

即便是为了爱。

欲望与血缘与生俱来，每个人都兴致勃勃地往前走，少有人会停下来回望来时的路，而背后的人也默默地目送。你在慢慢长大，却并不觉察身边的亲人正慢慢变老乃至死去，总有一天你会要用欲望置换感情。就像电影里蜀进一的奶奶说的："如果你肯放弃所有最心爱的东西，把它全部都扔进苦海里，把苦海填满，你就可以和你的亲人重逢了。"

可苦海难填，岁月易走。

不断前行，不断丢失。我们成为父母眼中的背影，有些路，只能一个人走。依稀记得初中的一篇课文《背影》，尽管老师讲解得十分煽情，我也只是附和老师发些感人的赞叹。如今，我早已不是那时候依偎在父母怀里撒娇的小孩子了，再也不是天地有爸妈扛着的无忧无虑的年龄了。我慢慢，慢慢地了解到，他们只能陪我走一段路，看一次长途旅行的风景，然后停下，独留我一个旅人前行，这时才慢慢感受到《背影》作者的心情，却也只能无奈前行。

我们怕老，所以一辈子都在处心积虑地去偷回流逝。

可流逝难抓，岁月易老。

我们背后的那些人儿，是什么时候多了一些银发，少了一些精神，是什么时候开始健忘，是什么时候开始停了他们的脚步驻足目送？我们不知道，那时也许我们正在前行，正享受沿途的风景。

"你今天回来吃饭吗？"妈妈问。

"我今天半期考试，不回来了。"

"你怎么这么早就回来了，大下午的？"

"妈，我今天半期考试啦！"

"唉，你这孩子，起这么晚，该迟到了！"

"我今天是半期考试……"

不知从什么时候开始，这个能干的女人变得健忘了。

"我慢慢、慢慢地了解到，所谓父女母子一场，只不过意味着，你和他的缘分就是今生今世不断地在目送他的背影渐行渐远。你站立在小路的这一端，看着他逐渐消失在转弯的地方，而且，他用背影默默告诉你：不必追。"作为母亲的作者如是说。

生活的美好与残酷便在于，真情永远有效，只是每个人都有各自命运的期限，过时了，便不候了。

时间不负责与你一起成长，岁月不担保带你一同回去，即便是为了爱。

但正是因为爱,我仍愿为你。

哪怕只是一次回眸。

作文点评:

岁月会流逝,时光也已老,父母的背影在我们的目送中老去,我们也把背影留给目送我们的父母,作者与书有了共鸣,于是,她重温了朱先生的《背影》,回顾了与母亲的经典对白,由"此书"及"彼书、彼电影"再及"自己的生活"。更难能可贵的是,语言警醒有力,却也因为回环往复而旋律优美。

### 当我看见你,已是暮色
——读《暮光之城》有感

高二(17)姚雨松

刮风下雨的日子里,我喜欢一个人打着伞出去走走,听雨打在伞上的声音,看着脚下大理石般光滑的路面,然后开始想一些唯美的却又总是无法触及的画面。

自从看了《暮光之城》,我就开始对那座潮湿寒冷的福克斯小镇心生向往。

矮矮的小木屋和小宅院在迷雾和细雨中若隐若现,冷绿色的青山连绵起伏,黑色的小路往山里越弯越长,山里长满了冷杉,山顶的一角被阳光照亮着,近些,再近些,我看见了贝拉,她和一个皮肤像钻石一样闪烁的男子在相互注视,当他们的眼神在我脑海里越发清晰的时候,画面慢慢又消失了。

这一天,刮着很大的风,和着发丝一样细的雨,我一个人在街上踱着。

大理石般的地面还未湿透,白色的底韵和青色的石色清晰可辨,一块连着一块,映入眼帘的就好像只有在福克斯才能感受到的那"一框青色"。

我怕别人看见我这副颓丧的神色,仍低着头,用伞挡住迎面的风。几个被人扔掉的白色塑料袋和几张旧报纸从脚下快速划过,应该是吹向垃圾桶的方向吧,我想。荒凉和死寂仿佛笼罩了我脚下的这座小城,加上我心里的怨言,周围没一个生命体敢靠近我。

阴暗的福克斯也是这种氛围。贝拉将自己流放到那个偏僻且终年阴雨的小镇上,她怎么也想不到,就是这个抉择,让她与他相遇在命运的十字路口。

雨仍下着,可雨声中多了一种音色:清脆而且欢快,有着一种强烈的生命力,这是善意、单纯和美丽的音色!

声音近了,像银质的铃铛声,我把伞压得更低了,似乎想把自己缩回尘埃里,我害怕面对这样温暖的事物。雨滴牵了线般从我的伞面掉下来,我藏在这样的掩体里。对,我想从伞下窥视这个由远而近的人!

在由远而近的铃铛声里,先是一双纯色的帆布鞋,在湿地上踩出了优美的步伐,然后是一双白净的自然下垂的手臂,指甲很短,泛着油亮的光泽,再然后,我便从伞下的注视中醒来:该是一个怎样干净温暖的女子!

隐约感到了心跳,脸颊也该被一种发自心底的温暖所掩盖,这是一种什么感觉,我不知道,但我控制住了掀开伞去看看的想法,我想把这温暖的一瞬埋藏在内心,埋藏在这个青涩、寡言的少年时代。

在这样的一个黄昏里,我的思绪又来到了福克斯小镇,其实,在贝拉和爱德华站在冷杉林中眼神交汇的那一瞬,他们彼此应该明白,等待他们的,除了幸福的诱惑,还有违背世俗与信仰的深渊。可是啊,他们一起度过的新鲜而刺激的每一天,像久违的阳光,照亮了那座阴暗的暮光之城。

我掀开了伞,黄昏里,只剩下柔和的阳光,透着黄昏色,当我看见你,已是暮色。

那些生命里的璀璨,那些初恋的美好,那些不曾完美的青春啊!

作文点评:

超越世俗的真正的爱情给阴冷、潮湿、青色的福克斯小镇带来了久违的阳光,健康、干净、从容的女子在潮湿的雨里走近过浮躁忧伤的少年,少年平静温暖起来,也许这些美好都不会有结果,但少年珍藏了这些不完美的属于青春的故事,由"别人的故事"到达了"自己的经历",再加上"珍惜此刻、珍藏回忆"的写作角度,读书随笔就成了一篇800字左右的作文。(关注描写加上表意婉转使主题明朗不够)

**十、写有细节的例子,有想象力的文字:话题作文"出发"、命题作文"磨"之作文评讲**

(一)命题作文"磨":写富有想象力的语言;写有细节的例子

1. 小时候,爷爷去割草前,总会在磨刀石上磨一会儿刀,磨过的刀会变得很锋利,用它往草上一挥,草便顿时断作两半。不多久,爷爷便会背着一大背的草回来。所以我才会更相信那句古话:宝剑锋从磨砺出,梅花香自苦寒来。是啊,无论宝剑还是梅花,都需经过重重磨砺才能收获完满。

——高二(2)徐美琳

2. 磨,一广,一林,一石,在一片宽广的林中,选一石坐下,林间有鸦声,有水声,有猿在枝上荡秋千,有蝴蝶翩翩翻飞,白蚁在筑巢,溪水叮咚与晨鸟共鸣。"磨"应该是不为外界所打扰,在忙碌麻木的一天中,留一段时间供自己思考。

——高二(2)侯钱霞

3. "磨刀不误砍柴工"这句话,是老人们常常在口中念叨的,经常地,我都会看到爷爷蹲在家门前的梅子树下,手中拿着一把钝刀,不快不慢地磨着,不时地,还用手舀些水去清洗一下,真是岁月静好啊!在家乡的日子,每每都是在这样的场景中度过,那磨刀声虽不悦耳,可就是无端地让人心安。

——高二(2)梁利芳

4. 老花猫从树荫里走过,略硬的被子在阳光里飘飘扬扬,爷爷弓着腰除着草,奶奶端出一壶苦茶,屋内有米香熟透了,窗外海棠灿灿地开满枝干,日子一天天老透了,无声的时光可以荏苒过很多野草闲花。一切都是美的,多好!

每一朵花都有优雅的风韵,每一棵树都有卓然的风姿。磨一磨,生命可以很享受,生活可以很幸福。

——高二(2)刘艺

5. 松桃县长兴镇的一位农民,正在为晚餐制作豆腐。

他将泡过胀大的黄豆投放到粗糙的石孔中,轻轻地,生怕撒掉一颗。在石磨重若千钧的力量的挤压下,被碾得粉身碎骨的黄豆如爆米花般弹了出来,从石磨的边缘细缝,稳稳地落在石盘上,转动石磨,豆浆就从石磨缝里缓缓淌了出来。

——高二(1)麻健

(二)话题作文"出发"有想象力的段落

去还原情景、去猜测过去或未来、去比拟心中的形象,让你的文字更有想象力,如何进行想象描写:

(1)它就在你眼前,你盯住它描摹出它的:颜色、声音、形状、动态、对话。

(2)它就在你眼前,你努力去猜测它的:心理、前世来世、昨天明天、故事。(我想、或许、如果、没有、即使、应该、我仿佛看见、它一定)

(3)它就在你面前,你要比拟它的形象:选取喻体,朝喻体的方向叙述下去。(就像、好比、一般、成了、是)

### 穿一件美丽的衣裳出发

我听说,一直一直向东走,会有一艘船出现。或许,它有锈迹斑斑的铁链,有破开一个角并且发黄的帆,有掉落很多灰尘的旧木板,或许它的角落里结满了蜘蛛网,这一切无疑都在向你诉说着沧海桑田、时过境迁。又或许,它只是"泰坦尼克号"的冰山一角,没有热闹美味的聚餐和浪漫浸骨的邂逅,但是它是只属于你的船,它沉重也轻盈,破旧却美好。

是的,我从来都认为出发是一件随意的事,不需要烦琐的准备和周密的计划,只要穿上一件让你心情愉悦的美丽衣裳,一直往前走,踏上属于你的船,你就可以启程了。

出发,你将迎来新的生命。

——高二(17)黎彤

## 英 雄

母亲已为我整理好着装,她一遍又一遍地检查了我的背包,摇了摇水壶,将耳朵贴上去听了听,觉得满课又放下,勒了勒背包的背带,拍拍它是否柔软,在电灯的光晕里,她看着我的脸,一寸一寸地扫过我的皮肤,将我的模子刻在了她的心上。

鸡鸣,天亮,我得出发了。

母亲送我到家门外,泪眼蒙眬,她拍了拍我的肩膀,示意我蹲下,她并不丰盈的唇吻上了我的额头,有了母亲的祝福,我知道,这一刻,我不再是一个战战兢兢的新兵,我是一个顶天立地的英雄。

——高二(17)任海歌

## 去旅行

做一个旅人,其实很简单,只需要一点儿勇气迈出第一步,然后,孤身上路。

我没有什么钱,也不知道会去哪里,我只是想出去走走,可能会去看看海,去路过一个下雨的小镇或者小岛,在旅途租一间小房子,数羊或者听琴,我可以坐破败的火车,也可以试一试海上鸣笛的轮船。

我只想试试可否按照自己喜欢的方式生活,旅程可以这样开始了吗?

——高二(17)李艺冰

## 出发吧,孩子

准备好了,你是该出发了。

当旭日驱散夜的残幕,你没有一丝犹豫地背起了背包,你要开始你的旅程,你去的那个地方,叫远方。

也许你知道,前面是无边的森林,而这,不能使你停步。

也许你知道,前面有现着野兽身上斑纹的古老的树,有蟒一样交缠着的半生不死的藤,而这些都无法改变你行进的节奏。

也许你知道,前面会有高大挺拔、直插云霄的白杨,它笔直的身躯曾令你魂牵梦萦。它会出现在你面前,让你不再以为它只是个梦,而这,也不能挽留你的脚步。

你要到达的是远方,你说。即使你不知道每一条路径,即使没有人给你他的手,给你勇气,但你可以唱着忘倦的歌,让不绝的回声陪伴自己。

出发吧,孩子,前面就是远方。

——高二(17)陈艾婷

### 《菠萝的出发》

1. 主人一大早把我从树上砍下来,那锋利的刃切碎了林中的薄雾,砍在我们被叶紧裹着的梗上,"咔"一声就折了,清脆的声音带着点儿梗上溅出的清香,残留在主人的脸上,仿佛最后的道别。

2. 等我从期待中醒过来时,我只剩下了明黄平滑的表面,我惊讶于自己的颜色——那淡淡的黄被泡在淡淡的水里,在日光下透着炫丽的光,胜过太阳。

——高二(17)姚雨松

## 长成一座山

### 高二(1)卢雨林

常常停在一棵笔直的树旁,就这么静静地看它,但却看不懂它。它干枯龟裂的树皮暴露了它经历的岁月,它层层簇拥的青叶却显得它像是一位年轻的船长,再衰老的身体,也不能阻挡它对远方的好奇。

在它还是一颗种子的时候,便听说了南方的花朵就像不倦的舞女,一年四季都随着时间的伴奏此消彼长地起舞弄影,好不热闹。它还听说,北方的土地是怎样孕育着丰收,怎样让人们黝黑的脸上映出土地般淳朴憨厚的笑容。它将它们记得深刻,念得频繁,总在想象中勾勒那些神秘美丽而又充满未知的远方。这些念想堆积起来,思念便如荒野的荆棘般疯长,突然地,它便钻开了泥土。

岁月好像拿它没办法,它一心执念着要长得更加高大,执念着要望一望它一生都在憧憬的地方。

它把它的根用力扎下,在每一粒土的缝隙中伸长,四处延伸着,去寻找那些美味滋润的养料。它的根须像一个个在沙漠中奔走的人,不顾一切地向前,向前,寻找着水源。没有什么能阻挡它的脚步,它用死囚肌肉偾张的手一般的根须紧紧地攥住身边的岩石,用尽力气,把自己固定住,它终于可以喘上一口气了。在这里,它与无边的大地相连,时不时地,它还可以与大地谈谈它向往的那些远方。

现在,它还在拼命地生长,我可以从它那紧绷着的树干看出来。它要长得长远,长出一段岁月,它要长得高大,长成一座高山。

它从一颗怀有梦想的种子出发,它要长得高大茂盛,长成一座山。

### 对不起，我只是路过
高二(1)姜张英

忘不了大西北月朗星稀的荒山之夜。

最爱克莱姆街青苔下的百年石柱。

胡杨，千年不死的精魂，是你在呼唤我吗？

可，对不起，我只是路过，我终将出发，带着我36码半的脚步走完我的素年锦时。

#### 江南的小巷

燕子呵了一下绿杨的痒，整棵树于是都笑弯了腰，我匆匆赶路的脚步惊醒了你的梦，可我不是归人，我只是路过，我达达的脚步声是个美丽的错误，你却笑开了眼角，要把我留下当你前世的情人，化我新生。

我想，你一定正在江南的春天时，因为你的眼韵里有扬州三月的烟光，它们告诉了我你月光下的羞涩，告诉我你的绿杨眷念着沙，告诉我你和他相遇时的明媚阳光。

可对不起，我只是路过，我终将不是归人，我狠心不去看你的目光，背上行囊，我还要出发。

#### 夜飞的大鸟

也许那夜飞的大鸟就是我牵挂的故乡，它这样年年月月挂在天上，在我前方。我知道它的羽毛有多美丽，那羽翼上绣满了美丽伤痕，那是迁移流浪的伤，是鸟飞的路标在天上，鸟把路就这样铺在了天上。

我多想和你一样夜飞，把路走完回故乡，我要看那院子梨花纷落的花蕊，看我母亲纳鞋底时咬下的线头……

可，对不起，我只是路过你，我们终将分离，你有你的方向，我在我的路上。

我只是路过，我终将出发，路过江南小镇，路过夜飞的大鸟，带着对远方的念想，走完我的素年锦时。

## 十一、半命题作文"这也是……"之作文点评
### 这也是一种表达
高一(17)姚雨松

"诗言志"说的是，诗是一种情志的表达。

确实，诗是一种表达，<u>碧绿、淡紫、鹅黄这样的词足以让人生出惊喜，一颗桑树、一抹胭脂、一缕青烟也可以寄托诗人的哀思。</u>

歌,是唱出来的诗,比如元曲就以诗入词,以乐谱调,让高雅的文学从此走向了民间。还记得看完《满城尽带黄金甲》后,片尾的合唱曲《菊花》中那"待到秋来九月八,我花开后百花杀。冲天香阵透长安,满城尽带黄金甲"的歌词便以一种直击人内心深处的力量,让我在那一个晚上,眼前都汹涌着一幅幅气势非凡的"黄河之水天上来"的画面。

所以,音乐也是一种表达,一种在人类历史上浩荡了千年之久而永不枯竭的表达。

在这条音乐的长河中,我们不能不仰望一位巨人——路德维希·凡·贝多芬。

中年失聪,又患上了严重的抑郁症,但他还要糊口度日,你知道他的内心有多么坚定吗?看看他笔下《命运交响曲》那调式的严谨,再静听一曲他的《欢乐颂》,是的,是音乐给了他神奇的力量,也是音乐向世人表达了这位巨人的意志。

人生如花,但要让它比夏花更灿烂、比秋叶更静美是需要努力的,音乐可以带给你这样的力量,夜深人静的时候,你已倦怠于演算,来一首《ali yours》,对,欢快的摇滚风会传达出兴奋,它会感染你,让你充满斗志。

从学校到家里是10分钟,从家里到学校也是10分钟,没有同伴,大街上风景依旧,好啊,这时,耳塞里廖昌永那富有质感的声线就是你救命的良药。

秋游至凤凰,当眼前的美景美到你词穷,你能做什么?哼一支《人生像旋转木马》!那片片飘落的枯黄会变作你的枫叶林海,那偶现的一丝绿意也会成了你的自然雨林。

从久石让到陈奕迅,从《老男孩》到《那些年》,手机里你不断变换的铃声,收藏夹中你们一起点开的歌、就是你们莫名兴奋莫名忧伤的青春的表达……

蓦然回首,那些个朦胧如微光的灵感、那些充实得像阳光普照的日子,那些也忧郁也飘雨的故事,都化作了你们一次次点开的歌,不厌其烦地被你们哼出。

想对你表达,也只有音乐,只有星巴克的蓝调。

你走在青春的路上,旋律盎然。

点评:

音乐也能传达人的喜怒哀乐,也是一种表达,好立意。片尾曲的触动——贝多芬的表达——青春的表达,层次清晰。运用想象、联想、排比,行文亲切而又不乏理趣。

## 这也是一种战斗

高一(17)龙宏宇

一个人的战斗,孤寂过后也会辉煌。

——题记

如果一个人的战斗是一条孤寂的小船,那么我会不顾一切地前行到达另一个海岸。

如果一个人的战斗是面对别人的冷嘲热讽,那么我会选择性失聪,不馁不弃,在黑暗中寻找那一片光明。

如果一个人的战斗是面对最强大的敌人,那么我会用尽全身的力量去与之搏斗。

而你,只是自然万物中的一员,你只是一株草,你是那么渺小的一株草的种子,微不足道,孤身一人,你的战斗即将开始。

你在那深厚、黝黑的土层里准备得太久了,你相信你的命运不会与浊流混为一体,你坚信你会成功。旁边的同伴说你傻,说你根本不可能成功,说你是一个不自量力的人,你没有理会它们,抬头,向上,再抬头,又向上了一点……你只为等待那一天的来临。

终于,这个时刻近了,你急促地呼吸着,用尽全身的力气向上伸展,黑暗的土壤还是把你包裹着,老天似乎也要给你来一个下马威,从土的缝隙里你听见了外面的狂风、暴雨、雷鸣。这一切来得是那样的突然,那样的猛烈,你应该可以减缓向上的速度,可是你似乎变得更有力了,你已经急不可耐,你在蠢蠢欲动,你就没有过丝毫的胆怯吗?雷鸣,是你走向胜利的进行曲;暴雨,是你到达终点的那杯美酒,你感受到了最顶层的湿润的土壤,在早晨清新的空气里,你探出了头。

雨滴落在你身上,你伸直了小身子,迎接着这个世界给你的洗礼……雨过天晴,空气中满是泥土的气味,你不再好奇地东张西望,你均匀地呼吸着,享受着温暖的风,百花的香。你对自己说,你打败了它们。

你曾孤身一人地战斗过,有过雨,也晴了,你哭过,也笑了,你庆幸自己没有放弃。

这也是一场战斗,一场一个人的战斗,一场孤寂而辉煌的战斗。

点评:

对孤寂——努力——辉煌的描写细腻深长。一颗种子冲破层层阻碍长出来也是一种与强大世界对抗的战斗,以小见大,说理形象。战斗孤寂却能带来最后的辉煌,立意高。

## 这也是一种心忧天下

高一(1)姜张英

一千年的沧海之水可以冲掉什么?

可以冲掉和着泥水腐烂的肉身,可以冲掉豪杰壮士一生的抱负,可以冲掉美人迟暮的如花容颜,却冲不掉你,诗仙,你那一首首还带着太白酒香的浪漫诗篇。

有人说你是"天上一谪仙",有人说你是空想的浪漫者,有人说你"自负韶华,却未有作为",但早已驾鹤西去的你听到这些会作何反应?我想,你一定会仰天大笑"我辈岂是蓬蒿人",不在乎别人的眼光,依旧在山间吟诗,在月下饮酒。因为,你是李白,你是以浪漫洒脱的方式心忧天下苍生的李白。

盛唐之人看不懂你,只以为你是爱喝酒的诗仙,却听不出你"白发三千丈,缘愁是个长"的愁绪里牵着你深爱的大唐江山。

巴蜀的亲友看不懂你,只以为你是身着白衣、卓然而立的遗世仙人,却猜不透你"所守或匪亲,化为狼与豺"中对藩镇割据的担心与烦忧。

自以为是的唐明皇看不懂你,只以为你是供他品佳句、对对子的奴才,却拆不穿你"长风破浪会有时,直挂云帆济沧海"中的豪情壮志。

他们,让你的心在理想与现实的斗争中变得千疮百孔,滴出了血泪。

于是,你走出了朝堂,走进了山水。

后人是懂你的,说你寄情天下山水,却"仍念故乡水",是因为看不透、放不下那层山叠嶂后的朝堂,说你吟诗作对、喝酒唱歌,却散尽千金,也只为舍不得天下百姓受苦挨饿,这样的你,难道不正是心忧天下吗?

后人是懂你的,他们或嘲笑或惋惜你的出仕,他们知道,你学不会朝堂上奸佞"摧眉折腰事权贵"的恶心嘴脸,你学不会陶渊明的隐居忘俗,你学不会"梅妻鹤子"不再过问百姓,这样的你,难道不正是心忧天下吗?

李白先生,你累了吗?你心怀天下却仍挡不住历史的洪流,唐朝灭亡了,一千年过去了,我只愿你那颗因心忧天下而变得千疮百孔的心,在后人无数遍的吟诵中得以平静。

来生能与先生举杯邀明月,对饮成五人,足矣!

点评:

看似浪漫不羁,实则心忧天下,立意巧。从诗人的称呼、评价、诗句、生平入手,内容磅礴。大量排比、对比以及第二人称的使用,使抒情性评价一气呵成,气势充足。

## 这也是一种爱

高一(13)李雨雪

李小毛是我的父亲。

家中排行老四,最小的儿子。我不记得照片上他幼时的模样,但我不会忘记他现在微胖、短发、黝黑、一副顶天立地的模样。

记忆中,李小毛对我做过最轰轰烈烈的大事就是养育我,但我后来才知道,李小毛对我做过的每一件事都在我心中轰轰烈烈。

比如,在陪我逛街的时候,任由我指点着满大街乱七八糟的小吃零食微笑着说,买买买。

比如,在颠簸的车厢座位上用它那只断过的右手轻扶住任由我憨睡着的笨重的头。

比如,在冬夜里让坐在他摩托车后座的我把头低进他的背里,把手藏在他的大衣口袋里,自己却顶着一张被风刮出眼泪的笑脸安慰我说,乖崽,快了,快了,马上就到了,再坚持一会儿。

比如,请了一天假不上班,专程从一个城市赶到另一个城市来看我的第一场篮球赛。

于是,相当的时候我都在心里默默地对自己说,嘿,你有一个好父亲。

李小毛是一个好父亲。但这让我不得不去想象她是怎样一个男朋友。于是我有很多时候都在询问他和母亲年轻时候的故事,母亲也总会向我透露一些。记忆最深的是小毛载着坐在他自行车后座的母亲从镇子的这头到另一头,却碾过了牛屎,而后,两个人一起去溪边清洗。

嘿,李小毛真是个傻小子。但是我还是愿意去想象在一个明媚的春天,一位青年载着他梦中的姑娘,在风里笑得合不拢嘴,然后单车压过牛屎,姑娘娇嗔抱怨,而后两人一起来到溪边,一起清洗他们的单车。我甚至能看到当时青年头上明媚的阳光,小溪上跳跃的阳谷、书上欢笑的阳光、李小毛心里的阳光。

看吧,李小毛没有太让我失望,他过去是个好青年,现在是个好父亲。他对他的妻子和孩子都是用心去爱,用心给予这世界最为平凡的爱。

于是,当他拉着我经过西门大桥的时候,我看着阳光下的他,想到他也是他家最小的儿子,可是这并不妨碍他长成一副顶天立地的模样。我掏出手机,在说说上打下一行字:李小毛是一个好男人,我终将见不到如他一般的好男人、好父亲。

点评：

文笔流畅，文字清新，亲切的回忆，丰富的想象把平凡的爱写得让人潸然泪下。

## 这也是一种仰望

高二（1）张文竹

石榴的心被过境的季风灌满了蜜。我住在石榴的心里。我细数着盛夏跑过的痕迹，编织着属于自己的涩涩甜甜的梦。

许多石榴子的梦还浸泡在花香的氤氲中，它们，还在它们的阁楼上酣睡。

一个阳光明媚的早晨，一粒石榴睁开了朦胧的双眼，甜腻的空气粘住了它的双眼，他说："我长大过后要成为一棵参天大树，让风在枝条上歌唱，让太阳在枝头上舞蹈，让四季因其壮美。"

高高的阁楼中传来了第二粒石榴籽的声音："喂，同伴你多么愚蠢！我像你这么年轻时，也做过你这样的梦，可是，当我能用标准确定一切事物时，才知道我的想法多么可笑。"

第三粒石榴籽说："我则看不到我们中间有什么预示着这样伟大的东西。"

第四粒石榴籽说："如果我们生活没有更加光辉的未来，那么它就是虚假的。"

第五粒石榴籽说："我头脑有一幅关于未来的画面，但我不能将它描绘出来。"

阁楼里的石榴籽们一粒粒地被这争论的声音而吵醒，第六粒、第七粒、第八粒……它们陆续加入这有关"未来"的讨论之中。

它们的讨论持续了一整个生命期。

那最宝贵的储蜜时间被他们憧憬的"未来"所遗弃，由于没有充足的花蜜，这些石榴籽都走向了生命终结。他们沦为季风的陪葬品。

而我，在那个时候用力地吸取周围的蜜，仿佛用尽全身力气。

我深深地懂得：自我，其实就是不可丈量的无边大海，如果我们连自己的现状都不明了，为了我们的将来而争执又有何益呢？

我们已做了太多的关于明天的梦，抬头仰望，梦想已耗费了我们短暂生命的太多过往和如今，梦想、未来以及明天被挂得太高，太辛苦。

我没有过多地幻想明天究竟会是怎样的绚丽，对于一定会到来且无法预知的东西，我唯一能做的，便是把仰望星空的头颅低下，认真地注视自己要走的路，在路面上，我看见了星空灿烂的倒影。

我庆幸，自己终究长成了一颗饱满的种子。

我相信,莫错过每一个有阳光有雨露的日子,种子终究会酝酿成果实。

这也是一种仰望。

点评:

把一个哲理性的故事加以想象描写,构思巧妙,文字简洁而细腻。仰望天空与脚踏实地的对比鲜明,催人警醒。

### 十二、关于"以后"的思辨:两篇观点截然不同的习作展示

人们常说:以后要如何如何。其实,有些事情可以留给以后,有些事情则没有以后。你对"以后"有怎样的体验或思考?

#### 以后,随遇而安
——高一(1)舒秀丽

或许来到人间,我的"以后"就踏上旅途。

曾几何时,我是相信以后的,然而,"以后"却是一个爱冒险的旅人。

我是有过一个发小的。记得那时,形影不离,上学或放学,我与她都爱说故事,我说她就听。我俩在小学几乎都是同桌,那互打互闹的日子倒真怀念,我们曾共同许了一个约定:永远不分离。可小学毕业后我与她上了不同的学校,从此消息渐失。现在呢,所谓伊人,早已他处天涯。

"以后"真是无情,我却只能祭奠这份被埋葬的友谊。

我也是再次坚信过"以后"的。

我的大伯父,他以收买破烂为生,但他并不自卑,我知道,他是没有一根白发的,尽管他妻走家破,拮据地抚养着女儿。我喜欢去他家,哪怕只有一碗油辣子,一本旧杂志,一堆破玩具。伯父会说笑话,会跳滑稽的舞。可是,为了生活,他还是奔走异乡去打工,那个乐观的他还拍着胸膛打包票:"今天我看皇历是出门的好日子,过年我一定会赚大钱买东西给你们!"可这信誓旦旦的"以后"竟也如此不堪!当他去世的噩耗从外地传来,我已经哭不出来了。我不相信,那么好的一个人何以遭命运的丢弃?然而,日子还是照常向"以后"延伸。

唉,"以后"啊!

我不是消极主义者,但谁能想,那些太多的记忆竟都成了对"以后"的否定。如果可以,我想对以前的自己说:女孩,"以后"不是不需要,而是不可靠,"以后"是幸福的朋友,还是不幸的帮凶,实不可定。

以后,走在晴空或碰上阴霾,能做的,只有尽量去把握,"以后"会听我的也好,

不听也罢,学会面对。

以后,走的注定是一场没有计划的路,它不仅有我的决定,更受他人的影响,正如朋友会走散,亲人会离去,都是未知的以后。

十几年光景,我试着看淡"以后"的存在,那是个黑口袋,谁知道会掉什么出来呢?昨天擦肩而过的陌生人,或许不久会熟识;春天里娇艳的玉兰,在一个雨夜后也会稀零;现在的微笑,下一秒可能就皱了眉头;刚才望了一眼,也许成了最后一面……以后,纵使我失去了憧憬与期盼,我也不愿计划与决定以后。因为我不再相信以后了。

以后又怎样?我不去想,静等下一刻,好与不好,随遇而安。

## 我是一个不愿相信以后的人

### ——高一(1)郑好

我是一个不愿相信以后的人。

不会对未来怀有憧憬,设想以后会有怎样的人生并且当下为之努力。"以后"这个词太远太迷茫太不真切,不能让我感受到一点回馈,我也索性不对它寄予希望。我也曾和大多数人一样认真考虑过"以后"会如何,但我很快便对这样被规划的生活失去了兴趣。

九岁那年,我还没有一个清晰的概念来阐述梦想,外教询问每一个小朋友他们的梦想,他们像是早就排练好了一般,毫不犹豫地说出了口,只有我盯着地板,什么都不看,又像是什么都看了,淡然吐出一句:"I don't know."那位黑人女性震了一下,黑白分明的眼眸里流泻出分明的悲伤,半阖的睫毛投下大片阴影——我居然能在她的脸上看到阴影。她肥厚暗红的嘴唇大幅度张合,如沾满了血迹的野兽对猎物的愧意,她说:"Poor girl."我实实在在地感受到了她外露的情绪,却没有为之动容。那时候,我还不需要靠着别人的怜悯苟且,她的怜悯对我反而是一种负担,使我以为,没有梦想似乎是一件滔天大罪。

当我爱上一个人时,我开始想到了"以后"。

它就像突然闯进我的词典里的生词使我慌乱地接受,我只好一遍又一遍念着那晦涩难懂的两个字,将它融进生活。遇上他的时候,我的时间几乎暂停,但当时针再度恢复转动,又飞快无比,快得让我无法赶上。赶不上我妄想了许久的梦的发展,赶不上他离去的身影。我又在考虑"以后"了,我以后会等他很久,我以后会变得优秀,他以后会回来,我以后不会遇见更好的人。这些妄想就静静地流淌以无声的方式嘲弄我的天真,使我狼狈的身躯更添了几笔滑稽。但事实一次又一次地剖开我的身体,指着我胸口的大洞告诉我:这里没有所谓的"以后"。我彻底相信了它,翻身把自己蜷进壳里,挥舞着没有多少杀伤力的钳子,想让那些无趣的事实远离我。

我深深地明白自己不需要思索"以后"。我只看现在,就算以后如何完美,我也不要亏待现在的自己。天道有常,不为尧存,不为桀亡。无论如何,未来总会到来,我还会往前走,会踏上兵不血刃的征途。

当然,我还在等,等时间向我证明它可以改变一切,让我相信以后。